Das Buch

Wie es in verschiedenen Staaten Netzwerke und Seilschaften organisierter Krimineller gibt, so existiert im deutschen Osten ein Netzwerk der Indoktrination. Es ist staatlich sanktioniert und wird mit Steuermitteln protegiert. Sein Zweck ist die Vermittlung eines Schreckensbildes der untergegangenen DDR. Schlüssel- und Kommandostellen in diesem System sind sogenannte Gedenk- und Erinnerungsstätten, deren Besuch mancherorts bereits zur Schulpflicht gehört. Dort wird der Kampf um die Deutungshoheit über die Geschichte geführt.
Wie das geschieht, mit welchen Protagonisten, mit wessen Segen und Unterstützung hat Herbert Kierstein mit Unterstützung vieler Helfer, denen diese Bevormundung und Indoktrination nicht minder zuwider ist, akribisch recherchiert.

Der Autor

Herbert Kierstein, Jahrgang 1938, geboren in Grottkau (Oberschlesien), gelernter Schlosser. Mitarbeiter des MfS seit 1958, Untersuchungsführer bei Spionagedelikten gegen die DDR (HA IX/1). Letzter Dienstgrad Oberstleutnant.
Autor, Herausgeber und Mitautor einschlägiger Publikationen, darunter der Bestseller »Heiße Schlachten im Kalten Krieg. Unbekannte Fälle und Fakten«, 2008, und »Freischützen des Rechtsstaats. Wem nützen Stasiunterlagen und Gedenkstätten«, 2009, welche in mehreren Auflagen in der edition ost erschienen.

Herbert Kierstein

Drachentöter

Die »Stasi-Gedenkstätten« rüsten auf

SPOTLESS

ISBN 978-3-360-02070-3

Umschlaggestaltung/Satz: edition ost
Cover unter Verwendung eines Fotos von Robert Allertz: Der Heilige Georg im Kampf mit dem Drachen im Berliner Nikolaiviertel. Die Bronzeplastik von August Kiss (1802-1865), in Lauchhammer gegossen, steht dort seit 1986. Beim Kreuzzug habe er den Drachen getötet, heißt die Legende.
Illustrationen: Archiv Herbert Kierstein

Druck und Bindung: Nørhaven, Viborg

Ein Verlagsverzeichnis schicken wir Ihnen gern:
Das Neue Berlin Verlagsgesellschaft mbH
Neue Grünstr. 18, 10179 Berlin
Fax 01805/35 35 42
Tel. 01805/30 99 99 (0,14 Euro/Min., Mobil max. 0,42 Euro/Min.)

Die Bücher des Verlags Das Neue Berlin und spotless erscheinen in der Eulenspiegel Verlagsgruppe.

www.edition-ost.de

Inhalt

Ohne unsere Arbeit wäre es schwerer,
den Geschichtslügen der ehemaligen Täter
faktengestützt entgegenzutreten.

Marianne Birthler,
Bundesbeauftragte für die »Stasi-Unterlagen«,
im *Tagesspiegel* vom 11. Februar 2011

Warum geben Leute wie Kierstein keine Ruhe?

Im April 2012 strahlte die *ARD* einen anderthalbstündigen Dokumentarfilm aus, in welchem Margot Honecker zu Wort kam. Ungeachtet der Tatsache, dass ihr verschwiegen worden war, in welch denunziatorischer Form sie benutzt und vorgeführt werden würde, weshalb sie nachträglich dagegen auch zu Recht protestierte, so konnte an dem, *was* und *wie* sie es sagte, nichts beanstandet werden. Ihre Argumentation war logisch und zwingend, woran die dagegen gestellten, sattsam bekannten Filmbilder und Thesen von Mauer, Schießbefehl und »Stasi« abprallten. Insofern erwies sich das Machwerk als Bumerang.

Dessen war sich der Kopf des sogenannten Forschungsverbundes SED-Staat, Prof. Dr. Klaus Schroeder von der Freien Universität Berlin, bewusst. Er bezeichnete, wie ihn die *Leipziger Volkszeitung* am 3. April 2012 zitierte, den »Film als einen Rückschlag im medialen Ringen um die Deutungshoheit«. Und die *LVZ* schrieb weiter: »Dabei schien sich die Lage doch gerade erst entspannt zu haben.«

Dieses offenherzige Eingeständnis eines »Rückschlags« war zudem mit einer zweiten Wahrheit garniert. Diese pfeifen zwar seit Jahren schon die Spatzen von den Dächern, aber die dafür Zuständigen haben es bis dato stets bestritten. Es gehe ihnen um »Aufklärung« und um »Auseinandersetzung« mit der DDR-Vergangenheit, nicht um »Deutungshoheit«, sagten sie stets. Das schien ihnen wohl zu dicht am Vorwurf, dass die Sieger die Geschichte schrieben. Und Sieger wollten sie angeblich nicht sein, schließlich wären die Ostdeutschen »beigetreten«, hätten sich der freiheitlich-demokratischen Grundordnung angeschlossen. Klaus Schroeder hat nun also explizit ausgesprochen, was viele schon immer vermuteten: Es geht tatsächlich um Deutung, also um Interpretation der Geschichte, und darum, wer dabei die Hoheit besitzt, also wer das Sagen hat.

Offensichtlich wähnte man sich dabei schon ziemlich erfolgreich, wenn Schroeder von Rückschlag spricht, und dass sich die Lage »entspannt« habe, soll heißen: Widerstand und Widerspruch hätten nachgelassen.

Dass dies ein Irrglaube ist, beweisen Leute wie Herbert Kierstein, die wieder und wieder auf die Lügen hinweisen, die mit viel Geld verbreitet werden. Natürlich verteidigt der ehemalige MfS-Offizier zunächst sein eigenes Leben und seine politische Überzeugung. Aber zugleich kämpft er damit um die historische Wahrheit, also um die korrekte Darstellung dessen, was war. Zumindest in jenem Bereich, in welchem er über drei Jahrzehnte tätig war: als Untersuchungsführer bei Spionagefällen gegen die DDR.

Dazu hat Herbert Kierstein bereits verschiedene Publikationen vorgelegt, die große Verbreitung und Resonanz fanden.

Und seit Jahren zieht er mit der Video-Kamera durch sogenannte Gedenkstätten, die, wie er dokumentierte, eher Geschichtsfälscherwerkstätten und Tempeln der Demagogie gleichen denn Bildungsstätten, die zu Einsichten in die Geschichte verhelfen sollen. Er hält fest, was auf Führungen und Zusammenkünften gesagt wird, wie bei Buchvorstellungen diskutiert und mitunter provoziert wird, denn so »entspannt«, wie behauptet, war und ist die Lage nicht. Im Gegenteil. Je überzogener die präsentierte Lüge, je deutlicher die Demagogie ist, je erkenntlicher der Versuch der Indoktrination, desto mehr schwinden

Glaubwürdigkeit und Überzeugung. Dieses System wiederholt erkennbar den Fehler (und das auf intellektuell weitaus niedrigerem Niveau, aber mit erheblicherem Aufwand), an dem schon das andere System zugrunde ging: Es überdreht und wird immer schriller und lauter. Es ist der alte Irrtum: viel helfe auch viel.

Das gegenwärtige politische System hat inzwischen einen extremen Legitimationszwang, den es mit dem demonstrativen Fingerzeig auf das gescheiterte Sozialismusmodell glaubt ausgleichen zu können. Etwa der Art: Gewiss, der jetzige Kapitalismus ist schrecklich, aber im Vergleich mit der weitaus schrecklicheren Diktatur, der ihr entronnen seid, lebt ihr hier im Paradies der Freiheit. Also seid gefälligst dankbar und haltet die Klappe. – So denkt man in den Propaganda- und Steuerungszentralen. Und der Bundespräsident, einst Bundesbeauftragter für die »Stasi-Unterlagen«, trötet andauernd davon.

Steter Tropfen höhlt den Stein, so ganz erfolglos ist die Verdummungsmaschinerie keineswegs. Dennoch wächst nicht nur das Desinteresse an diesem Thema, sondern auch der Verlust an Glaubwürdigkeit bei der Behandlung. Daran tragen sie selbst Schuld.

Aber es ist auch dem nimmermüden Wirken von Aufklärern wie Herbert Kierstein zuzuschreiben.

In dem hier vorliegenden Buch präsentiert er seine Beobachtungen in Berlin, Dresden, Halle, Rostock, Gera und Erfurt. Dort wurden mit viel Aufwand einstige MfS-Einrichtungen rekonstruiert und zu »Gedenkstätten« hergerichtet, deren einziger Zweck darin besteht, den Besuchern – insbesondere den jüngeren, die keine lebendige Erinnerung an die DDR haben – ein Bild von der Vergangenheit zu vermitteln, welches kaum weniger grausam erscheint als jenes von der Nazi-Zeit.

Die Dachzeile lautet darum nicht grundlos: zwei Diktaturen in Deutschland.

Wer heute unter 30 ist, besitzt aus objektiven Gründen kein eigenes Bild von der DDR. Das betrifft inzwischen ein Drittel des deutschen Volkes. Und diese Gruppe wächst stetig. Ihr vor allem gilt der Kampf um die »Deutungshoheit«, wofür die politisch herrschende Klasse nicht nur Geld aufbietet. Doch sie wird dabei nicht nur Rückschläge hinnehmen müssen, sondern auf Dauer auch hoffentlich eine Niederlage. Dank solcher Untersuchungen, wie sie Kierstein und andere immer wieder anstellen.

Und auch auf der linken Seite ist noch einiges zu tun. Denn so lange in West wie Ost nicht die Frage geklärt ist, ob die Gründung der DDR historisch gerechtfertigt, also notwendig war, und ob dadurch eine gesellschaftliche Emanzipation von Ausbeutung und Unterdrückung erfolgte, und – sofern die Antwort Ja lautet – auch allen Weiterungen darum solidarische Zustimmung erteilt werden muss, also auch den Institutionen und Einrichtungen dieses Staates, der sich explizit als Gegenentwurf zum kapitalistischen Deutschland verstand und darum von diesem in einem Kalten Krieg erbittert bekämpft wurde – , so lange wird auch den Lügen und Phrasen von Unfreiheit und Repression gefolgt werden. Ohne Emanzipation von den Geschichtslügen auch keine Emanzipation der Linken. So einfach ist die Formel. Wer die »Drachentöter« unwidersprochen gewähren lässt, stimmt ihnen zu und gibt ihnen recht.

Es gibt jenes selbstkritische Bekenntnis von Pastor Martin Niemöller nach dem Ende der Nazidiktatur. Und es ist ausdrücklich keine Gleichsetzung von damals und heute, sondern nur ein Vergleich. Mit einer Ergänzung: Als sie die Kommunisten geholt haben, hab ich nichts gesagt. Ich war ja kein Kommunist. Als sie die Sozialdemokraten geholt haben, hab ich nichts gesagt. Ich war ja kein Sozialdemokrat. Als sie die Juden geholt haben, hab ich nichts gesagt. Ich war ja kein Jude. Und als sie die

»Stasi« geächtet haben, hab ich nichts gesagt. Ich war nicht IM. Als sie mich geholt haben, war niemand mehr da, der hätte etwas sagen können.

Nein, hierzulande wird niemand »geholt«, und dieser Staat ist weit davon entfernt, ein richtiger Polizeistaat zu sein, auch wenn mitunter Willkür waltet und Gesetze existieren, die der vollständigen Überwachung Tür und Tor öffnen, der »gläserne Mensch« ist keine Vision mehr, sondern Realität: mit Handy und Geldkarten, Videokameras auf öffentlichen Plätzen und Computerdurchsuchungen, Überwachung von Mailverkehr und Telekommunikation ist alles möglich – ohne das wir dies bemerken. Das letzte Reservat, das augenblicklich (noch) vor polizeilicher Überprüfung und geheimdienstlicher Durchsuchung sicher ist, befindet sich im Kopf.

Und um diesen kämpfen die »Aufklärer«. Dort sollen nur jene Überzeugungen nisten, die sie selber vertreten. Der Kampf wird erbittert geführt, wie Kierstein und seine Verbündeten bei ihren Recherchen feststellten, man schreckt vor keiner Geschmacklosigkeit zurück, scheut weder Demagogie noch Lügen, man fügt Argumente hinzu oder lässt welche weg, wenn sie denn der eigenen »Beweisführung« hinderlich sind. Hätten die »Gedenkstätten« Balken, würden diese sich biegen, dass man nur gebückt durch die Räume käme. Was möglicherweise auch bezweckt wird: Wir sollen uns für die »Sieger der Geschichte« krumm manchen und uns ihrer Wahrheit beugen.

Mit Emanzipation und Freiheit hat das nichts zu tun.

Der Verlag
Berlin, im Frühjahr 2012

Das Auswerten der Akten der Staatssicherheit sei ein »sehr, sehr wichtiges Mittel, Geschichtslügen zu widerlegen«, sagte Marianne Birthler am Sonntag im Deutschlandfunk

Die Nachrichtenagentur *AFP*,
26. Dezember 2010

Der geistlose Zeitgeist

Die Aufarbeitung der Geschichte der DDR und der BRD ist zum Prüfstein für Demokratie und Recht in Deutschland geworden. Eine sachliche Aufarbeitung der DDR-Geschichte hätte neben manch kritischer Feststellung und Bewertung nicht wenige positive gesellschaftliche Werte sichtbar gemacht, an denen in der Alt-BRD erheblicher Mangel bestand. Das gilt auch für die BRD-Geschichte im umgekehrten Sinn.

Seit über zwei Jahrzehnten setzen die Meinungsmacher des Kapitals dagegen auf Ausgrenzung, blindwütige Hexenjagd, politische Strafverfolgung und Kriminalisierung aller Bereiche der DDR, um die Bundesrepublik als das bessere Staatswesen darzustellen.

Erinnerungen an die sozialen, kulturellen und geistigen Leistungen der DDR bei Menschen, die diesen Staat erlebt haben, erweisen sich als Hindernis für die Durchsetzung der Pläne der Meinungsmacher. Besonders die für Millionen Menschen spürbar werdenden Unterschiede zwischen der Entstehung und Entwicklung beider deutscher Staaten, dem Hier und Heute in Deutschland und dem Gestern in der DDR tragen zum Nachdenken bei. Die staatlich verordneten und finanzierten Netzwerke der Delegitimierung der DDR wollen nicht wahrhaben, dass durch ihr Vorgehen die negativen, antidemokratischen Elemente der hiesigen Gesellschaft sichtbar werden. Meinungsdiktatur, Berufsverbote, Ausgrenzung Andersdenkender, politische und juristische Verfolgung sowie der kontinuierliche Ausbau geheimdienstlicher Überwachung sind allgegenwärtig.

In antikommunistischer Verblendung bedienen sie sich tradierter Methoden der Verleumdung und verteufeln die

DDR. Dem Ministerium für Staatssicherheit wird dabei nach wie vor die Rolle des Sündenbocks zugeordnet, weil aus ihrer Sicht die – zumal konspirative – Tätigkeit des Schutz- und Sicherheitsorgans sich am besten für die Kriminalisierung und Schmähung eignet.

Im Herbst 2009 erschien in der edition ost das Buch »Freischützen des Rechtsstaates«, das sich mit dem Netzwerk der Delegitimierung der DDR und den Angriffen auf die Tätigkeit des MfS, insbesondere mit der »Geschichtsaufarbeitung« durch die Gauck-/Birthlerbehörde im Verbund mit der gegenwärtigen Praxis der »Gedenkstättenpflege« in der ehemaligen Untersuchungshaftanstalt des MfS in Berlin-Hohenschönhausen auseinandersetzt.

Es fanden Dutzende Buchlesungen und Diskussionen zu diesem Buch mit Hunderten von interessierten Teilnehmern statt. Zur Buchvorstellung in Berlin erschien auch eine »Delegation« der mehr als dreißig staatsnahen Opferverbände mit Vera Lengsfeld als Speerspitze.

Die Diskussionen bestätigen fast ausnahmslos die im Buch dargestellten Untersuchungen, Nachforschungen und Vergleiche. Weder die sogenannte »Stehfolter« im einstigen Wirtschaftsraum der Haftanstalt Berlin-Hohenschönhausen, in den auch Bundespräsident Köhler und Bundeskanzlerin Merkel sich hineingezwängten, noch die anschauliche Darstellung der angeblichen »Wasserfolter« in dafür hergerichteten Zellen, noch die inzwischen durch Expertisen eindeutig widerlegte Behauptung von der »Bestrahlung« von Häftlingen, halten einer Überprüfung stand. Glaubhafte Zeugen oder andere Beweise konnten bisher nicht gefunden werden. Auch für die »Killer- und Mordkommandos« des MfS fanden sich keine Belege. Der Mordvorwurf im Falle des Fußballspielers Eigendorf oder anderer »Opfer« wird nicht durch seine stete Wiederholung wahr.

Bis zu 3.000 Mitarbeiter der BStU mit einem Jahresetat von 100 Millionen Euro arbeiten an der Realisierung des von der Bundesregierung vorgegebenen Auftrags, Material zur Belastung und Denunziation des MfS zu finden. Und weil wenig bis nichts Verwertbares entdeckt wird, wird konstruiert und erfunden.

Warum aber ist die Ausbeute so gering?

Weil das MfS 1989/90 die Beweise beseitigt habe, heißt die demagogische Begründung, mit der die vermeintlichen »Rekonstruktionen« – will heißen: Erfindungen – begründet und legitimiert werden.

Mit »Drachentöter. Die ›Stasi-Gedenkstätten‹ rüsten auf« liegt nunmehr eine weitere Untersuchung vor, die – ähnlich der vorangegangenen Auseinandersetzung mit der »Gedenkstätte« in Berlin-Hohenschönhausen – sich mit vergleichbaren Einrichtungen in Halle, Gera, Dresden und Rostock beschäftigt.

Marianne Birthler, Nachfolger Gaucks als »Bundesbeauftragter für die Stasi-Unterlagen« (BStU), forderte Wahrheit, die ausgesprochen werden müsse. Erst danach könne man sich versöhnen. Diesem moralisch-religiösen Postulat der Theologin im Amte einer Bundesbehörde folgte die weltliche Ansage ihres Nachfolgers Roland Jahn, der seit 2011 oberster Aktenverwalter ist: »Je besser wir Diktatur begreifen, umso besser können wir Demokratie gestalten.« Die Botschaft hat so viel Substanz wie die alte Volksweisheit: Kräht der Hahn früh auf dem Mist, ändert sich's Wetter oder es bleibt, wie es ist!

Frau Birthler könnte indes sogar zugestimmt werden, wenn zum Erkunden der Wahrheit alle Beteiligten hinzugezogen würden. Nicht nur die vermeintlichen (oder auch tatsächlichen) Opfer, denen in der DDR vermeintlich (oder tatsächlich) Unrecht widerfuhr. Auch andere an diesem Vorgang Beteiligte sollten gehört werden. Warum, zum Beispiel, erfand man im alten Rom Gerichte und Richter und eine für alle verbindliche Rechtsordnung? Weshalb stritten Opfer und Täter nicht direkt mit- und gegeneinander? Um

Willkür und Parteilichkeit, Einseitigkeit und das Recht des Stärkeren auszuschalten. Nun sind die Darstellung der Vergangenheit und die juristische Rechtssprechung verschiedene Dinge, aber wenn es um Urteile über die Vergangenheit, um die Wahrheitsfindung geht, sollten – um ein wahrhaftiges Urteil über die Vergangenheit zu finden – *alle* Beteiligten be- und gefragt werden.

In dieser Hinsicht war man vor zweitausend Jahren weiter. Für die Wahrheitsfindung in Bezug auf die DDR-Vergangenheit beschränkt man sich heute lediglich auf die Befragung der »Opfer« und der Akten, andere Zeitzeugen werden nicht gehört.

Ich meine, dass alle Mitwisser – unabhängig von ihrer Haltung zur DDR und ihrer politischen Überzeugung, unabhängig von ihrer damaligen und heutigen Profession und Stellung – zu Wort kommen müssen. Aus vielen Facetten fügt sich so ein detailliertes Bild zusammen, das der historischen Wahrheit nahe kommt. Näher jedenfalls als eine Versammlung parteiischer, mithin einseitiger Sichten, die nur eines bedienen: postulierte Vorurteile und Vorverurteilungen. Das hat nichts mit Wahrheitsfindung und Geschichtsaufarbeitung zu tun, das ist Propaganda. Es ist analog dem, was der DDR-Geschichtsschreibung kritisch vorgeworfen wurde, nämlich dass sie die Nazidiktatur nur aus der Perspektive des kommunistischen Widerstands betrachtet habe. Zur Ehrenrettung der DDR-Historiker muss jedoch hinzugefügt werden: Sie taten es im Wissen darum, dass dieser Teil des antifaschistischen Widerstands in der bürgerlichen Geschichtsschreibung bewusst ausgeblendet wurde (und wird). Und: Sie waren keine Geschichtsfälscher!

Mitte März 2012 kam es nach Zeitungsberichten in der Enquete-Kommission des Landtages von Brandenburg zum Thema Staatssicherheit zu einem heftigen Streit über zwei gegensätzliche Gutachten. In dem einen wurde vor »ungefilterten Schilderungen« von Zeitzeugen gewarnt und am Beispiel von Berlin-Hohenschönhausen nachgewiesen, dass Betroffene über ihre subjektiven Erfahrungen berichteten, diese aber unzulässig verallgemeinerten und sie als generelle Erfahrung bei Führungen und anderen als Bildungsveranstaltung deklarierten öffentlichen Auftritten verbreiteten. Das sei kein fundiertes DDR-Bild. Deshalb wäre solcherart »Bildungstätigkeit«, wie es in dem Gutachten diplomatisch höflich hieß, »nicht unproblematisch«.

Diese Feststellung wurde von den Verteidigern dieser Praxis als »ungeheuerlich« zurückgewiesen. Der Leiter des »Forschungsverbundes SED-Staat« an der FU Berlin, Klaus Schroeder, griff als Wortführer der Stimmungs- und Meinungsmacher den Gutachter an. Er würde damit von einem Besuch der Einrichtung abraten, und als Grund für dessen verhaltner Kritik machte Schroeder dessen Herkunft aus: Er kam aus der DDR.

Parlamentarier, einschließlich der an der Landesregierung beteiligten Linken, hielten sich aus dieser Auseinandersetzung, die mehr als nur ein Meinungsstreit war und ist, sichtlich heraus. Auch das ist beredt genug.

Der Zeitgeist kennt nur Schwarz und Weiß, Opfer und Täter. Auf der einen Seite sind die rund 90.000 Mitarbeiter des MfS, die kriminalisiert und ohne Ausnahme mit Strafrente belegt werden, egal ob Küchenkraft, Krankenschwester oder Kraftfahrer, ob General oder Wehrpflichtiger im Wachregiment, sowie die etwa 170.000 inoffiziellen Mitarbeiter, die – egal, worin ihr spezieller operativer Auftrag bestand – in gleicher Weise geschmäht und diskreditiert werden.

Auf der anderen Seite sind die von Hubertus Knabe behaupteten 250.000 Verfolgten und Geschädigten. Zu diesen Opfern rechnen beispielsweise auch Mörder, Terroristen und Spione, die auch in der Bundesrepublik verurteilt worden wären, wenn sie denn dort straffällig geworden wären.

Wenn also, laut Birthler, Wahrheit Voraussetzung für Versöhnung ist, dann ist also bei Fortdauer der gegenwärtigen Praxis im Umgang mit der DDR-Geschichte eine solche »Versöhnung« noch lange nicht in Sicht. Die Unwahrheit und die verbreiteten Vorurteile werden weiterhin Deutschland spalten. Exemplarisch die Äußerung der Schauspielerin Katrin Sass im *Zeit-Magazin*. »Ich träume davon, dass sie allesamt bekanntgemacht und bestraft werden, angefangen beim kleinsten IM bis hin zu den Funktionären«, erklärte sie im Februar 2011 in einem Interview. »Sie müssen endlich alle Privilegien aufgeben und mit den Hartz-IV-Empfängern den Platz tauschen. Alle Stasimitarbeiter in Plattenbauten, davon träume ich.«

Sie hat offenkundig – wie in ihrer Rolle im Film »Goodbye Lenin« – die Zeit verschlafen: Die genannten Personen genießen keinerlei »Privilegien«, die man ihnen nehmen könnte, mit ihren Strafrenten leben sie kaum besser als die Bezieher von Hartz IV, und mehrheitlich wohnen sie bereits in Plattenbauten, und das nicht erst seit 1990.

Schlafen und träumen Sie ruhig weiter, kann man da nur wünschen, aber mit der Wahrheit und der Wirklichkeit hat das so wenig zu tun wie die Heiligen Sakramente mit dem Polizeiruf 110.

Herbert Kierstein und sein Buch leisten für die Aufhellung der Vergangenheit und der Wahrheitsfindung einen wesentlich größeren Beitrag.

Gotthold Schramm,
Mitautor des Buches »Freischützen des Rechtsstaates«

1. Rolle und Stellung des Untersuchungsorgans des MfS in der DDR

In der DDR gab es drei Untersuchungsorgane: eines im Bereich des Ministeriums des Innern, also der Deutschen Volkspolizei, ein zweites bei der Zollverwaltung und das dritte beim Ministerium für Staatssicherheit. Ermittlungen in Strafsachen war ihr Hauptaufgabengebiet. Für alle drei Untersuchungsorgane galten die gleichen gesetzlichen Grundlagen für ihre Tätigkeit. Das waren insbesondere die Strafprozessordnung und das Strafgesetzbuch der DDR. Auch die Steuerfahndung war ihrem Charakter nach ein Untersuchungs-Organ, spielt aber in diesem Zusammenhang keine Rolle.

Ihre Tätigkeit – egal welche innerdienstliche Struktur existierte – stand unter Aufsicht und Kontrolle durch die Staatsanwaltsschaft. Diese hatte Weisungsbefugnis gegenüber allen Untersuchungsorganen und konnte Ermittlungen auch in eigener Verantwortung führen. Es gab keine Sonderrechte für das Untersuchungs-Organ des MfS.

Über alle Ermittlungsverfahren hatten die Untersuchungsorgane der Staatsanwaltschaft zu berichten.

Bei Ermittlungsverfahren mit Inhaftierung beantragte der Staatsanwalt – nicht das Untersuchungsorgan – einen Haftbefehl beim zuständigen Haftrichter. Dieser teilte das Ergebnis seiner Prüfung und Entscheidung mit. In allen U-Haftanstalten des MfS existierten Haftrichterzimmer, wo der Haftbefehl verkündet wurde. Dadurch wurden Transporte von U-Häftlingen zu unterschiedlichen Gerichten vermieden und gleichzeitig Sicherheitserfordernissen Rechnung getragen. Es ist darum ein Irrtum, dem manche einstige U-Häftlinge unterliegen, dass ihnen ein Vertreter des MfS den Haftbefehl verlesen habe. Nein, das tat in jedem Falle ein Vertreter der Justiz und nicht der Staatssicherheit.

Die Ermittlungsergebnisse – ob mit oder ohne Haft – wurden der Staatsanwaltschaft übergeben, die ihrerseits zu prüfen hatte, ob eine Anklage vor einem Gericht zu erheben war oder die Sache an andere gesellschaftliche Einrichtungen zur Entscheidung übergeben wurde.

Anklagen wurden durch die Staatsanwaltschaft vor dem zuständigen Gericht vertreten. Das Untersuchungsorgan hatte damit nichts mehr zu tun.

Wegen des Umstands, dass zwischen Abschlussberichten des Untersuchungsorgans und der Anklageschrift des Staatsanwalts selten Abweichungen bei den Formulierungen bestanden, wird der falsche Schluss abgeleitet, dass das MfS der Staatsanwaltschaft die Klage diktiert habe. Das trifft nicht zu. Allerdings erhebt sich die Frage, warum der Staatsanwalt sachlich und juristisch exakte Formulierungen nicht übernehmen sollte? Weil sie vom MfS kamen? Das ist doch absurd.

In der Struktur des MfS trug das Untersuchungs-Organ die Bezeichnung Linie IX. Neben einer dem Minister direkt unterstellten zentralen Hauptabteilung IX (HA IX) in Berlin gab es in jedem der 15 Bezirke (zeitweilig existierte eine 16. Untersuchungs-Abteilung in der Verwaltung Wismut) eine Abteilung 9. Sie unterstand unmittelbar dem Chef der Bezirksverwaltung. Fachlich wurden sie von Instrukteuren der HA IX angeleitet. Für alle strafprozessualen Entscheidungen in Ermittlungsverfahren unterstanden die Abteilungen 9 in den Bezirken der Abteilung IA der jeweiligen Bezirksstaatsanwaltschaft.

Nach Angaben der BStU hatte die gesamte Linie IX im Jahr 1988 einen Personalbestand von insgesamt 1.225 Mitarbeitern, davon in Berlin 489. Erfasst waren dabei auch Kraftfahrer, Techniker, Kräfte zur materiell-technischen Sicherstellung, Mitarbeiter für Schulung und Ausbildung, Auswerter und Sekretärinnen. Mehr als die Hälfte aller Mitarbeiter waren in diesen Bereichen tätig.

Die Untersuchungsorgane der DDR unterschieden sich durch den Gegenstand ihrer Tätigkeit. Im wesentlichen war das des Ministeriums des Innern für die Untersuchung krimineller Straftaten, das der Zollverwaltung für zollrechtliche Vergehen und das des MfS für äußere und innere Angriffe auf die staatliche Sicherheit und die gesellschaftlichen Grundlagen der DDR zuständig.

In der Struktur der Hauptabteilung IX gab es nach 1961 sieben untersuchungsführende Abteilungen:

Abteilung 1: Spionagedelikte;
Abteilung 2: Straftaten gegen die gesellschaftlichen Grundlagen;
Abteilung 3: Angriffe gegen die wirtschaftliche Ordnung;
Abteilung 5: Straftaten Inoffizieller und hauptamtlicher Mitarbeiter;
Abteilung 6: Straftaten von Angehörigen der Nationalen Volksarmee und der Grenztruppen;
Abteilung 7: Mord, Brandstiftungen, Terrordelikte und Havarien. Für Vorkommnisuntersuchungen existierten in diesem Bereich verschiedene Spezialkommissionen;
Abteilung 9: Menschenhandel und illegales Verlassen der DDR.

Es konnte durchaus vorkommen, dass sich beispielsweise aus den Ermittlungen in einem Zollverfahren Sachverhalte ergaben, die besser durch die Kriminalpolizei oder das MfS aufgeklärt werden konnten. Es war deshalb nicht ungewöhnlich, dass Ermittlungsverfahren an ein anderes Untersuchungs-Organ übergeben wurden, was vom Staatsanwalt zu genehmigen war.

Straftaten von hauptamtlichen und inoffiziellen Mitarbeitern des MfS fielen ausschließlich in dessen Zuständigkeit, auch wenn es sich dabei um Delikte der allgemeinen Kriminalität handelte.

Besondere Kritik richtet sich gegen die Bearbeitung von Ermittlungsverfahren im Zusammenhang mit einem ungesetzlichen Verlassen der DDR. Allerdings zeigt ein vorurteilsfreier Blick auf diese Fälle, dass es sich dabei mehrheitlich um gewaltsame Grenzdurchbrüche handelte, von westlicher Seite gesteuerte Abwerbung, Vorgänge mit geheimdienstlichen Hintergründen oder mit sicherheitspolitischer Bedeutung sowie kriminelle Menschenhändlerbanden. Es lag in der Natur dieser Sache, dass Auftraggeber und Drahtzieher im Ausland aufgeklärt werden mussten, wofür nun mal das MfS zuständig war.

Ein weiteres Problem entstand für das MfS mit Versuchen, die DDR über andere sozialistische Länder illegal zu verlassen. Aus den internationalen Verträgen über die bilaterale Zusammenarbeit auf dem Gebiet der Sicherung der Staatsgrenzen der Länder des Warschauer Vertrages ergab sich für das MfS die Aufgabe, in den Bruderländern festgenommene DDR-Bürger zurückzuführen. Im zentralen Untersuchungsorgan des MfS gab es dafür eine Abteilung (letzte Bezeichnung HA IX/10). Nach Überführung in die DDR wurde die Einleitung von Ermittlungsverfahren geprüft und mit der Staatsanwaltschaft die Übergabe auch an andere Untersuchungsorgane entschieden.

Nach Angaben der BStU wurden im Jahre 1988 insgesamt 314 Ermittlungsverfahren an andere Untersuchungsorgane übergeben.[1] Wieviel Personen davon betroffen waren, die an den Grenzen anderer sozialistischer Staaten festgenommen wurden, geht daraus nicht hervor.

Das System der Strafverfolgung in der DDR unterschied sich deutlich von dem in der alten Bundesrepublik. Allein Existenz und Vollmachten mehrerer Untersuchungs-

Organe unterschied sich vom System der formalen Gewaltenteilung in der BRD, womit angeblich gegen rechtsstaatliche Grundsätze verstoßen wurde.

Beide Systeme unterschieden sich auch in ihrer Gesetzgebung, weil es sich um zwei diametral entgegengesetzte politische Systeme handelte. Denn in jedem System unterliegt die Jurisprudenz – bei aller postulierten oder tatsächlichen Unabhängigkeit der Richter – dem politischen Willen des Gesetzgebers. Er ist, anders formuliert, da wie dort ein Instrument des Staates.

Deutlich wurde das beim »Beitritt« der DDR zum Rechtssystem der Bundesrepublik, als die Ostdeutschen gravierende Rechtsverluste im Arbeits-, Familien- und Mietrecht hinnehmen mussten.[2]

Die Tätigkeit der Untersuchungsorgane des MfS und deren Ergebnisse waren zudem Folge des Kalten Krieges. Die Gegner bestritten (und bestreiten) grundsätzlich die Notwendigkeit und Rechtmäßigkeit gerichtlicher Entscheidungen in der DDR. Diese Vorgabe machte Konrad Adenauer auf einem CDU-Parteitag 1950. »Ich wollte, die Bewohner der Ostzonen-Republik könnten einmal offen schildern, wie es bei ihnen aussieht. Unsere Leuten würden hören, dass der Druck, den der Nationalsozialismus durch Gestapo, durch Konzentrationslager, durch Verurteilungen ausgeübt hat, mäßig war gegenüber dem, was jetzt in der Ostzone geschieht«, sagte der Bundeskanzler in Goslar.[3] Er, der schon 1949 im Bundestag aufrief, mit der »Nazi-Riecherei« endlich aufzuhören, verglich vier Jahre nach Ende der Hitlerdiktatur, der Millionen Menschen zum Opfer fielen, die soeben gegründete DDR mit der braunen Mörderherrschaft. Diese Ungeheuerlichkeit wird bis auf den heutigen Tag kolportiert.

In den frühen Jahren der Adenauer-Republik, in der Exponenten des Nazi-Reiches wie Globke, Gehlen, Ober-

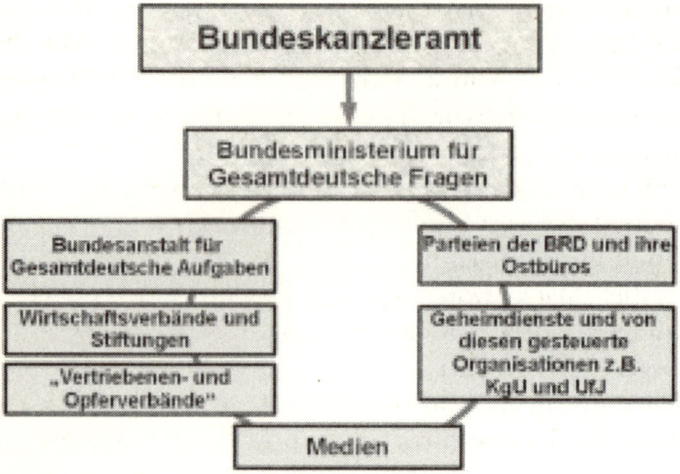

Das Netzwerk in der Bundesrepublik für den Kampf gegen die DDR während des Kalten Krieges

länder etc. Politik machten, entstanden Netzwerke der antikommunistischen Meinungsmacher. Eine Schlüsselstellung besaß das Bundesministerium für gesamtdeutsche Fragen (seit 1969 in Bundesministerium für innerdeutsche Beziehungen). Vom 20. September 1949 bis 29. Oktober 1957 führte es Jakob Kaiser (CDU). Das oben abgebildete Organigramm veranschaulicht die Vernetzung dieses Ministeriums. Seine Hauptaufgabe bestand in der Destabilisierung der DDR und der Abwehr »kommunistischer Gefahren«.[4]

Die Tätigkeit dieses Ministeriums gegen die DDR werden durch Materialien des MfS belegt, die heute von der BStU verwaltet werden. Hinweise darauf finden sich lediglich in Publikationen ehemaliger Mitarbeiter des Ministeriums für Staatssicherheit, so in dem 2002 erschienenen Standardwerk »Die Sicherheit. Zur Abwehrarbeit des MfS. »Das Grundgesetz, faktisch das gesamte Rechtssystem, die Staatsorgane, Einrichtungen und Organisationen, die materiellen, finanziellen und geistigen Ressourcen der BRD wurden darauf ausgerichtet und dazu eingesetzt, dem Ziel der Beseitigung der DDR näher zu kommen. Mit der Schaffung des ›Ministeriums für Gesamtdeutsche Fragen‹ wurde die Durchsetzung und Abstimmung der entsprechenden Aufgaben auf die Ministerebene gehoben.

Die Geheimdienste und andere zur Tarnung und Organisation der Anti-DDR-Aktionen ins Leben gerufene diverse Einrichtungen und Gruppierungen wurden auf dieses Ziel eingeschworen. Spezielle Sender wurden installiert bzw. vorhandene in ihrem Profil auf die gezielte Einwirkung ausgerichtet. Forschungseinrichtungen befassten sich mit den Formen, Mitteln und Methoden der ideologischen Wühl- und Zersetzungstätigkeit. Stiftungen wurden gegründet, Geldflüsse organisiert und verschleiert, Emissäre und Berater ausgesandt«, heißt es dort.

»Bereits im März 1952 war die Gründung eines ›Forschungsbeirates für Fragen der Wiedervereinigung Deutschlands‹ erfolgt«, stellen die Autoren heraus. »Mitglieder des Forschungsbeirates waren Vertreter aller im Bundestag vertretenen Parteien – außer der KPD –, Vertreter des Deutschen Gewerkschaftsbundes und der Arbeitgeberverbände, aber auch Vertreter der ›Interessengemeinschaft der in der Ostzone enteigneten Betriebe‹, der ›Vereinigung der aus der Sowjetzone verdrängten Lehrer und Erzieher e. V.‹ sowie Vertreter der ›Grüne Farbe – Hilfsgemeinschaft zur Wahrung der Interessen und Zusammenführung der Waldbesitzer, Forstmänner und Berufsjäger aus der Sowjetzone und den deutschen Ostgebieten e. V.‹. Schon im ersten Tätigkeitsbericht 1953 formulierte der Forschungsbeirat als vorrangige Aufgabe die Erstellung eines Sofortprogramms, d. h. die Vorbereitung aller derjenigen Maßnahmen, die im Falle einer ›Wiedervereinigung‹ notwendig sein würden.

Unter Bezugnahme darauf hatte Bundeskanzler Konrad Adenauer bereits auf der Grünen Woche in Berlin am 1. Februar 1953 offenherzig erklärt, dass sie ›eines Tages dazu beitragen kännen, den Osten zu kolonialisieren. Ich habe das Wort ›kolonialisieren‹ sehr bewusst ausgesprochen. Ich glaube, man wird dieser Aufgabe diesen Namen geben müssen.‹«[5]

Am 9. Juli 1961 hieß es in der *Bonner Rundschau*«, man wolle »alle Mittel des Krieges, des Nervenkrieges und des Schießkrieges« anwenden. »Dazu gehören nicht nur herkömmliche Streitkräfte und Rüstungen, sondern auch die Unterwühlung, das Anheizen des inneren Widerstandes, die Arbeit im Untergrund, die Zersetzung der Ordnung, die Sabotage, die Störungen von Verkehr und Wirtschaft, der Ungehorsam, der Aufruhr.«

Diese Absichtserklärung korrespondierte mit den Empfehlungen des »Forschungsbeirates für Fragen der Wiedervereinigung Deutschlands« an die Bundesregierung, die das Gremium in seiner Plenartagung Mitte März 1961 verabschiedet hatte.

Am 6. Juli 1961 wurden sie publiziert. Das Buch, in dem die Ergebnisse der Tätigkeit des Forschungsbeirates bis 1961 zusammengefasst wurden, wird wegen seines grauen Einbandes sehr häufig als »Grauer Plan« bezeichnet.

Was sah dieser Plan vor?

Eine von der BRD eingesetzte »Behörde« und Vertrauensleute der westdeutschen Monopole sollten nach der »Befreiung der Sowjetzone« das Volkseigentum privatisieren. Geplant war die Übernahme in drei Etappen:

- Zerschlagung aller zentralen Planungs- und Leitungsorgane, Beginn der Überführung der volkseigenen in privatwirtschaftlich produzierende Betriebe;
- Abschluss von Betriebsbenutzungsverträgen primär mit jenen Unternehmen, die nach 1945 enteignet worden waren oder deren Erben oder Nachfolger;
- Übergabe der Unternehmen in Privateigentum.

Was aber sollte mit den Betrieben und Kombinaten geschehen, die keine Vorbesitzer hatten? Was geschah mit dem Eisenhüttenkombinat Ost, den Werften, den Betrieben der Elektrotechnik und Elektronik, den chemischen Großbetrieben? »Betriebe, die in der SBZ zwischen dem 8. Mai 1945 und der Wiedervereinigung aus Mitteln des ›Staatshaushaltes‹ errichtet wurden, können von der Behörde (*also die Treuhandstelle – H. K.*) verkauft werden.«

Der Forschungsbeirat lieferte Konzepte zur Zerschlagung der staatlich organisierten Arbeiter- und Bauern-Macht, der SED und der Gewerkschaften, des FDGB. Er erarbeitete beispielsweise eine Kartei, in der er sämtliche Mitarbeiter des Staatsapparates der DDR erfasst waren. Nach dem »Tag X« sollte die Mehrzahl von ihnen abgelöst und durch eigene Vertrauensleute ersetzt werden.

Der Forschungsbeirat signalisierte darum der Bundesregierung, dass es in der Zone an »mit den Prinzipien eines freiheitlichen Systems vertrauten Fachkräften für gehobene Positionen in Wirtschaft und Verwaltung« mangele[6], weshalb man diese aus dem Westen bereitstellen müsse. Personelle Veränderungen sah der Forschungsbeirat erforderlich auch im Sozial-, Gesundheits- und Schulwesen sowie in anderen öffentlichen Bereichen vor.

Dieses Konzept wurde in den Jahren nach 1990 in den sogenannten fünf neuen Bundesländern, die mal die DDR waren, konsequent und wenig rücksichtsvoll realisiert.

In keinem anderen Dokument der BRD wird so unmissverständlich die »Befreiung« der DDR und die Auslieferung ihrer Wirtschaft an eine Handvoll westdeutscher Unternehmen der Bundesrepublik postuliert. Der Forschungsbeirat hat das Programm zur Zerschlagung des Sozialismus formuliert – und in der DDR hatte man dies begriffen. Darum gründete sie ein Ministerium für Staatssicherheit, dass sich gegen diese Versuche zur Wehr setzte.

Das Untersuchungsorgan des MfS beispielsweise ermittelte Hintermänner und machte deren Namen und Konzepte öffentlich. Bis zur Übernahme der Archive des MfS waren dessen Strukturen und Zuständigkeiten weitgehend unbekannt, das betraf auch die HA IX. Deshalb erfolgte die Verunglimpfung und Diffamierung pauschal. 1952 erschien unter dem Titel »Die rote Gestapo: Der Staatssicherheitsdienst in der Sowjetzone« die erste Hassschrift. Der demagogische Titel war beredt genug: Es wurde absichtsvoll eine Kontinuität von der Hitler-Diktatur zur DDR suggeriert. Das war in jeder Hinsicht sachlich falsch: Die Nazischergen und Schreibtischtäter saßen in der Bundesrepublik.

In jener Zeit, beginnend im Jahre 1950, unterstützte das Ministerium für Gesamtdeutsche Fragen die »Kampfgruppe gegen Unmenschlichkeit« (KgU) und den »Untersuchungsausschuss freiheitlicher Juristen« (UfJ) ideell und materiell. Diese antikommunistischen Kampforganisationen wurden geheimdienstlich ebenso gesteuert wie das »Informationsbüro West« (IWE). Das IWE verbreitete Falschmeldungen über die DDR, die von Radiosendern der Bundesrepublik und Westberlins sowie durch das Bundespresseamt im In- und Ausland verbreitet wurden. Darüber hinaus sammelte das IWE Informationen, welche an westliche Geheimdienste, die Bundesregierung, an die Ostbüros von SPD und der CDU sowie an andere interessierte Stellen weitergegeben wurden.

Das vom MfS und seinem Untersuchungsorgan gezeichnete Bild sollte den Eindruck vermitteln, das dort alte Gestapo-Leute beschäftigt seien und diese wie seinerzeit in den Folterkellern der Nazis folterten, um gewünschte Aussagen zu gewinnen. Die Haftbedingungen würden denen in faschistischen Konzentrationslagern gleichen. Vermeintliche Täter, die dort einsäßen, seien Opfer der Tyrannei.

1992 wurde eine Ausarbeitung der wissenschaftlichen Dienste des Deutschen Bundestages verbreitet. Die Überschrift stand in der Tradition der seinerzeitigen Hetze: »Einstufung des Ministeriums für Staatssicherheit der ehemaligen DDR als kriminelle Organisation – Rechtliche Möglichkeiten und politische Konsequenzen«.[7]

Darin kam man allerdings zum Schluss: »Die uneingeschränkte Einstufung der Stasi als kriminelle Organisation in der Form eines Gesetzes ist wohl rechtlich nicht unbedenklich.« Was so viel hieß wie: besser kein Gesetz, die Behauptung von der »kriminellen Organisation« ist nicht zu beweisen! Und so war es auch. Die zahllosen Ermittlungsverfahren gegen Mitarbeiter des MfS durch die bundesdeutsche Justiz ergaben so gut wie nichts, das MfS war de facto juristisch rehabilitiert, wie Rechtsanwalt Diestel 2001 feststellte.[8]

In den 50er Jahren mussten nicht zuletzt wegen des erfolgreichen Wirkens des MfS und anderer Sicherheitsorgane die KgU und der UfJ – nach 1990 als Bürger- und Menschenrechtsorganisation »rehabilitiert« – ihre terroristische Tätigkeit einstellen. Nach den Grenzsicherungsmaßnahmen am 13. August 1961 traten innerhalb des Netzwerkes andere an ihre Stelle, etwa die »Zentrale Erfassungsstelle« der Landesjustizverwaltungen in Salzgitter«. Als Beweismittel- und Dokumentationsstelle nahm die Bundesbehörde am 24. November 1961 ihre Arbeit auf.

Sie registrierte, wie es hieß, Hinweise auf vollendete oder versuchte Tötungshandlungen (zum Beispiel an der Grenze), Unrechtsurteile aus politischen Gründen, Misshandlungen in Haftanstalten, Verschleppung oder politische Verfolgung in der DDR. Damit wurden zwei Ziele verfolgt. Zum einen sollten im weitesten Sinne alle Staatsdiener der DDR von der Durchsetzung geltenden Rechts abgehalten werden, etwa die Grenzsoldaten bei der Sicherung der Grenze. Zum anderen wurden Beobachtungen und Feststellungen an die politischen Einrichtungen an die Medien weitergegeben, d. h. Salzgitter lieferte propagandistische Munition für den Kalten Krieg.

Allerdings erwies sich nach 1990, dass es sich wirklich nur um propagandistiche Munition handelte. Bei der angestrengten juristischen Strafverfolgung von einigen zehntausend Mitarbeitern des MfS und seines Untersuchungsorgans erwiesen sich die Unterlagen der Erfassungsstelle als wertlos. Zu dieser Feststellung war die SPD-Bundestagsfraktion bereits 1984 gekommen. In dem dazu einstimmig gefassten Beschluss hieß es: »Die Zentrale Erfassungsstelle Salzgitter ist wirkungslos und überflüssig.«

Entsprechend den Vorgaben des »Forschungsbeirates für Fragen der Wiedervereinigung Deutschlands« aus den frühen 50er Jahren okkupierte die Bundesrepublik 1990 die DDR – woran man die Langfristigfristigkeit strategischer Zielsetzungen des Imperialismus erkannte.

Die Eliten wurden in allen gesellschaftlichen Bereichen ausgetauscht. Hunderttausende aus dem Staatsapparat, aus Wirtschaft, Bildung, Kultur, Wissenschaft und Sport wurden verdrängt, »abgewickelt« durch Westdeutsche ersetzt.

Die Zerschlagung der ökonomischen Strukturen der DDR zur Wiederherstellung kapitalistischer Produktionsverhältnisse ist inzwischen hinlänglich dokumentiert. Die dabei entwickelte kriminelle Energie wurde später als »Fehler« eingeräumt.[9] Aber das war wohlfeil und ohne Konsequenz für die ins Aus gedrängten Ostdeutschen.

1992 nahm der Bundesbeauftragte für die Stasiunterlagen (BStU) seine Tätigkeit auf. Die Bundesbehörde sollte zu einem der zentralen Knotenpunkte im Netzwerk der Auseinandersetzung mit der DDR werden. 2005 wurde sie dem Bereich Kultur und Medien im Bundeskanzleramt unterstellt. 1998 rief man die Stiftung zur Aufarbeitung der SED-Diktatur ins Leben. Sie gründete auf die von Rainer Eppelmann im Auftrage des Bundestages geleiteten beiden Enquetekommissionen, womit er sich für den Posten des Vorsitzenden der Stiftung empfahl. Als DDR-Bürger verweigerte Eppelmann den Wehrdienst mit der Waffe, 1982 war er Mitautor des Appells »Frieden schaffen ohne Waffen. Sein Verhältnis zum Wehrdienst und zu Waffen sollte sich in der Bundesrepublik grundlegend wandeln, weshalb er von Prof. Dr. Horst Schneider aus Dresden nach den Gründen gefragt wurde.

Am 9. August 2000 antwortete der CDU-Bundestagsabgeordnete:

»Ich habe einerseits großes Verständnis dafür, dass Sie mich an meine Auffassung erinnern, für die ich sogar einige Zeit ins Gefängnis gegangen bin. Aber gerade weil ich nach der Wiedervereinigung Deutschlands viel dazugelernt habe, sehe ich heute viele Dinge anders. Aus einer anderen Perspektive betrachtet, erhalten die gleichen Fragestellungen oft ein anderes Gesicht.« Und weiter schrieb

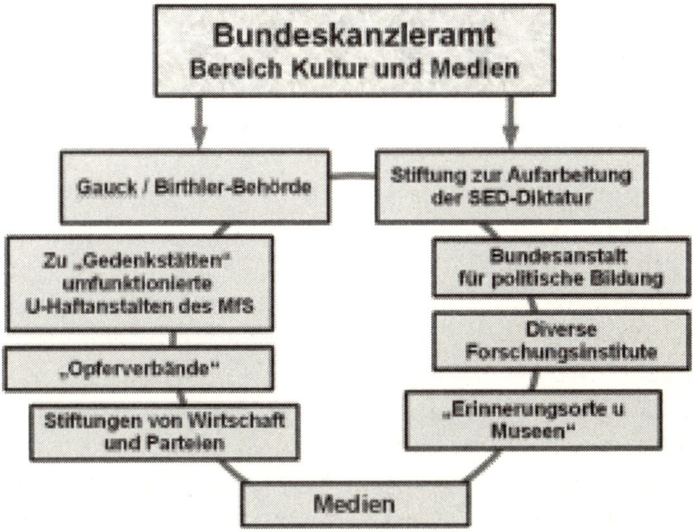

Das Netzwerk der »Aufarbeitung«, seine Knotenpunkte und deren Zusammenspiel

er: »Ich glaube, dass eine starke Armee in bestimmten Zeiten zum Frieden beitragen kann, weil sie ein Gleichgewicht und eine Abschreckung für Angreifer darstellt.« Als hätte die DDR Gegenteiliges erklärt. Und nachdem diese – auch Dank der Wühlarbeit von Eppelmann – untergegangen war, hatte er nun einen neuen Feind ausgemacht. »Ein großes Problem für die Zukunft ist mit Sicherheit das erhebliche soziale Gefälle zwischen den Industrienationen und den Ländern der Dritten Welt sowie die jetzt durch Wegfall des Eisernen Vorhangs unmittelbar aufeinanderprallenden unterschiedlichen Gegebenheiten zwischen Ost- und Westeuropa. Es könnten verständliche Begehrlichkeiten zu sozialen Kriegen führen, wenn wir ungeschützt dastünden. Ganz abgesehen von der sicherlich nicht zu unterschätzenden Gefahr des Islam.«[10]

Ex-Pfarrer Eppelmann ist maßgeblich an der Durchsetzung eines Geschichtsbildes beteiligt, das postum den Kampf gegen die DDR und ihre Beseitigung legitimieren und legalisieren soll. Das Kapital der von ihm geführten Stiftung zur Aufarbeitung der SED-Diktatur in Höhe von 77 Millionen Euro stammt aus der Parteikasse, es sind Mitgliedsbeiträge von SED-Genossen. Der Jahresetat beläuft sich auf fünf Millionen Euro. 31 Millionen Euro wurden bisher als Fördermittel ausgereicht und zur Unterstützung der Beratung und Betreuung von »Opfern der SED-Diktatur« wurden insgesamt 6,5 Millionen bereitgestellt.[11]

Zeitgleich mit der BStU wurde die Stiftung dem Bereich Kultur und Medien des Bundeskanzleramtes zugeordnet.

Über diese zentralen Knotenpunkte werden Einrichtungen und Institutionen ins Netzwerk eingebunden und deren Finanzierung gesichert.

Die ehemaligen U-Haftanstalten des MfS haben in der Kriminalisierung und Denunziation der DDR eine besondere Rolle. Die nebenstehende Grafik gibt einen allgemeinen Überblick über die neue Struktur der Netzwerke und zeigt, dass die Meinungsmache unverändert Chefsache ist.

2. Einstige Untersuchungshaftanstalten im Zentrum der Stasi-Treibjagden

Es gibt kaum eine Gattung krimineller Delikte, die man nicht dazu benutzen könnte, politische Leidenschaften zu entfachen[12], wusste schon der Staats- und Verfassungsrechtler Otto Kirchheimer (1905-1965). Es sei dabei schon ausreichend, einen entsprechenden Verdacht zu formulieren, wenn derjenige, dem der Verdacht zugeordnet werde, für die öffentliche Meinung als möglicher Täter in Frage käme und »geeignete Opfer« zur Verfügung stünden.

Für die Mehrheit der Bürger aus der alten Bundesrepublik war das MfS mit der Gestapo vergleichbar. Vierzig Jahre wurde diese Analogie in Politik und Medien mehr oder minder deutlich absichtsvoll verbreitet. Diese Strategie der Kiminalisierung, die fernab der historischen Wahrheit lag, wurde nach 1990 fortgesetzt und auf den Osten ausgedehnt.

Nun pflegen Geheimdienste – eben weil sie konspirativ arbeiten – kaum Spuren zu hinterlassen. Es bleiben allenfalls Akten und Dienstgebäude. Bürohäuser eignen sich wenig als Beweismittel für das behauptete Grauen, wohl aber Haftanstalten. Knäste sehen überall auf der Welt schrecklich aus: Sie sind von hohen Mauern umgeben, auf deren Kronen meist Stacheldraht zu sehen ist. Es gibt Wachtürme, schwere Eingangstore und vor jedem Fenster Gitter; die Wendung von der »gesiebten Luft«, die man dort atme, wurde weder vom MfS erfunden noch ausschließlich deren U-Haftanstalten nachgesagt.

Und es existieren Personen, die dort eine gewisse Zeit zugebracht haben, Zeitzeugen also, die Nachricht geben können, wie schrecklich das Erlebte war. Man lese nur die vielen Haftberichte aus Justizvollzugsanstalten im Ausland (z. B. *www.jva-report.org/haftbericht_aus_den_usa1.htm*) oder aus der Bundesrepublik Deutschland von heute (etwa *https://www.knast.net/prison.html?id=7368*)

Nicht anders verhielt es sich mit den U-Haftanstalten des MfS, die so wenig Sanatorien waren wie andere Hafteinrichtungen auch. Wer in einer Zelle oder einem Verwahrraum hinter verschlossener Tür und vergitterten Fenstern saß (oder sitzt), befand (oder befindet) sich zwangsläufig in einer Ausnahmesituation. Egal, ob man nun zurecht oder irrtümlich inhaftiert war oder ist, wobei die meisten natürlich meinen, sie wären unschuldig. Und wenn man ihnen später – also nach 1990 – bewusst einredet, sie hätten zu unrecht eingesessen, weil ein Unrechtsstaat sie eingelocht habe, dann wird diese Überzeugung noch verstärkt. Und die Bereitschaft wächst, die Erinnerung noch schwärzer und grauer zu färben, als sie tatsächlich war. Denn je größer und grausamer das vermeintlich erlittene Unrecht, desto lauter der Beifall. Das lässt sich alles mit Psychologie und Politik sachlich erklären und die verschobene Perspektive korrigieren. Das aber ist nicht die Absicht der »Aufklärer«. Es geht ja nicht um Aufhellung der DDR-Geschichte, sondern um deren Verdunkelung.

Untersuchungshaftanstalten des MfS, die mitunter von den Nazis und danach von den sowjetischen Sicherheitsorganen genutzt wurden, eignen sich in besonderer Weise für politische Propaganda. Wo es Menschen nachweislich schlecht ging (s. oben), fällt die Verurteilung der Umstände leicht. So war es geradezu folgerichtig, dass die Hauptabteilungen IX (Untersuchungsorgan) und XIV (Untersuchungshaft) an den Pranger gestellt wurden.

Zwar habe die DDR, vulgo die HA IX und XIV, »zwar nicht wie das Dritte Reich Berge von Leichen hinterlassen, statt dessen aber nicht minder schreckliche Berge von Akten, die ganz schöne Hügel von Leichen und ein ganzes Gebirge von Entbürgerlichten enthalten«, teilte der Pressesprecher der BStU im Januar 1994 mit. Zu jenem Zeitpunkt hatte die Behörde objektiv noch keinen Überblick über die Akten des MfS, geschweige denn über deren Inhalt. Auch das *Neue Deutschland* kolportierte kritiklos diese Behauptung.[13]

2.1 Die zentrale U-Haftanstalt des MfS in Berlin-Hohenschönhausen

Wenig später war auch ein Ort ausgemacht, wo sich die virtuellen »Leichen« türmten. Die *Süddeutsche Zeitung* machte ihn publik, indem sie die Bürgermeisterin des Stadtbezirks zitierte. »Das ist das berüchtigte Stasigefängnis, die Leitanstalt sozusagen. Die Folterkeller sind direkt von den Nazis über die Sowjets an die Stasi übergeben worden. ›Knöcheltief im Wasser haben die Häftlinge dort im berüchtigten U-Boottrakt gestanden.‹ Und da drüben in der Betonfabrik sollen sie die Leichen eingegossen haben.«[14]

An dieser Aussage war alles falsch und unsinnig. Bei der Anlage handelte es sich um eine ehemalige Großküche, die von der sowjetischen Besatzungsmacht als Internierungslager genutzt worden war, die Nazis waren dort nicht. 1951 übernahm das MfS das Objekt: leer.

Die Haftzellen befanden sich in einem Hochkeller, sodass die an den Außenfronten liegenden Hafträume Oberlichtfenster hatten. Insgesamt gab es 55 Hafträume für bis zu 60 Personen. Zu keiner Zeit existierten dort »Folterkeller«. Auch einbetonierte Leichen wurden nicht gefunden, weil es auch diese nicht gab.

Die Oberlichter der Hafträume in Hohenschönhausen – mit Pfeilen markiert

In der Umgebung später aufgefundene menschliche Skelette fielen nachweislich nicht in die Verantwortung des MfS. Eine Untersuchung von Todeszeitpunkt und -ursache unterblieb dennoch, weil ja der Hauptschuldige bereits feststand. 1956 wurde mit dem Bau der neuen U-Haftanstalt begonnen, nach deren Fertigstellung vier Jahre später wurde die alte Anstalt nicht mehr für Haftzwecke genutzt.

Neue Untersuchungshaftanstalt in Hohenschönhausen, errichtet zwischen 1956 und 1960

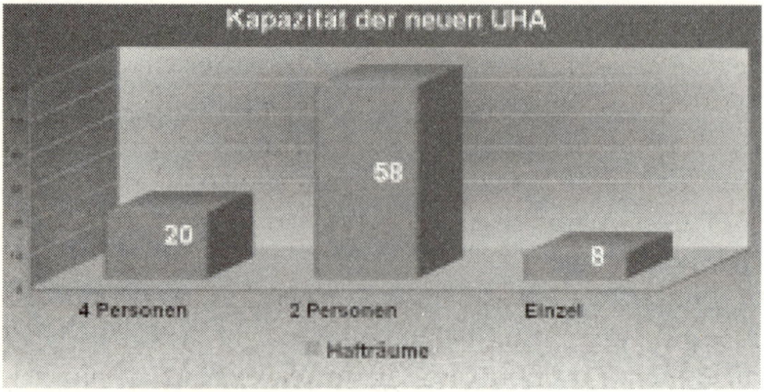

Von den 86 Hafträumen waren zwanzig für vier Personen ausgelegt und 58 für zwei, lediglich acht waren Einzelzellen

Bei einer Gesamtkapazität von 204 Personen, lag die höchste Auslastung bei 58,82 Prozent im Jahre 1960. Danach zeigt sich eine stetige Verringerung der Auslastung. Im Jahr 1989 betrug sie noch 24,5 Prozent.

Wegen ihrer zentralen Rolle wurde die Einrichtung 1994 zum Flaggschiff erklärt, sie war fortan Beispiel und

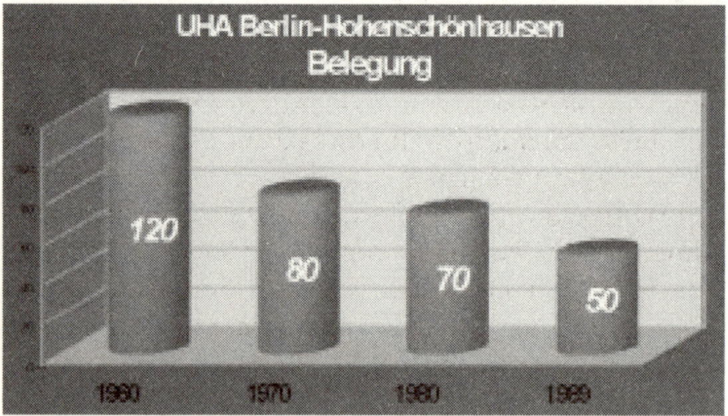

Die Gesamtkapazität von Hohenschönhausen lag bei 204 Personen, 1960 war die UHA zu knapp 60 Prozent belegt, im letzten Jahr der DDR zu einem Viertel. Die Zahl der Inhaftierten ging also stetig zurück

Vorbild für alle anderen »Gedenkstätten«, die in ehemaligenU-Haftanstalten des MfS installiert wurden. Seit 2000 wird sie als bzw. von einer Stiftung geführt. Ein Blick auf die Besetzung der zuständigen Gremien zeigt, dass alle Netzwerker vertreten sind.[15] Damit hat die Einrichtung wohl so etwas wie eine Leitfunktion für vergleichbare Institutionen.

Bislang ist ein Geheimnis, wer von diesen Personen oder Institutionen auf die Idee kam, in dem alten, seit 1960 nicht mehr für Haftzwecke genutzten Gebäude »Folterzellen« zu installieren. Sie gab es schon aus prinzipiellen Gründen in keiner Hafteinrichtung der DDR, folglich auch nicht in diesem Hause. Dort finden Führungen statt, bei denen nicht nur verschwiegen wird, dass es sich um einen Fake handelt, gleichsam also um eine bauliche Fälschung, sondern – als Zugabe – auch erfundene Geschichten über Zellen für Wasser-, Steh-, und Hitzefolter erzählt werden.

Nun, auch andere Objekte hat es auf dem Gelände nie gegeben, die aber nunmehr als Mobiliar der Einrichtung vorgeführt werden, etwa der als »Grotewohl-Express« bezeichnete Waggon für Strafgefangene und Teile der Grenzsicherungsanlage zu Westberlin. Das hat etwas – obwohl die Pietät angesichts des Genius loci dies eigentlich verbietet – von einem schaurigen Walt-Disney-Park. Hauptsache Grusel, egal, womit erzeugt.

Das Interesse für die »Gedenkstätte« ließ in den 90er Jahren zu wünschen übrig. Bund und Länder entwickelten gemeinsam mit Behörden, Stiftungen und Institutionen sowie staatsnahen Opferverbänden ein System zu Sicherstellung und Steuerung »freiwilliger Besuche« in Hohenschönhausen. Eingetaktet wurden Einrichtungen der schulischen und beruflichen Ausbildung, die Bundeswehr und selbst Parlamentsabgeordnete. Letztere sind verpflichtet, Besuchergruppen aus ihren Wahlkreisen, die sie zu Aufenthalten in Berlin einladen, zur Teilnahme an Führungen zu bewegen. Touristikunternehmen begann man mit Offerten zu locken, damit sie Hohenschönhausen ins Programm nahmen. Spitzenpolitiker des Bundes und der Länder visitieren, insbesondere gern in Wahlkampfzeiten, den einstigen Ort vormaligen Grauens, an welchem sie dann einen bedeutungsschweren Satz in die bereitgehaltenen Mikrofone und Kameras sagen.

Seit Ende 2004 diskutierten alle Parteien weiterführende »Gedenkstättenkonzepte«. Im Mai 2005 berief die Kulturstaatsministerin im Bundeskanzleramt, Dr. Christina Weiss, eine Expertenkommission zum Thema »Aufarbeitung der SED-Diktatur«. Innerhalb dieser Kommission meldeten sich Experten zu Wort, die Hohenschönhausen in die Verantwortung des Bundesbeauftragen für die Stasiunterlagen geben wollten. Auch der Berliner rot-rote Senat, der die Hälfte der Unterhaltskosten der »Gedenkstätte« trägt, war nicht unbedingt gegen solche Überlegungen. Mithin: Für den Direktor der Einrichtung schien es eng zu werden.

In jener für die »Gedenkstätte« schicksalsschwangeren Zeit fand am 14. März 2006 im Stadtbezirk eine öffentlichen Informationsveranstaltung statt, zu der die Stadtbezirksverwaltung geladen hatte. Dabei wurden Pläne vorgestellt, wie das einst vom MfS genutzte Areal markiert und mit Gedenktafeln ausgewiesen werden sollte.

Im Podium saßen auch Dr. Hubertus Knabe und Kultursenator Thomas Flierl (PDS).

In der hitzigen Debatte meldeten sich auch ehemalige Mitarbeiter des MfS zu Wort und kritisierten die Art und Weise, wie in der »Gedenkstätte« mit der Geschichte umgegangen werde. Sie forderten mehr Sachlichkeit und machten sich anheischig, als Zeitzeugen dafür zur Verfügung zu stehen.

Anderentags hieß es dazu in den Medien, es habe sich um einen Eklat gehandelt. Natürlich ging wie stets die Parole von der »Verhöhnung der Opfer«. Aber, und das war in der Tat neu, es wurde auch der Kultursenator attackiert, weil er diesen »Tätern« nicht über den Mund gefahren sei. Merke: In der Demokratie dürfen alle mitreden – nur nicht jene, die anderthalb Jahrzehnte zuvor beim MfS gearbeitet haben. Denen hat der Kultursenator einen Maulkorb zu verpassen. Und weil das unterblieb, sollte er zurücktreten.

Kurz darauf suchte der Spitzenkandidat der CDU für die Wahlen zum Berliner Abgeordnetenhaus, Friedbert Pflüger, demonstrativ die »Gedenkstätte« auf.

Am 27. März folgte ihm Thüringens Ministerpräsident Dieter Althaus (CDU).

Am 4. April folgte im Plenarsaal des Abgeordnetenhauses von Berlin die Veranstaltung »Zeichen setzen – Schauspieler und ehemalige Häftlinge des MfS lesen Zeitzeugenberichte«. In seiner Eröffnungsrede erklärte der Parlamentspräsident Walter Momper (SPD): »Es ist leider ein zu beobachtender Trend, dass der Gewaltcharakter der SED-Herrschaft ignoriert oder geleugnet wird und die angeblichen guten Seiten der DDR herausgekehrt werden. Die furchtbare Mauer wird nicht erwähnt, die fehlende Freiheit spielt keine Rolle und selbst die unzähligen Opfer der Diktatur bleiben in dieser Art von Darstellungen und Verklärungen ausgeblendet.

Vor dem Hintergrund dieser DDR-Nostalgie wagen sich nun die Täter von gestern, die Schergen des Regimes und die Kerkermeister von Hohenschönhausen aus ihren Löchern und erheben wieder frech ihr Haupt«, dröhnte der Ex-Regierende Bürgermeister. »Wir unterstützen die Gedenkstätte Hohenschönhausen und ihren Leiter, Dr. Knabe, in ihrer wichtigen Aufklärungs- und Gedenkarbeit. Wer es noch nicht gesehen hat, sollte sich die Ausstellung vor Ort – dort wo es geschah – ansehen.

Ich bin Herrn Dr. Knabe und seinen Mitarbeitern auch dankbar dafür, dass sie unser heutiges Programm so kurzfristig zusammengestellt und organisiert haben. Gemeinsam haben wir es umgesetzt: die Gedenkstätte und das Abgeordnetenhaus. Vielen Dank für Unterstützung und Zusammenarbeit!

Die Berichte der ehemaligen Häftlinge – der Lebenden und der Toten – sind erschütternde Zeugnisse der Brutalität und Grausamkeit, der körperlichen Qualen und des psychischen Terrors. Sie sind der authentische Beweis dafür, wie sehr in Hohenschönhausen die Menschenrechte im wahrsten Sinne des Wortes mit Füßen getreten worden sind, solange die Haftanstalt bestand. Ich danke deshalb ganz besonders denjenigen, die sich bereit erklärt haben, aus ihren eigenen Berichten zu lesen und heiße Sie im Abgeordnetenhaus herzlich willkommen.

Die Opferverbände, deren Mitglieder hier heute anwesend sind, leisten eine außerordentlich bedeutsame Arbeit für die Aufarbeitung der Vergangenheit, bei der Beratung der Opfer und für die Information der Öffentlichkeit. Heute Abend sind hier die Union der Opferverbände kommunistischer Gewaltherrschaft, der Bund der Stalinistisch Verfolgten Berlin-Brandenburg, der Verein Help, das Bürgerkomitee 15. Januar zur Aufarbeitung der Stasi-Vergangenheit, die Antistalinistische Aktion Berlin Normannenstraße und die Vereinigung 17. Juni 1953 vertreten. Ich danke allen Verbänden im Namen des Abgeordnetenhauses ganz herzlich für ihre wichtige Arbeit und freue mich, dass Sie heute gekommen sind. Herzlich willkommen im Abgeordnetenhaus.«

Das war ein Kotau des Sozialdemokraten vor allen Dampftrommlern, die in dieser Sache Druck auf den Koalitionspartner ausübten.

Am 6. April, zwei Tage später also, besuchte der Thüringer Justizminister Harald Schliemann (CDU) die »Gedenkstätte«. Ihm folgte am 11. April der Gesandte der Botschaft Israels, Ilan Mor. Schließlich besuchte am 12. Mai die Fraktionsvorsitzende von Bündnis '90/Die Grünen im Berliner

Abgeordnetenhaus Sibylle Klotz gemeinsam mit der Spitzenkandidatin für die Abgeordnetenhauswahl Franziska Eichstädt-Bohlig und weiteren Grünen-Politikern die Knabe-Einrichtung.

Damit waren die Fronten in der einstigen Frontstadt geklärt und alle Diskussionen über neue Ansätze in der Gedenkstättenpolitik vom Tisch.

Den abschließenden Höhepunkt des Basta-Marathons bildete der Besuch des Bundespräsidenten. Am 14. November 2006 titelte *Focus-online*: Hohenschönhausen: Köhler stieg in den Stasi-Käfig. Text: »Köhler besuchte am Dienstag das frühere Stasi-Untersuchungsgefängnis in Berlin-Hohenschönhausen. Er besichtigte die Zellen und sprach eine Stunde lang mit ehemaligen Häftlingen. ›Ich bin sehr bedrückt‹, sagte er anschließend. Die heutige Gedenkstätte verdeutliche eindrucksvoll, wie Diktatur funktioniere.

Unter dem Eindruck des Erlebten fand der Bundespräsident dann deutliche Worte: ›Wir geben der Aufarbeitung des DDR-Unrechts nicht die nötige Aufmerksamkeit.‹ Es könne nicht sein, dass ›damalige Opfer heute wieder in die Defensive geraten und sich fragen: Wer schützt mich?‹

Zuvor hatte Köhler sich das ehemalige Gefängnis angeschaut und war dabei auch in das berüchtigte ›U-Boot‹ gestiegen. Dort wurden politische Häftlinge unter entwürdigenden Bedingungen gefangengehalten. Verhöre waren, so der Gedenkstättenleiter Hubertus Knabe, ›oft von Drohungen und körperlicher Gewalt begleitet‹. Durch Schlafentzug, stundenlanges Stehen oder Aufenthalt in Wasserzellen seien Geständnisse erzwungen worden. Hier legte Köhler einen Kranz nieder.«

Das tatsächliche Interesse der Bürger hielt sich trotz des Aufgallopps der Politik und des flächendeckenden medialen Echos in deutlichen Grenzen. Ursache war nicht, wie Walter Momper am 4. April geklagt hatte, eine nicht nachzuvollziehende DDR-Nostalgie. Das Desinteresse korrespondierte mit dem Verlust an Glaubwürdigkeit der Politik, mit den Erfahrungen im realexistierenden Kapitalismus, der Demokratie und dem Umgang mit der Vergangenheit.

Probleme der Existenzsicherung, eine fehlende Perspektive, im Osten zudem noch gepaart mit Zurücksetzung, Rentenbetrug, Behördenwillkür etc. waren (und sind) erheblich größer und bedrängender als der Zoff um die »Gedenkstätte«. Ostdeutsche verdienten etwa 17 Prozent weniger als ihre westdeutschen Kollegen, arbeiteten dafür aber länger. Nur als Kanonenfutter werden sie bevorzugt. Bei Auslandseinsätzen der Bundeswehr kommt jeder zweite Soldat aus dem Osten.[16]

Fast zwei Jahrzehnte nach dem Untergang der DDR konstatierte die Bundesregierung, dass die »Aufarbeitung im Bereich des SED-Unrechts noch immer nicht angemessen im öffentlichen Bewusstsein verankert« sei« und definierte vier Schwerpunkte eines »effektiveren Geschichtsverbundes«. Im Juni 2008 fasste der Bundestag einen entsprechenden Beschluss.[17]

Eingebracht hatte ihn der der Bundeskanzlerin direkt unterstellte Bundesbeauftragte für Kultur und Medien, Staatsminister Bernd Neumann (CDU). Drei der vier Schwerpunkte galten dem MfS. Der vierte, die ehemaligen U-Haftanstalten betreffende Punkt, ging so: »Fortsetzung der Zusammenarbeit zwischen den Gedenkstätten Hohenschönhausen und Normannenstraße sowie Ausbau der Zusammenarbeit zwischen den Gedenkstätten in den früheren Gefängnissen des Ministeriums für Staatssicherheit der DDR (MfS) in den ehemaligen Bezirkshauptstädten.«

Dieses Programm bedeutete eine Verschärfung gegenüber den Überlegungen im Bundeskanzleramt im Jahre 2005 und musste als Auftrag verstanden werden, die Netzwerke zur Kriminalisierung des MfS weiter auszubauen.

Über die Entwicklung der Besucherzahlen für den Zeitraum von 1994 bis 2008 hat die »Gedenkstätte« Berlin-

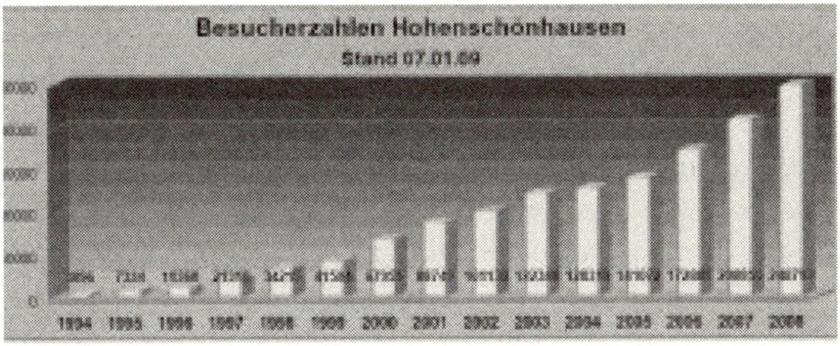

Selbstauskunft der »Gedenkstätte« über die Enwicklung der Besucherzahlen von rund dreitausend im Jahr 1994 bis zu zweieinhalb Millionen im Jahr 2008

Hohenschönhausen eine eigene Statistik veröffentlicht, der die Zahlen für das obenstehende Diagramm entnommen sind.

Nach Auskunft aus Hohenschönhausen wäre jeder zweite Besucher ein »Jugendlicher«. Das heiße: 2006 besuchten 1,25 Prozent der Heranwachsenden in Deutschland im Alter zwischen 14 und 18 Jahren Knabes Einrichtung. Bei den Erwachsenen bewegen sich die Zahlen im Promillebereich. Das relativiert die Erfolgsstatistik. Aber immerhin: Nicht sehr viele Museen hierzulande können so viele Besucher vorweisen.

Aber man darf nicht ignorieren: Kaum ein anderes Museum in Deutschland wird so von der Politik protegiert und materiell unterstützt wie dieses. Die Gründe liegen auf der Hand.

Am 5. Mai 2009 machte endlich auch die Kanzlerin Knabe ihre Aufwartung, im Gefolge über 70 Journalisten, darunter etwa 15 Fernsehteams. Die Kanzlerin besichtigte alle Attraktionen des »Gruselkabinetts« und zeigte sich tief beeindruckt. Bei einer »zufälligen« Begegnung mit 29 Schülern aus Rheinland-Pfalz berichtete sie, dass »die Stasi« sie als junge Physikerin an der TU Ilmenau habe anwerben wollen und wie sie sich verweigert habe.

Besondere Erwähnung fand in den Medien, dass die Bundesregierung und das Land Berlin sich künftig verstärkt für Erhalt und Ausbau der »Gedenkstätte« engagieren wollten. Dem Vernehmen nach wurden bis dato rund 11,5 Millionen Euro investiert, Berlin und der Bund würden gemeinsam weitere 16,23 Millionen Euro aufbringen.

Die 11,5 Millionen Euro »bis heute« sind nicht sehr präzise. Es fehlen die Beträge, welche in DM gezahlt wurden. Die Einführung des Euro erfolgte bekanntlich 2002.

Darüber hinaus sollte man endlich auch sagen, welche gesonderten Projektfördermaßnahmen in den zurückliegenden anderthalb Jahrzehnten finanziert worden sind. Wäre das nicht mal eine Aufgabe für den Bundesrechnungshof und den Rechnungshof des Landes Berlin?

Auf der Internetseite der Stiftung Berlin-Hohenschönhausen stand 2009 folgender Text: »Die Geschichte des Haftortes Berlin-Hohenschönhausen ist bisher nur unzureichend erforscht. Repräsentative Angaben über die soziale Zusammensetzung der Gefangenen oder über die Gründe und die Dauer ihrer Inhaftierung liegen nicht vor. Es ist nicht einmal genau bekannt, wie viele Häftlinge in Hohenschönhausen inhaftiert waren.«

Womit, so muss man fragen, hat man sich denn bis dato jahrelang beschäftigt? Offenbar ist die Konzentration aufs »Tagesgeschäft« derart stark, dass nicht einmal Ergebnisse zur Kenntnis genommen werden konnten, welche von der BStU vorgelegt wurden. In deren 1999 veröffentlichten MfS-Handbuch, Teil III/9, hieß es dazu: »Im Zentralarchiv der Bundesbeauftragten für die Stasi-Unterlagen findet sich ein Bestand der zentralen Abteilung XIV von 145,1 laufenden Metern, der inzwischen vollständig erschlossen und damit für die Forschung zugänglich ist. Bei 76 laufenden Metern dieses Bestandes handelt es sich um etwa 15.000 Gefangenen- bzw. Haftakten.«. Diese Haftakten gestatten nicht nur präzise Rückschlüsse auf die

Zahl der Häftlinge, sondern auch auf die anderen vermissten Angaben. Neben wesentlichen Angaben zur Person ist dort auch Unwesentliches nachzulesen: Wer war zu welcher Zeit in welchem Haftraum untergebracht, in Einzel- oder Gemeinschaftsunterbringung, bestand Lese- oder Raucherlaubnis, Angaben über mögliche medizinische Versorgung etc. Warum werden Kopien solcher Dokumente nicht in der »Gedenkstätte« präsentiert? Beispielsweise von den als Zeitzeugen tätigen »Referenten«. Gleichsam als Autoritätsbeweis.

Mindestens bis zum Jahre 2006 wurde die Mär von der Wasserfolter verbreitet, und weil man dafür keine baulichen Beweise fand, wurde eine solche Zelle nach Angaben von Karl-Heinz Reuter rekonstruiert, der angeblich 1947 von der sowjetischen Besatzungsmacht mit ihrem Bau beauftragt worden war. Mehr als Reuters Skizze gibt es nicht: keine Zeitzeugen, keine Opfer, die dort gefoltert wurden, keinerlei Dokumente oder Hinweise. Nichts.[18] Nur dieses eine Blatt.

Bei der Führung am 21. Januar 2008 durch Peter Rüegg wurde die Skizze von Reuter nicht mehr gezeigt und auch sein Name blieb unerwähnt. Gleichwohl hielt Rüegg an der These von der Wasserfolter fest, wie ein Videomitschnitt zweifellos bezeugt.

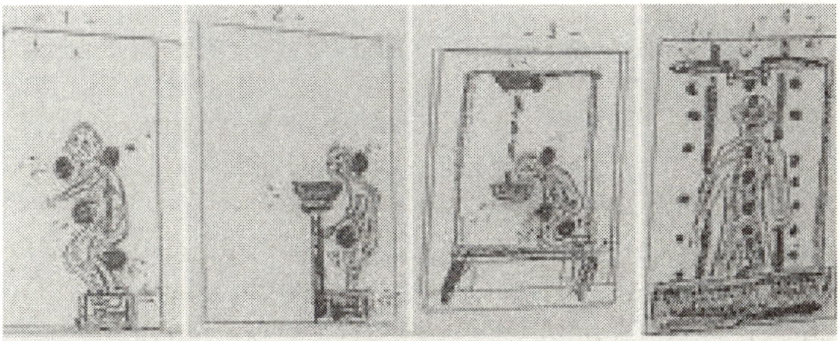

Nach diesen Skizzen von Karl-Heinz Reuter aus den 40er Jahren wurde eine Wasserfolter-Zelle »rekonstruiert«

»Nachbau«: So soll die »Wasserfolter-Zelle« ausgesehen haben

»Diese drei Zellen ab hier sind keine Originalzellen, sondern es sind Rekonstruktionen, also Nachbauten, nach Angaben von Häftlingen, die da mal drin waren. Und das sind reine Folterzellen.

In der ersten Zelle wurden Häftlinge an der Balkenlage zum Fragezeichen krumm geschlossen. Es tropfte ihnen Wasser auf den Kopf. Sie kennen das alle: Die ersten zehn Tropfen sind erfrischend, danach ist es dann wie Keulenschläge.

In den nächsten beiden Zellen wurden die Wände und der Fußboden mit Teilen von alten Förderbändern ausgeklebt. Der Häftling wurde nackt bei völliger Dunkelheit dort rein gestellt, ständig eimerweise mit kaltem Wasser übergossen, bis das Wasser die Höhe der Schwelle erreichte. Und da niemand wusste, ob er einen Tag, drei Tage, fünf Tage oder sieben Tage in diesem Wasser stehen oder liegen musste, seine Exkremente da hinterlassen musste, war das natürlich eine fürchterliche Tortur. Keiner wusste: Vergessen sie mich hier, muss ich hier verrecken oder was?«

Am 1. Dezember 2009 wurde bei einer Buchvorstellung in der Ladengalerie der *jungen Welt* auch diese Video-Sequenz gezeigt. Unter den interessierten Besuchern waren auch einige Aktivisten aus der »Gedenkstätte«. Vera Lengsfeld kommentierte den Beitrag so: »Was ich in meinen Führungen immer sage, das ist, dass es Berichte gibt von Walter Janka, der im U-Boot gesessen hat. 1956 ist er dort eingeliefert worden. Walter Janka beschreibt das U-Boot und die Wasserfolter. Erich Loest beschreibt in seinen Büchern die Wasserfolter beim MfS, und Walter Kempowski beschreibt in seinem Buch Wasserfolter bei der sowjetischen Geheimpolizei. Wem das noch nicht ausreicht, Werner Tübke, den werden Sie alle kennen, Werner Tübke hat in der Wasserfolterzelle 48 Stunden gesessen. Es gibt einen Bericht von ihm. Das kann ich Ihnen allen ans Herz legen, was es bedeutet, 48 Stunden im Wasser zu stehen.«

Am 5. Dezember 2009 wurde Frau Lengsfeld per Mail gebeten, die ans Herz gelegte Literatur ein wenig zu präzisieren, damit man ihrer Aufforderung zum Nachlesen nachkommen könne.

Sie antwortete darauf prompt. Anderentags mailte sie: »Ich habe nur darauf hingewiesen, dass es Wasserfolter sowohl bei der sowjetischen Geheimpolizei als auch bei der Stasi gegeben hat. Ich habe nicht gesagt, dass diese Fälle sich in Hohenschönhausen ereignet haben. Loest beschreibt in seinem Buch ›Durch die Erde ein Riss‹, wie er mit Wasser gefoltert wurde, Walter Kempowski in seinem Buch ›Im Block‹, Walter Janka beschreibt in seinen Lebenserinnerungen seine Haft in Hohenschönhausen. Werner Tübke ist als Abiturient in Torgau denunziert worden und stand im Gewahrsam der sowjetischen Geheimpolizei 48 Stunden bis zur Hüfte im Wasser [...].

Auf welcher Seite es steht, müssen Sie schon selbst herausfinden. Ich finde, es kann Ihnen nicht schaden, wenn Sie mal die Sicht derer zur Kenntnis nehmen, die von Ihnen und Ihren Genossen verfolgt wurden.«

Nun ja, auch wenn wir großzügig den inzwischen hinlänglich bekannten oberlehrerhaften Ton ignorieren, den Frau Lengsfeld mit Verlust des Bundestagsmandats 2005 keineswegs verlor, so kommt man dennoch nicht umhin, dass die Substanz dieser und der fünf Tage zuvor öffentlich gemachten Mitteilung nicht ganz identisch ist. Auf der *jW*-Veranstaltung insinuierte Vera Lengsfeld, dass es sich um eine Praxis in Hohenschönhausen gehandelt habe. Und auch sonst schien sie es mit den Fakten nicht ganz genau zu nehmen.

Erich Loest war nie in der U-Haftanstalt Berlin-Hohenschönhausen, eine Wasserfolterzelle hat er nie beschrieben.

Walter Kempowski wurde 1948 von den sowjetischen Sicherheitsorganen wegen Spionage für den US-amerikanischen Geheimdienst CIC, dem Vorgänger der CIA, in Rostock inhaftiert. Bis zu seinem Tode im Jahre 2007 galt er als unschuldiges Opfer der »Diktatur«, die Stadt Rostock benannte nach ihm eine Straße. Auf einer wissenschaftlichen Konferenz in Rostock 2009 informierte Prof. Alan

Keele aus den USA, dass Kempowski tatsächlich für die CIC gearbeitet habe. Keele war mit Kempowski gut bekannt und hielt sich an dessen Bitte, ihn erst nach seinem Tode als Spion zu outen.[19] Auch bei Kempowski findet sich keine Beschreibung von Wasserfolterzellen und nirgendwo ein Hinweis auf einen Aufenthalt im sowjetischen Internierungslager in Berlin-Hohenschönhausen.

Werner Tübke wurde 1945 kurzzeitig wegen Verdachts, Mitglied der faschistischen Werwolf-Organisation gewesen zu sein, inhaftiert, was auf seinen weiteren Lebensweg keinen Einfluss hatte. Er wurde einer der bedeutendsten Maler der DDR und gehörte auch der SED an. Von ihm selbst existiert kein Hinweis auf Wasserfolterzellen. In der U-Haftanstalt Berlin-Hohenschönhausen ist er zu DDR-Zeiten nie gewesen.

Einzig bei Walter Janka findet sich in seinem Buch »Spuren eines Lebens« (S. 329ff.) ein Hinweis. Allerdings handelt es sich um eine Geschichte, die er gehört, nicht selbst erlebt hat. »Der Leutnant dirigierte mich über die Treppe, auf der ich am ersten Tage mit Strohsack und Decken hatte hinabsteigen müssen, nach oben. In dem schmalen Gang, der zu der Halle mit dem Stalinbild führte, musste ich warten. Mit dem Gesicht zur Wand neben einer kleinen Tür stehenbleiben. Sie war von besonderer Konstruktion. Mit einer Betonschwelle von 50 cm Höhe. Die darüber befindliche Tür mit ›Spion‹ entsprechend kleiner als andere Türen. Und sie war auch schmaler. Zwei Meter weiter befand sich noch so eine Tür. Ebenfalls mit einer Betonschwelle in gleicher Höhe.

In Bautzen erfuhr ich, was es mit diesen Zellen auf sich hatte. Ein Kalfaktor, ehemals Angehöriger der Staatssicherheit, der in Hohenschönhausen Dienst gemacht hatte, erzählte mir beim Rasieren, dass er heimlich seinen Bruder in Westberlin besucht habe und dafür zwei Jahre absitzen musste. Als er mich wieder rasierte, fragte ich ihn, warum die Zellen gleich neben dem Stalinbild so hohe Betonschwellen hätten. ›Das sind Banjas‹, lautete die Antwort.

›Was ist damit gemeint?‹

›Zellen, in die Wasser eingelassen wird. Das steht keiner lange durch. Außer Wasser gibt es nichts.‹

Wiederholt hatte ich von solchen Einrichtungen gehört. Nur glauben wollte ich es nicht. Jetzt schämte ich mich, widersprochen zu haben, wenn von solchen Dingen die Rede war.«

Banja bezeichnet gemeinhin ein russisches Dampfbad.

Oberst Siegfried Rataizik, von 1963 bis zur Auflösung des MfS Leiter der Abteilung XIV (U-Haftvollzug) und damit Chef der Einrichtung in Hohenschönhausen, erklärte dazu: »Es gab weder eine Halle mit einem Stalinbild noch Zellen mit 50 cm hohen Schwellen.«

Klaus Schulz-Ladegast, einst Häftling in Hohenschönhausen und später einer der »Gedenkstätten-Referenten« meldete sich bei einer Veranstaltung in der *jW*-Ladengalerie am 4. März 2010 zu Wort. Wörtlich sagte er: »Einen Satz zu Hohenschönhausen. Ich war da eine Zeit lang Zeit-

Klaus Schulz-Ladegast (mit Mikrofon) bei der Veranstaltung in der jW*-Ladengalerie am 4. März 2010*

zeuge, was dann beendet wurde, weil ich mich an das gehalten habe, was ich erlebt habe. Das kann ich ganz deutlich sagen: Die nachgebauten Wasserzellen, die halte ich für absoluten Humbug. Die hat es nicht gegeben. Jeder, der Ahnung von dem hat, was beim KGB üblich war, weiß, dass der KGB so was nicht eingebaut hat. Ich bin bis nach Sibirien gefahren und habe mich da bei Spezialisten erkundigt. Die haben gesagt: Nie gesehen!«

Ladegast war Anfang der 60er Jahre wegen Spionage für den BND verurteilt worden, was er nie bestritt. Zu den Haftbedingungen, die er damals erlebte, äußert er sich unverändert kritisch. Allerdings hält er sich, im Unterschied zu manch anderem, an nachweisbare Fakten, und für ihn sind darum auch sachliche Gespräche zwischen »Tätern« und »Opfern« wichtig. Bezeichnend für diese Haltung war seine Mitwirkung an der Dokumentation der Filmakademie Baden-Württemberg (»Sag mir, wo du stehst«, Anja Reiß 2010).

Neben der fiktiven Wasserfolter soll es auch eine Stehfolter gegeben haben, wie es sie seit der katholischen Inquisition gibt und die auch von den US-Streitkräften im »Krieg gegen den Terror« praktiziert wird, wie gelegentlich bekannt wurde.

Allerdings gibt es für die Behauptung, auch das MfS habe sie in U-Haftanstalten angewandt, keine Beweise.

Was jedoch etwa Peter Rüegg bei seiner Führung am 21. Januar 2008 nicht daran hinderte – wie vermutlich in all den Jahren zuvor –, einen Freiwilligen unter den Besuchern zu bitten, sich in ein Kabuff zu zwängen. »Stellen Sie sich doch bitte mal hier rein, mit dem Gesicht zu mir. Hinter Ihnen ist eine Mauer. Vor Ihnen geht die Tür zu. Und jetzt bleiben Sie in dieser Stellung, in der Sie jetzt stehen. Es ist Ihnen verdammt unbequem.

In dieser Stellung bleiben Sie jetzt stehen. Zehn Stunden oder auch zwanzig. Und dann geht die Tür auf, und dann tut Ihnen jeder Muskel weh, und dann wollen Sie nie wieder hier rein.

Jeder reagiert anders auf seine Verhaftung. Wenn jetzt einer anfing zu toben: ihr Bullenschweine, ihr Russenknechte, mit mir könnt Ihr das nicht machen … Ach, kommse mal, stellen se sich mal hier rein, bleiben se mal zehn Stunden hier stehen oder auch 20 Stunden. Dann sagt der das nie wieder. Und wenn er später gefragt wird, so ganz süffisant, wolln se das Protokoll unterschreiben oder noch mal stehen?, dann unterschreibe ich auch jedes Protokoll.«

Klaus Schulz-Ladegast bestätigte bei seinem Auftritt am 4. März 2010, das laut eigener Recherchen beim sowjetischen KGB Stehfolter praktiziert wurde, nicht jedoch in der DDR.

Ein namenloser »Gedenkstätten-Führer« bestätigte dies am 9. September 2010, was in einem Besuchervideo dokumentiert ist, ohne jedoch explizit jede Möglichkeit auszuschließen: »Da gibt es einen ehemaligen Häftling, der glaubt, dass dieses Loch in der Wand mal als Stehzelle benutzt wurde. Dann wäre vorne nicht nur eine Tür gewesen, sondern hinten auch eine Wand. Ich halte das Ganze für unwahrscheinlich, ach nee, ich muss Ihnen sagen, inzwischen weiß man sogar, dass es keine Stehzelle war.

Es gibt einige Kollegen, die dies glaubten und so erzählten. Inzwischen hat man bestätigt, was ich gemeint hatte, dass es mal ein Durchgang war zu einer Zelle, in der man für kurze Zeit weggeschlossen werden konnte. Aber es gab winzige Stehzellen hier in Hohenschönhausen, die man benutzt hat.«

Neben Wasserfolter und Stehzelle gehört schließlich auch die »Röntgenkanone« in das fiktive Waffen- und Folterarsenal des Ministeriums für Staatssicherheit. Die Mär wurde bereits Ende 1989 aufgebracht, die Initialzündung erfolgte in Gera.[20] Dort hatte man ein Durchleuchtungsgerät, wie es beispielsweise an Flughäfen zur Gepäckkontrolle benutzt wurde, entdeckt, und nachdem »Experten« behauptet hatten, dass die Strahlung für Menschen gesundheitsschädlich sei, wurde ein Ballon aufgeblasen, der noch heute schwebt. Später präsentierte man Namen von Opfern, die infolge radioaktiver »Verstrahlung« während der U-Haft viele Jahre danach an Blutkrebs verstorben waren: Jürgen Fuchs, Gernulf Pannach und Rudolf Bahro. Fuchs und Pannach waren 1976 in Berlin-Hohenschönhausen inhaftiert und verließen neun Monate später die DDR. Das Ermittlungsverfahren gegen Bahro erfolgte ebenfalls dort 1977 in der gleichen U-Haftanstalt. Er wurde zu einer Freiheitsstrafe von acht Jahren verurteilt und zum 30. Jahrestag der Gründung der DDR 1979 amnestiert.

Während ihres Aufenthaltes in Hohenschönhausen gab es weder dort noch in einer anderen U-Haftanstalt des MfS Durchleuchtungsgeräte. Diese wurden erst Mitte der 80er Jahre in einigen UHA installiert.

Damit hat sich die Behauptung erledigt.

Überdies betrug die Intensität dieser Strahlung maximal 2,75 Prozent jener Dosis, die bei medizinischen Therapien zum Einsatz kommt. Einen entsprechenden Befund ergab auch die technische Analyse des Instituts für Strahlenschutz beim GSF-Forschungszentrum für Umwelt und Gesundheit Neuherberg.

Die BStU informierte in einer Erklärung im März 2000. »Auf der Grundlage der vorgefundenen Akten muss die Frage, ob das MfS zielgerichtet bzw. vorsätzlich mit Hilfe von Röntgengeräten, anderen radioaktiven Strahlern oder auch radioaktiven Substanzen gegen Oppositionelle vorging, verneint werden.

Dieses Ergebnis stützt sich zum einen auf gewonnene Erkenntnisse über die Gründe, die Art und die Funktion der in den Untersuchungshaftanstalten des MfS benutzten Röntgengeräte. Zum anderen trägt es dem Tatbestand Rechnung, dass bisher nicht ein einziges Dokument gefunden wurde, aus dem geschlossen werden könnte, dass das MfS zielgerichtet bzw. vorsätzlich mit Hilfe radioaktiver Strahlen eine gesundheitliche Schädigung von Menschen herbeiführen wollte.«[21]

Trotzdem wird Gegenteiliges in Hohenschönhausen behauptet. Peter Rüegg 2008: »Ich sage es ganz vorsichtig, wir können es nicht beweisen. Es hält sich ganz stark die Vermutung, dass Häftlinge während des Fotografierens mit radioaktivem Material bestrahlt wurden. MfS-Offiziere, wenn sie noch leben, die schweigen wie ein Grab. Schriftliches gibt es kaum darüber. Was es aber gibt, eine Reihe von prominenten Häftlingen, die sehr, sehr zeitig an Blutkrebs, an Leukämie gestorben sind.«

Was ist unter »sehr, sehr zeitig« zu verstehen? Die Spanne zwischen ihrer Inhaftierung und ihrem Hinscheiden?

Die betrug bei Rudolf Bahro zwanzig Jahre (inhaftiert August 1977, verstorben Dezember 1997), bei Gernulf Pannach 22 (inhaftiert November 1976, verstorben Mai 1998) und bei Jürgen Fuchs gar 23 Jahre (inhaftiert November 1976, verstorben Mai 1999).

Ein merkwürdiges Zeitverständnis.

Vera Lengsfeld (l.) in der jW-Ladengalerie, 4. März 2010

Mit dieser Aussage am 1. Dezember 2009 in der *jW*-Ladengalerie konfrontiert, sagte Vera Lengsfeld, »dass es drei prominente Häftlinge gab, aus Hohenschönhausen in den 70er Jahren, die alle an der gleichen seltenen Blutkrebskrankheit gestorben sind. Da können Sie doch mal Aufklärungsarbeit leisten und uns sagen, wie das MfS das gemacht hat.«

Das tun wir ja unablässig. Doch was sagte die Ex-CDU-Politikerin? »Ein Freund von mir, ein Krebsforscher, hat Jürgen Fuchs in seinem finalen Stadium begleitet. Gemeinsam mit einem Pathologen hat er eine Untersuchung post mortem gemacht. Der Pathologe hat gesagt, es gibt mehrere Möglichkeiten, diese Strahlen zu applizieren, z. B. über die Nahrung, über die Kleidung, über die Medikamente. Also, es muss gar nicht dieses Strahlungsgerät gewesen sein. Tatsache ist, das die entsprechenden Unterlagen nicht mehr da sind und da können Sie jede Menge Aufklärungsarbeit leisten. Ich kann Sie da nur ermuntern, mit den Dokumenten an die Öffentlichkeit zu gehen, denn die sind ja verschwunden.«

Zwischenruf vom Podium: »Wollen Sie damit sagen, dass Sie mir Zutritt zur BStU verschaffen wollen?«

»Nee, ich würde dafür plädieren, dass Sie Ihre beiseitegeschafften Akten rausgeben.«

Am 4. März 2010 wiederholte sie am gleichen Ort ihre These von der radioaktiven Verstrahlung, ruderte aber bezüglich der »Röntgenkanone zurück. »Sie (*gemeint waren die ehemaligen MfS-Mitarbeiter im Podium – H. K.*) beantworten ja lauter Fragen. Ich habe auch welche. Wer hat jemals behauptet, das MfS-Gefangene mit einer Strahlenkanone behandelt worden wären?«

Also nun war's nicht mehr »die Strahlenkanone«, sondern die »Applikation von Strahlen«. Abgesehen davon, dass dies schlechterdings nicht möglich ist, allenfalls lässt sich Material verabreichen, welches »strahlt«, wäre auch keine

So hätte, wenn denn Frau Lengsfelds Behauptung zuträfe, der »Mörderklan« zusammenwirken müssen, um »Strahlen« bei den »Opfern« zu applizieren

Kontamierung wie behauptet (Essen, Kleidung, Medikamente) durchs Personal zu realisieren gewesen. Die Mitarbeiter aus den dafür zuständigen drei Bereichen standen unter Kontrolle der Staatsanwaltschaft.

Im Archivmaterial der Diensteinheiten hat auch Frau Lengsfeld nichts Belastendes finden können, weil es zu diesem Hirngespinst nichts gibt.

Weil es illegal beiseite geschafft worden sei?

Von wem? Von Mitarbeitern der drei zuständigen Diensteinheiten? Die sich irgendwann darauf verständigt haben, sie angeblich Belastendes in Sachen Fuchs, Bahro und Pannach zu beseitigen?

Ein Blick in die Vorschriften des MfS zur Abfassung, Registrierung und Archivierung von Schriftmaterial und Dokumentationen würde diese steile These widerlegen: Da war ein privater Zugriff schier unmöglich.

Gleichwohl hält sich dieser Unsinn. Als Bärbel Bohley an Krebs verstarb, titelte am 27. September 2010 die *Ost-*

seezeitung: »Abschied von Bohley. War sie von der Stasi verstrahlt?« Im Text war zu lesen: »Lilo Fuchs, die Witwe des 1999 gleichfalls an Krebs verstorbenen DDR-Oppositionellen Jürgen Fuchs, erhob auf der Gedenkfeier den Vorwurf, Bärbel Bohley könnte während ihrer Haft im Stasi-Gefängnis Gammastrahlen ausgesetzt worden sein, die Jahre später Krebs auslösten. [...]

Der Strahlenexperte und einstige Mitbegründer des Neuen Forum, Sebastian Pflugbeil (*er war Fachgutachter und Mitglied der von der BStU eingesetzten Projektgruppe ›Einsatz von Röntgenstrahlen und radioaktiven Stoffen durch das MfS gegen Oppositionelle – Fiktion oder Realität?‹ – H. K.*) sagte der *OZ*, dem Verdacht, dass Oppositionelle in Haft verstrahlt worden sein könnten, sei die Gauck-Behörde intensiv nachgegangen. Allerdings habe man keinen stichhaltigen Beweis gefunden. Er schließe solche schlimmen Praktiken der Stasi allerdings nicht aus, meinte Pflugbeil.«

Ja, was ist schon auszuschließen? Dass die Erde eine Scheibe ist? Aber so sicher ist man sich da auch nicht ...

Am 20. November 2010 hielt Ex-Behördenchef und Noch-nicht-BundespräsidentJoachim Gauck im Schwurgerichtssaal des Landgerichtes Gera die Festansprache zum fünfjährigen Bestehen der »Gedenk- und Begegnungsstätte Amthordurchgang Gera«. Es handelt sich dabei um den erhalten gebliebenen Teil der ehemaligen U-Haftanstalt des MfS in Gera.

Am gleichen Abend berichtete das *MDR*-Fernsehen über diese Veranstaltung im Nachrichtenteil. Im Kommentar wurde auf die Durchleuchtungsgeräte in Berlin-Hohenschönhausen und in Gera Bezug genommen, und behauptet, dass mit diesen »Häftlinge verstrahlt worden wären«.

Bild hauchte der Medien-Ente am Ostersonnabend 2011 neues Leben ein, wobei der »Tatort« verlegt wurde und die Ansage »gerüchteweise erfolgte. In Verbindung mit der Meldung, dass ein öffentlicher Platz in Berlin den Namen von Jürgen Fuchs erhalten werde, hieß es: »Fuchs war aus der DDR ausgewiesen worden, starb später an Leukämie. Gerüchten zufolge hatte die Stasi ihn in seiner West-Berliner Wohnung mit radioaktiven Strahlen verseucht.«

Gilbert Furian, seit 2000 »Referent« in Hohenschönhausen, hatte die Ehre, die Bundeskanzlerin persönlich bei ihrem Rundgang durch die »Gedenkstätte« zu begleiten.[22]

Am 2. September 2011 war er Podiumsgast einer Veranstaltung der »Kiezspinne – Nachbarschaftlicher Interessenverbund e. V.«, moderiert vom Vorsitzenden des Vereins, Manfred Becker (SPD). Thema der Veranstaltung waren die Grenzsicherungsmaßnahmen der DDR am 13. August 1961, also neudeutsch: der Mauerbau. Unter den Teilnehmern waren Schülerinnen und Schüler der 11. Klasse der Mildred-Harnack-Oberschule, die sich in der Schulze-Boysen-Straße in Berlin-Lichtenberg befindet.

Zum Kauf wurde eine Broschüre mit dem Titel »50 Jahre Mauer« angeboten, an deren Erarbeitung ausweislich auch Gilbert Furian beteiligt gewesen war. Er macht darin Ausführungen zum Leben in der DDR. Eine Bewertung soll hier nicht vorgenommen werden, nur vielleicht soviel: Er hatte kein Klischee ausgelassen.

Unter dem Titel »Selbstmord nach Stasi-Vorwurf« berichtete das *Neue Deutschland* am gleichen Tage über einen Vorfall in der Gemeinde Blankenfelde-Mahlow. Dort hatte eine 43-jährige Mitarbeiterin des Ordnungsamtes sich das Leben genommen, nachdem sie wiederholt anonym beschuldigt und damit denunziert worden war, für das MfS gearbeitet zu haben. Mit Hinweis auf diese Meldung wollte einer von Furian wissen, ob es nicht an der Zeit sei, diese Hexenjagd auf vermeintliche oder tatsächliche Mitarbeiter des Ministeriums zu beenden, schließlich läge das über zwanzig Jahre zurück.

Die Auskunft war unmissverständlich. »Ich sage das jetzt ganz drastisch: So lange ehemalige Spitzel wichtige Positionen in Parlamenten dieses Landes haben, kann damit nicht aufgehört werden, darüber nachzudenken, wer hat und warum in welchem Umfang Spitzeldienste für die Staatssicherheit geleistet«.[23]

Halten zu Gnaden: Die Frau, welche aus dem Leben gehetzt worden war, saß nicht im Parlament, sie hatte keine wichtige Position, sondern arbeitete fürs Ordnungsamt. Und als die DDR und das MfS unterging, war sie knapp über 20, da begann erst ihr Leben, oder um es mit Furians furiosen Worten zu formulieren: Bis dahin wird sie wohl kaum viel »gespitzelt« haben können.

Ausnahmsweise ist dem Theologen Richard Schröder einmal zustimmen. Er erklärte im *Spiegel* (42/2011) zutreffend: »Das Rechtssystem, in dem die Opfer ohne Richter agieren, ist das System der Blutrache.«

*2.2 Der »Rote Ochse« in Halle (Saale)**

Der 1996 zu einer »Gedenkstätte« umfunktionierte Teil der ehemaligen U-Haftanstalt in Halle, welcher wiederum nur einen Teil der Ende des 19. Jahrhunderts errichteten Haftanstalt »Roter Ochse«[24] darstellt, erfüllt mit dieser Historie beste Voraussetzungen für den »Diktaturenvergleich«.

»Die Verurteilung von Menschen aus politischen Gründen hat in der berüchtigten Halleschen Haftanstalt ›Roter Ochse‹ eine lange Tradition. Seit 1849 bis zum Ende der DDR ist die Kontinuität der politischen Justiz an diesem Ort belegt. Heute befindet sich im ›Roten Ochsen‹ eine Gedenkstätte, die an die Opfer der politischen Strafverfolgung in der nationalsozialistischen (1933-1945) und in der kommunistischen Diktatur (1945-1989) auf deutschem Boden erinnert.« So leitete Adolf Reichwein das Programm der Volkshochschule in Halle für das Frühjahrssemester 2009 ein.

In der Zeit des Faschismus befand sich im »Roten Ochsen« eine Mordstätte, in der zwischen 1942 und April 1945 über 500 Hinrichtungen erfolgten. Nach Kriegsende fiel das Gefängnis zunächst unter die Verwaltung der US-Besatzungsbehörden, im Juli 1945 wurde es an die sowjetische Besatzungsmacht übergeben. Seit 1950 nutzte das MfS einen Teil des Komplexes als Untersuchungshaftanstalt, der weitaus größere Teil wurde von der Abteilung Strafvollzug des Ministeriums des Innern (MdI) der DDR verwaltet.

Vom MfS wurde ein Flügel des Zellenhauses mit etwa 70 Haftzellen für etwa 180 U-Gefangene sowie ein unmittelbar daneben befindliches Funktionsgebäude genutzt. Nach der Übernahme durch das MfS wurde dieses Gebäude unter Einbeziehung eines bereits gegen 1900 errichteten zweigeschossigen Anbaus zu einem viergeschossigen Neubau erweitert. Neben den Abteilungen IX und XIV kam dort auch die Abteilung VIII unter.

Nach einem mehrjährigen Umbau, dessen Kosten nicht verraten wurden, öffnete die » Gedenkstätte« im Februar 2006. Anfang 2007 wurde sie in die Stiftung Gedenkstätten Sachsen-Anhalt eingegliedert.

Die seither gezeigte Dauerausstellung trägt den Titel »Politische Justiz 1933-1945/1945-1989«. Auf der Rückseite des Kataloges ist zu lesen: »Zuchthaus und Richtstätte der nationalsozialistischen Justiz, Internierungs- und Tribunalstandort der sowjetischen Besatzungsmacht, Untersuchungshaftanstalt des Ministeriums für Staatssicherheit – kaum eine andere, heute noch genutzte Haftanstalt kann auf eine derartige Tradition politischer Strafjustiz zurückblicken wie der seit 1842 betriebene ›Rote Ochse‹ in Halle (Saale).«

Anders als in Berlin gibt es keine »Zeitzeugenbörse«, wie die in der DDR verurteilten Straftäter, welche für Führungen, für Vorträge an Schulen und andere öffentliche Veranstaltungen zur Verfügung stehen.

Vielleicht hat man sich mit dem »Diktaturenvergleich« ein Bein gestellt. Wenn man »Opfer« der Kommunisten als Zeitzeugen präsentiert, müsste man vielleicht auch welche aus der Nazizeit anbieten. Auch wenn ihre Zahl stetig geringer wird: einige leben noch. Die aber könnten womöglich nicht in das politische Konzept passen. Die Vereinigung der Verfolgten des Naziregimes/Bund der Antifaschisten hatte zudem vorgeschlagen, die Zeit des faschistischen Justizterrors zum Gegenstand eigenständigen Gedenkens zu machen, also nicht mit der Erinnerung an die DDR zu vermischen.

In der Zeit zwischen 2004 und 2006 wurde ein innovatives Konzept mit dem Titel »Dokumentation des Grauens: Die Haftanstalt ›Roter Ochse‹« realisiert, welches nicht auf Menschen, sondern auf moderne multimediale Technik, Interaktion über Touch-Oberflächen, lippensynchrone Audiowiedergabe bei Großbildprojektion und ähnliches setzt.[25] Zusätzlich bietet man gedrucktes Material an, etwa einen mehrere hundert Seiten umfassender Katalog[26], ein Kurzführer[27] sowie Faltblätter[28]. Vom Ministerium des Innern und dem Landesbeauftragten für die Unterlagen des Staatssicherheitsdienstes der ehemaligen DDR des Landes Sachsen-Anhalt herausgegebene Publikationen stehen ebenfalls zur Verfügung. Informationsseminare für Lehrkräfte und andere Zielgruppen, bis hin zu in Umschulung befindliche Hartz IV-Empfänger, vervollständigen das Programm. Statistiken über Besucherzahlen werden im Internet nicht veröffentlicht. Die Presse meldete nach der Umgestaltung eine Zahl von jährlich 14.000 Besuchern.[29]

Die Ausstellung im Erdgeschoss über den Faschismus vermittelt den Besuchern ordentliche und anschauliche Informationen über Gräueltaten in jener Zeit. Mit der Wahrheit nicht so genau nimmt man es beim zweiten Teil, zu dem es nahtlos übergeht. Die Demagogie wird nur von jenem durchschaut, der über Faktenwissen verfügt.

Das Meinungsmonopol über die Staatssicherheit hat der Kopf der zentralen »Gedenkstätte« in Berlin, Dr. Hubertus Knabe, vom Jahrgang 1959. »Er gehört zu den profiliertesten Historikern der Bundesrepublik, die sich der Aufarbeitung der SED-Diktatur widmen«, heißt es im Klapptext seines 2007 erschienenen Buches »Die Mörder sind unter uns«. Nicht unwichtig in diesem Kontext zu wissen: Das Buch erschien bei Propyläen, ein Imprint des Ullstein Verlages, der zum Springer-Medienkonzern gehört, und gewürdigt wurde Knabes Opus u. a. von Klaus Schroeder. (Im *Deutschlandradio Kultur* sagte er beispielsweise: »Ausführlich schildert Knabe, wie ehemalige hauptamtliche MfS-Mitarbeiter sich in Vereinen organisieren und ihre Geschichtsbilder in die Öffentlichkeit tragen. Dabei hält sich der öffentliche Widerspruch gegen ihr Tun in engen Grenzen. Abgesehen von ehemaligen Opfern und Oppositionellen und wenigen Politikern stellt sich ihnen kaum jemand entgegen.« Schroeder gründete laut Wikipedia 1992 »gemeinsam mit Manfred Wilke, Manfred Görtemaker, Bernd Rabehl und Siegward Lönnendonker den Forschungsverbund SED-Staat, der sich seither – überwiegend drittmittelfinanziert – mit der deutschen Teilungsgeschichte und dem Wiedervereinigungsprozess auseinandersetzt. Die ihm vom Präsidenten der Freien Universität Berlin übertragene Leitung des Forschungsverbundes übt er seitdem aus.«)

So spielt man sich im Netzwerk die Bälle gegenseitig zu.

Ein Kapitel des Buches ist überschrieben mit »Die Hohenschönhausen-Lüge«. Darin werden ehemalige Mitarbeiter des MfS mit der Phrase überzogen, sie würden die Opfer der SED-Diktatur verhöhnen. »In Publikationen wie der des Ex-Vernehmers Herbert Kierstein, schütten die Obristen anschließend Hohn und Spott über die Opfer des Staatssicherheitsdienstes, deren Leidensgeschichten sie kurzerhand zu Phantasieprodukten erklären.« Unter der dazu angegebenen Fußnote 78 findet sich der Hinweis auf das Buch von Hannes Sieberer und Herbert Kierstein »Verheizt und vergessen. Ein US-Agent und die DDR-Spionageabwehr«, das 2005 erschien.

Dr. Hannes (nicht Manfred, wie es in Knabes Bibliografie heißt) Sieberer ist, da er vom MfS verhaftet wurde und in Bautzen einsaß, nach gängiger Lesart »Opfer«. Jedoch: Als österreichischer Staatsbürger hatte er für den militärischen Geheimdienst der USA gearbeitet, wofür ihn ein ordentliches Gericht der DDR zu einer Freiheitsstrafe von 15 Jahren verurteilte. Und der hat Seinesgleichen, also die »Opfer«, verhöhnt? Es ist nicht der einzige Fall, wo die Wahrheit von den Füßen auf den Kopf gestellt wird.

Nach Erscheinen von »Verheizt und vergessen« wurden die beiden Autoren wiederholt interviewt, so auch von der Tageszeitung *junge Welt* am 1. Oktober 2005. Die Zeitung wollte von beiden wissen, was an den Foltervorwürfen dran sei, Sieberer habe dort in den 80er Jahren gesessen, gemeinsam habe man 2003 die »Gedenkstätte« besucht.

»Kierstein: Wir sind beide zu dem Ergebnis gekommen, dass das, was dort präsentiert wird, nichts weiter als Verdrehung und Lüge ist. Und das wird von den regierenden politischen Kräften nicht nur gefördert, sondern auch finanziert. Da gibt es in der Gedenkstätte z. B. im U-Boot angebliche Zellen zur Wasserfolter. In den Jahrzehnten, die ich dort gearbeitet habe, war dieser Trakt eine Großküche zur Versorgung des Personals. Nicht nur dort, sondern auch anderswo hat es nie Folterzellen gegeben – jedenfalls nicht, seitdem diese Haftanstalt unter DDR-Verwaltung war. Da wird gelogen, was das Zeug hält.

Frage: Sehen Sie das aus der Perspektive des Häftlings auch so?

Sieberer: Genauso. Ich war 1982 in Hohenschönhausen. Nachher war ich in Bautzen II gemeinsam mit vielen anderen verurteilten Spionen inhaftiert, die vorher ebenfalls in Hohenschönhausen waren. Zu vielen von denen habe ich heute immer noch Kontakt. Von diesen Gruselstories hat niemand etwas gehört – es ist alles Quatsch, was da verbreitet wird, das ist einfach nur noch lächerlich.«

Im Abschnitt »Das Bündnis mit der PDS« in Knabes Buch heißt es auf S. 326: »Im April 2006 moderierte der sächsische PDS-Fraktionsvorsitzende Peter Porsch persönlich eine Veranstaltung in Dresden, auf der die Stasi-Offiziere Schramm und Kierstein im Abgeordneten-Büro der PDS über Geheimdienste und Demokratie diskutieren durften. Der Obristen-Abend wurde von der Linkspartei auch im Internet beworben.«

Wahr ist, dass die Rosa-Luxemburg-Stiftung die Vorstellung des Buches »Verheizt und vergessen« in Leipzig, Dresden und Chemnitz organisiert und wahrscheinlich auch im Internet angekündigt hatte. Reizvoll für die Veranstalter war die Tatsache, dass dieses Buch von zwei einstigen Gegnern gemeinsam geschrieben worden war. Peter Porsch, selber Österreicher, hatte seinen Landsmann Hannes Sieberer und sein Schicksal vorstellen wollen. Knabe beförderte Sieberer zum Oberst des MfS – sonst wär's ja kein »Obristen-Abend« gewesen.

Im Katalog zur Dauerausstellung werden die »Verhörpraktiken« thematisiert, wobei auch dort Tatsachen und Unwahrheiten geschickt miteinander vermengt und interpretiert werden. »In den ersten Jahren rekrutiert das MfS seine Vernehmer bzw. die so genannten Untersuchungsführer vornehmlich aus den Reihen ›bewährter Kommunisten‹, die zumeist vor 1945 der KPD angehörten. [...] Oftmals war das Verhalten dieser von sowjetischen Instrukteuren angeleiteten Vernehmer, welche mehrheitlich nur über eine geringe Schulbildung verfügten, gegenüber den Inhaftierten von Willkür und Brutalität geprägt. Ab den sechziger Jahren legte das MfS immer mehr Wert auf die fachliche Aus- und Weiterbildung seiner Mitarbeiter. Ebenso wie das fachliche Niveau der Vernehmer angehoben wurde, verfeinerten sich im Laufe der Jahre die Verhörtaktiken. Die Untersuchungsführer nutzten gezielt die Ausnahmesituation der Untersuchungshaft, um von den Beschuldigten ein Geständnis zu erpressen.«[30]

Oder an anderer Stelle: »Wie zahlreiche in die Dauerausstellung integrierte Zeitzeugenberichte und Interviews ehemaliger Inhaftierter dokumentieren, waren während der Untersuchungshaft Schlafentzug durch grundsätzlich nachts stattfindende Verhöre, Nahrungsentzug, körperliche Gewalt und Kältefolter, etablierte Methoden zur Erlangung von Geständnisbereitschaft.«[31] Der MDR schloss daraus, dass die Staatssicherheit »also die Methode der operativen Psychologie an(wandte), um den Betreffenden zu zersetzen, zu zerstören, die Persönlichkeit zunichte zu machen«.[32]

Eine 1998 vom Innenministerium Sachsen-Anhalts herausgegebene Dokumentation lieferte die Erklärung, weshalb es, obgleich doch angeblich gefoltert wurde, keine Belege dafür gefunden werden konnten. »Im Laufe der 50er Jahre wandelten sich jedoch die Vernehmungsmethoden von den ›grob-brutalen zur raffiniert-verfeinerten Technik‹. Zudem stellten die ›grob-brutalen‹ Methoden selbst in den 50erJahren nicht das herausragende Instrument zur Erlangung von Geständnissen dar. Von Beginn an wurde überwiegend mit psychischer Manipulation gearbeitet, auch wenn diese in der Anfangszeit der MfS-UHA Halle/S. noch nicht so vielschichtig und ausgereift war. Insbesondere ab der Mitte der 50erJahre schärfte das MfS den Mitarbeitern der UHA ein, körperliche Gewalt gegen Inhaftierte zu unterlassen, da sich die DDR aus Gründen der internationalen Anerkennung nicht durch Menschenrechtsverletzungen diskreditieren wollte. Offensichtlich sind seit dieser Zeit systematische körperliche Misshandlungen in der MfS-UHA ›Roter Ochse‹ nicht mehr aufgetreten, obgleich noch bis in die 70 er Jahre die Androhung physischer Gewalt keinesfalls selten war.«[33]

An anderer Stelle dieser Dokumentation heißt es: »Eine andere ›Technik‹ war der Schlafentzug, weshalb die Vernehmungen im ›Roten Ochsen‹ bis 1952/53 zumeist in der Nacht stattfanden. Nachtvernehmungen konnten bis zu sechs Stunden dauern und wurden in den ersten zwei bis vier Wochen täglich oder jeden zweiten Tag durchgeführt. Sie waren für sich schon eine Tortour, aber das Schlimmste war, dass der U-Häftling sich am folgenden Tage nicht hinlegen oder schon gar nicht schlafen durfte. […]

Im Verlaufe der 50er Jahre wandte das MfS den Schlafentzug immer seltener an, wobei die Methode bei einigen U-Häftlingen weiterhin überwog.

Ab der 70er Jahre wurden Nachtvernehmungen nur noch in Einzelfällen bzw. bei der Erstvernehmung durchgeführt. […] Eine der ›raffiniert-verfeinerten‹ Vernehmungsmethoden der 50er Jahre war die wochen- und monatelange Einzelhaft, die aber zum Teil auch noch in den 70er und 80er Jahren angewandt wurde.«[34]

Besonders schlimm war laut Studie »die Methode der bewussten Täuschung durch Falschinformationen und Teilwahrheiten. Die MfS-interne Formulierung lautete, dass der ›U-Führer Andeutungen‹ machen müsse, die die ›Neugier des Beschuldigten wecken‹ sollen. Diese ›Andeutungen‹ konnten Lügen, Fälschungen und Provokationen sein. […] Auch ein nicht vorhandenes Geständnis oder die manipulierte Aussage eines ›Mitbeschuldigten‹ bzw. dessen gefälschte Unterschrift unter einem Vernehmungsprotokoll waren übliche Vorgehensweisen.«[35]

Vergleichbare Darstellungen, die nur auf Behauptungen fußen und den Beweis schuldig bleiben, finde sich in allen »Gedenkstätten« dieser Art.

Sie werden auch mit symbolhaften Inszenierungen und Installationen »visualisiert«.

Kippelnder Stuhl auf Podest: Installation in Halle, mit der eine »Verhörsituation« gezeigt werden soll

Der Begleittext zur Installation »Die Vernehmung« geht so: »Die Inhaftierten galten in der Wahrnehmung des MfS als ›Staatsfeinde und -verbrecher‹. Logische Konsequenz dieses Feindbildes war, dass kein Unschuldiger in Untersuchungshaft geraten konnte. Zur Bestätigung dieser Sichtweise bedurfte es nur noch eines Geständnisses, dessen ›Erarbeitung‹ oberstes Ziel des Vernehmers war.

Vor allem in den 50er Jahren erzwang die Staatssicherheit die Geständnisse mittels wochenlanger Einzelhaft, Schlafentzug in Verbindung mit Nachtverhören sowie Androhung und Vollzug körperlicher Misshandlungen. Seit den 60er Jahren verfeinerte das MfS seine Verhörmethoden und setzte zunehmend auf eine wissenschaftlich-psychologische Schulung der Vernehmer. Taktiken der gezielten Desinformation, Verunsicherung und Zermürbung der Inhaftierten gehörten fortan zum Standardrepertoire der Untersuchungsführung.«

Das Geständnis als oberstes Ziel einer Vernehmung, wie hier dargestellt, blendet die eigentlichen Aufgabe bei der Untersuchung von Straftaten aus. Diese Darstellungsform ist zentraler Bestandteil aller Konzepte zur Kriminalisierung des Untersuchungsorgans.

In den Texten und Publikationen zur Dauerausstellung 1945-1989 und in Publikationen der Landesbeauftragten für die Unterlagen des Staatssicherheitsdienstes der ehemaligen DDR in Sachsen-Anhalt werden nach unseren Recherchen 32 Personen als Quellen für solche Behauptungen benannt. In elf Fällen beziehen sich die Bezeugungen auf das Handeln sowjetischer Vernehmer, sind also für die Tätigkeit des MfS nicht relevant. Trotzdem ist anzumerken, dass ihr Inhalt die aufgestellten Behauptungen gegen die sowjetischen Mitarbeiter nicht annähernd deckt. Von diesen elf Untersuchungsgefangenen berichten drei über die Anwendung physischer Gewalt und einer über Drohungen in den Vernehmungen. Insgesamt sieben erklären, Vernehmungen als Nachtvernehmungen erlebt zu haben und berichten über ein Verbot, danach zu schlafen.

Einer der ehemaligen Untersuchungsgefangenen aus diesem Kreis schildert die Vernehmungen indes als harmlos.

Noch fragwürdiger stellen sich die Quellenangaben zu den Beschuldigungen gegen das MfS dar. Die Befragungsberichte der vom Historiker Alexander Sperk[36] wiederholt als Kronzeugen zitierten Heinz Binias (1952), Wolfgang Jahn (1952), Joachim Maschke (1952) und Gerhard Thielemann (1953) sind nicht auffindbar.

Bei Recherchen im Internet wurde ein Joachim Maschke ausfindig gemacht, der 1951 (nicht 1952) im »Roten Ochsen« einsaß. Die Gründe für seine Inhaftierung bleiben im Dunkeln. Nach sechsmonatiger Einzelhaft sei er zu einer zweieinhalbjährigen Haftstrafe verurteilt und im Oktober 1953 aus der Strafhaft entlassen worden. In der Zeit bis 1962 erwarb er in der DDR zwei Staatsexamen (Betriebswirtschaft und Pädagogik). Obwohl er sich politisch kaum engagierte, bekam er verantwortungsvolle Tätigkeiten übertragen. Mit seiner dritten Frau lebt er zufrieden in einem Eigenheim. Zu den Haftbedingungen im »Roten Ochsen« und Vernehmungen durch U-Führer des MfS machte er keine Aussagen.

Falls dieser Mann und der von Sperk zitierte Maschke identisch sein sollten, stellt sich die Frage nach Glaubwürdigkeit und Seriosität dieser Dokumentation und ihres Verfassers. Zumal er selbst, wie in einer Fußnote nachzulesen ist, Zweifel hat. »Die von der Zentralen Erfassungsstelle Salzgitter registrierten MfS-U-Häftlinge des ›Roten Ochsen‹ haben ausgesagt, dass sich zwischen 1966 und 1978 neun Fälle körperlicher Misshandlung ereignet haben sollen, davon allein sechs zwischen 1976 und 1978. [...] Ob alle Aussagen der Wahrheit entsprechen, muss aus verschiedenen Gründen, die hier nicht erläutert werden sollen, angezweifelt werden. Es ist nicht auszuschließen, dass es seit den 60er Jahren vereinzelt zu Tätlichkeiten gegenüber U-Häftlingen gekommen ist, die aber keinen systematischen Charakter trugen.«[37]

In anderen Quellenmaterialien benannte Zeugenaussagen sind von gleicher (zweifelhafter) Qualität:

Bernd Eisenfeld 1968: »Er hat mich versucht einzuschüchtern mit Schreien. Es war also eine ziemlich traumatische Erfahrung. Und in dieser Nacht wurde ich dann mitten aus dem Schlaf gerissen und zuerst bin ich dann zu einer zweiten Vernehmung gekommen. Damals ahnte ich nicht, dass das die Stasi war, aber das war der künftige Vernehmer. Das war dunkel gehalten. Ich konnte ihn gar nicht erkennen.«[38]

Karl-Heinz Werner 1977/78: »Karl-Heinz Werner erinnert sich genau, dass dieser Major zu ihm während eines Verhörs gesagt hat: ›Werner, Sie sehen die Sonne nie wieder!‹«[39]

Katrin Eigenfeld 1983: »Fragen prasseln auf mich ein, freundlich, drohend, zynisch, erpresserisch. Sie schreien, schimpfen, demütigen mich und immer wieder Drohungen. Mein Sohn kommt ins Spiel er ist 16, sie wussten alles schon von … Ich habe Angst, sie drohen mit zwei Jahren, §106 ganz schlimm, sie können noch mehr, wenn ich nicht mitarbeite und zur ›Wahrheitsfindung‹ beitrage.«[40]

Ende 1989 gehörte Katrin Eigenfeld zu einer Gruppe Bürgerbewegter, die sich zur »Aktensicherung« in den Räumen der Untersuchungsabteilung aufhielt. Ihren gemachten Äußerungen zufolge bestand das Schreckliche gerade in der Korrektheit der Mitarbeiter der Untersuchungsabteilung, in ihrer Unangreifbarkeit. Wie sich doch die Auffassungen im Laufe der Jahre ändern!

Brigitte Bielke 1988: »Da ich entweder gar nicht oder nur einsilbig antwortete, kam ein zweiter Vernehmer dazu, der mich beschimpfte und bedrohte: ›Wir können mit Ihnen noch ganz anders verfahren.‹ Wie man hätte mit mir verfahren können, konnte ich bei einer späteren Besichtigung feststellen. Auf dem unteren Zellenflur befand sich eine Arrestzelle und eine schallisolierte Dunkelzelle.«[41]

So etwas sieht man heute in TV-Krimis und Hollywood-Thrillern, und auch solche Umgangsformen begegnet man dort. Auf die Tätigkeit der U-Führer des MfS, in Sonderheit der in Halle tätigen, traf dies generell nicht zu, wie nicht zuletzt die ins Leere gelaufenen Ermittlungsverfahren nach 1990 belegen.

Bleibt noch der Bericht eines namenlosen Untersuchungsgefangenen über »Kälteerfahrung«, auf den sich Dr. Joachim Scherrieble, Direktor der Stiftung Gedenkstätten Sachsen-Anhalt, in einem Schreiben am 17. April 2009 bezog: »Exemplarisch sei darüber hinaus auf Aussagen eines ehemaligen Häftlings des Roten Ochsen verwiesen, der für 1986/87 über physische Übergriffe berichtet, denen er selbst ausgesetzt war. Im Winter 1986/87 wurden beispielsweise bei Außentemperaturen von -20 Grad C in einem Bereich des Hafthauses die Fenster ausgehängt (nur noch die Gitter waren vorhanden): Häftlinge mussten in diesen sogenannten ›Zugluftzellen‹ schlafen (genannt ›Kälteerfahrung‹).«[42]

Die Fenster des »Hafthauses« bestanden zu jener Zeit aus gemauerten Glasziegeln und konnten darum nicht ausgehängt werden.

Gegen 22 auf solche oder ähnliche Weise beschuldigte Mitarbeiter der Abteilung IX Halle des MfS wurde nach 1990 ermittelt. Die 35 Verfahren mussten eingestellt werden. Davon erfährt man jedoch in der Ausstellung nichts.

Wohl aber, wie die einstigen »Folterzellen« – in denen nach juristischem Befund eben nicht gefoltert wurde – ausgesehen haben sollen. Anders als in Berlin-Hohenschönhausen hat man die Zellen nicht rekonstruiert, weil das Zellenhaus abgerissen wurde. Deshalb belässt man es mit Lautmalerei, wie die nachfolgenden Zitate aus dem Katalog bekunden: »Neben normalen Zellen existierten nach 1945 verschiedene Spezialzellen (z. B. Wasser-, Steh- und Dunkelzellen). In diese wurden Gefangene, die sich in den Verhören unkooperativ zeigten, zum Teil tagelang eingeschlossen.«[43] Das wurde auch von der *Tagesschau* mit »Zeugen« kolportiert: »Es gibt unterschiedliche Methoden. Also man hat erpresst, beispielsweise, man hat, ja, also auch entsprechende Spezialbehandlungszellen zum Einsatz gebracht, also wie Dunkelzelle oder Wasserzellen oder Arrestzellen oder Isolationszellen. Ein wesentlicher und tragender Bestandteil waren die sogenannten Nachtverhöre oder der Schlafentzug.«[44]

Und wieder der Katalog, mit dem die Folter-Thesen relativiert wurden: »Die durch Zeitzeugen für die 50er Jahre beschriebenen Wasserzellen, in denen Häftlinge systematisch gefoltert wurden, konnten bislang weder an Hand von Dokumenten noch von baulichen Überresten nachgewiesen werden.«

Jedoch: »Nach Aussagen ehemaliger Häftlinge gab es in den 50er Jahren im Erdgeschoss des Wirtschafts- und Vernehmergebäudes weitere Sonderverwahrräume, wie z. B. einen Raum, in dem Häftlinge im kaltem Wasser stehen mussten. Sie können aber heute nicht mehr eindeutig lokalisiert werden.«[46]

»Nach Aussagen eines ehemaligen U-Häftlings soll eine solche ›Wasserzelle‹ 1976 im Keller des Verwahrhauses der MfS-UHA Halle/S. für Vernehmungen vorhanden gewesen sein. Demnach war die Zelle, deren Decke aus einem Metallgitter bestanden haben soll, vollständig gefliest und konnte bis über den Kopf des VH (*Verhafteten oder Verhörten? – H. K.*) unter Wasser gesetzt werden. Vgl. ZBDLB, 4 EL – Band 1, Sammelakte betreffend ›Halle‹, Bl. 8.

Diese Aussage wurde von weiteren ehemaligen Inhaftierten bestätigt. Es könnte sich hier um eine der drei Sonderverwahrräume handeln, die in den 80er Jahren zu

Diensträumen umgebaut wurden.« Das klingt wie Waterboarding, wie es die CIA praktiziert haben soll.

Die wichtigste Frage aber bleibt unbeantwortet: Wer sind die Häftlinge oder Zeitzeugen, die man zitiert, und was konkret haben sie bekundet?

Unter den aufgelisteten oder benannten Zeitzeugen befinden sie sich nicht! Hier zeichnen sich deutliche Parallelen zu Berlin-Hohenschönhausen ab. Auch dort beruft man sich auf ehemalige U-Gefangene, die man leider noch nicht gefunden habe.

Die Logik gebietet: Opfer ohne Täter gibt es nicht. Wenn man nur vermeintliche Täter hat, müssen sich auch Opfer finden lassen. Jedoch: Man hatte trotz intensiver Suche nur »Täter«, die von der Justiz gejagt wurden. Gegen 22 Mitarbeiter der Linie IX Halle führte man 35 strafrechtliche Ermittlungsverfahren wegen Körperverletzung, Nötigung, Aussageerpressung und Rechtsbeugung. Nicht ein einziger Mitarbeiter wurde rechtskräftig verurteilt, lediglich in einem Fall kam es überhaupt zu einer gerichtlichen Hauptverhandlung. Aber auch dieser Untersuchungsführer musste freigesprochen werden. Die anderen Verfahren waren zuvor eingestellt worden. Damit war klargestellt, dass es in der Linie IX Halle keine Gesetzesverletzungen durch die dort tätigen Untersuchungsführer gegeben hatte.

Ähnlich waren die Ergebnisse für die Abteilungen IX in anderen Bezirken der DDR.

Darauf änderte man die Taktik. Man sang nunmehr das Hohelied auf den demokratischen Rechtsstaat, der »im Zweifelsfalle« selbst »Stasi-Täter« laufen lasse. Die Botschaft lautete nicht etwa, was den Tatsachen entsprochen hätte: Da war nichts und da ist nichts, alle Unterstellungen und Beschuldigungen waren Hirngespinste. Sondern: Bestimmt ist ja doch etwas dran, wir haben es nur nicht beweisen können. Schade, wir mussten die Täter leider laufen lassen, weil wir so tolle Demokraten sind.

Wo also die Justiz versagte, mussten andere ran. Am 31. Juli 2007 titelte die *Mitteldeutsche Zeitung* »Gedenkstätte benennt die Stasi-Offiziere« und zitierte den Leiter der »Gedenkstätte« André Gursky: »Es kann nicht sein, dass die Täter aus der NS-Zeit benannt werden, die aus der Stasi-Zeit aber nicht.«

Die rechtliche Grundlage für die Veröffentlichung der Daten böte das Stasi-Unterlagengesetz. »Diese Möglichkeit haben wir jetzt offensiv ausgenutzt«, erklärte Gursky. Ein entsprechender Antrag sei bei der »Birthler-Behörde« in Berlin gestellt und dort genehmigt worden. Das bestätigte Uta Leichsenring, Leiterin der BStU-Außenstelle Halle, der Zeitung, womit belegt war, dass es sich bei den nunmehr »offensiv ausgenutzten Möglichkeiten« um eine konzertierte Aktion handelte.

Der Leiter der »Gedenkstätte« blies noch einen weiteren Popanz auf, wie das Blatt deutlich machte. Auffällig sei, »dass viele Untersuchungsführer den Abschluss Dr. jur. hatten. ›Dieser Titel ist in der Bundesrepublik anerkannt, damit konnten die Stasi-Offiziere etwa eine Anwaltskanzlei eröffnen‹, so Gursky. ›Stasi-Opfern möchte ich nicht zumuten, dort heute aus Unwissenheit zu landen.‹«

Welch edles Motiv, 51 Mitarbeiter der Abteilung IX Halle namentlich an den öffentlichen Pranger zu stellen und sie zu ächten.

Tatsache ist: Von den 51 hatte nur einer promoviert, und nur einer war als Rechtsanwalt tätig.

Einer von 51 ist wirklich viel. So etwas lässt sich nur behaupten, wenn man in der 1. Klasse bereits bei der Mengenlehre gepennt hat.

Dieses halbe Hundert wird mit Karteikarten (am 12. Januar 2011 waren es aus unbekannten Gründen nur noch 49) in der Ausstellung vorgeführt: mit Foto, Name und und anderen Daten zur Person. Dazu ein Begleittext: »Spezialisten der Abteilung IX konfrontierten die Untersuchungs-

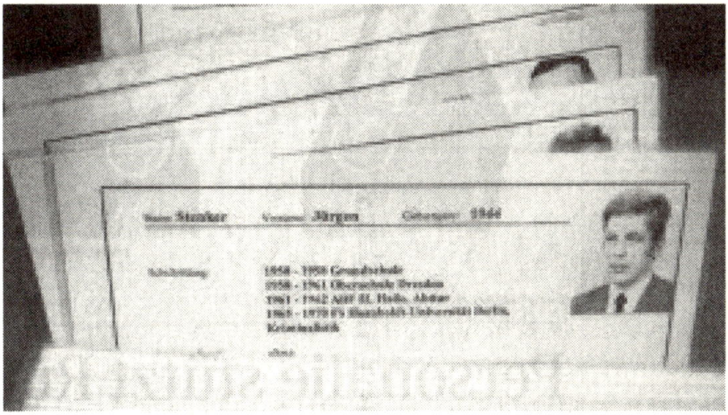

Denunziation per Karteikarte in der Ausstellung

häftlinge nach der Festnahme und Überführung in die Untersuchungshaftanstalt des MfS ›Roter Ochse‹ mit unterschiedlichen Verhörmethoden. Im Mittelpunkt ihres Vorgehens gegen ›feindlich-negative Elemente‹ – ein Ausdruck, den das MfS aktenkundig verwendete – stand die Erlangung von Geständnissen, wenn nötig auch mit Mitteln psychischer und/oder physischer Gewalt.«

Als »Täter« darf – auch nach deutschem Recht – nur bezeichnet werden, wer durch ein ordentliches Gericht schuldig gesprochen wurde. (Selbst schwerstkriminelle Straftäter genießen in Deutschland Persönlichkeitsschutz. Im Interesse ihrer Resozialisierung wie es heißt. Eine solche ist für ehemalige Mitarbeiter des MfS offenkundig nicht vorgesehen.) Die somit unzulässige Bezeichnung der Angehörigen der Untersuchungsabteilung des MfS in Halle als »Täter« und ihre Gleichsetzung mit faschistischen Mördern und Verbrechern durch den Leiter der »Gedenkstätte« war darüber hinaus ein ungeheuerlicher Akt kollektiver Diffamierung.

Gegen diese Kriminalisierung setzten sich die Betroffenen öffentlich zur Wehr und verlangten Auskunft und Belege für die wahrheitswidrigen Behauptungen über »Folterzellen, Schlafentzug, Kälteerfahrung und Erpressung«, woran sie angeblich mitgewirkt hätten.

André Gursky, Leiter der »Gedenkstätte«, signalisierte in einer ersten Reaktion, für Gespräche offen zu sein, ging aber auf die konkreten Fragen nicht ein. Seiner vermeintlichen Aufgeschlossenheit setzte er die angebliche Ablehnung der Gegenseite entgegen. »Dies erscheint mir nicht zuletzt auch deshalb wichtig, da in den Jahren seit 1990 (offenbar bis 2000) ehemals verantwortliche hauptamtliche MfS-Offiziere eher weniger zu Gesprächen bereit waren.« Er tat gerade so, als begrüße er vermeintliche Kurskorrektur der ehemaligen Mitarbeiter des MfS, seien doch »weitere einzelne Aspekte fraglich, die einstige UHA betreffend, deren Erhellung auf Grundlage der überlieferten Akten kaum oder nur schwer möglich ist«.[47]

Dieses Angebot war indiskutabel, solange die von den ehemaligen Mitarbeitern thematisierten Fakten ausgeblendet wurden, was sie Herrn Gursky auch mitteilten. Darauf reagierte dieser mit dem Versuch einer Neudefinition des Täterbegriffes. »Sowohl im Bereich 1933-1945 als auch 1945-1989 sind Verantwortliche namentlich benannt worden. Die gesetzliche Grundlage hierfür bildet das Archivgesetz und – verkürzt gesagt – das Stasi-Unterlagengesetz (StuG). Eine Benennung derartiger Verantwortlichkeiten zielt darauf ab, scheinbar nebulöse organisatorische Strukturen (wie das MfS), Abläufe und Hintergründe nachvollziehbar [...] zu machen. Damit ist nicht die rechtliche Kategorie einer Täterschaft also im strafrechtlichen Sinne gemeint, sondern die moralische Bezugsebene.«[48]

Der Täterbegriff ist und bleibt eine juristische Kategorie. Nach dieser Darstellung Gurskys träfe seine Bestimmung auch auf NS-Täter zu, deren Verbrechen somit auf eine »moralische Bezugsebene« zu reduzieren wären. Ein neuer Ansatz für den Diktaturenvergleich und die Verharmlosung des Faschismus, oder einfach plumpe Demagogie?

Der Schluss des Briefes lässt offen, ob es sich dabei um ein Versprechen oder eine Drohung handelt: »So fügen sich mitunter kleine Bausteine zu größeren lebensgeschichtlichen Zusammenhängen, über eine Opferpräsentation, Kopien von Diplomarbeiten an der JHS des MfS oder der Humboldt-Universität zu Berlin bis hin zu bekannten Strukturdaten-Erhebungen, die künftig inhaltlich zu erweitern vorbehalten sind. Es gibt jede Menge Sachakten«.

Wäre dies ein Versprechen gewesen, so müsste in den Jahren seither eine Versachlichung der in der Ausstellung getroffenen Aussagen zu erkennen sein. Bei einem Besuch am 12. Januar 2011 war davon jedoch nichts zu spüren.

Der letzte Satz in dem Brief verweist auf die Ausstellung: »In diesem Kontext wird dann auch auf die zehnjährige Ermittlungstätigkeit der STA II (Berlin) und ZERV abgehoben (muss ich Ihnen sicher nicht erläutern).«

Gursky bezog sich auf die politische Strafverfolgung von 100.000 ehemaligen DDR-Bürgern, darunter mehrere 10.000 ehemalige Mitarbeiter des MfS.

Damit lieferte er, gewiss unbeabsichtigt, den Anlass, stetig nachzufragen, wann endlich die Ergebnisse der 35 Ermittlungsverfahren gegen ehemalige U-Führer der Abteilung IX Halle in der von ihm geleiteten Ausstellung zu sehen sein werden.

Der nächste Empfänger der Anfragen war Dr. Joachim Scherrieble, Direktor der Stiftung Gedenkstätten Sachsen-Anhalt, zu der die »Gedenkstätte Roter Ochse« gehört, mit dem per Anwalt Kontakt aufgenommen wurde. »In vorbezeichneter Angelegenheit hat mir Herr Gursky Ihr Schreiben vom 2. April 2008 weitergeleitet. Ich habe es dem Ministerium des Innern als Rechtsaufsichtsbehörde mit der Bitte um Prüfung zugeleitet.

Nach dem Ergebnis der Prüfung besteht ein Unterlassungsanspruch Ihres Mandanten nicht. Insbesondere werden in der Gedenkstätte entgegen der Auffassung Ihres

Mandanten keine ›unrichtigen Behauptungen dokumentiert‹«.[49]

Wer hier was und nach welchen Gesichtspunkten geprüft hat, bleibt im Dunkeln.

Unter Bezugnahme auf den zitierten Beitext (»Spezialisten der Abteilung IX konfrontierten ...«) führte Scherrieble aus: »Diese Angaben weisen keinen personenbezogenen Kontext hinsichtlich Ihres Mandanten auf, so dass schon deshalb ein Unterlassungsanspruch ausscheidet. [...] Zudem stellen die Ausführungen entgegen der Auffassung Ihres Mandanten keineswegs unrichtige Behauptungen dar. Das BverfG (*Bundesverfassungsgericht – H. K.*) hat das Unterdrückungs- und Repressionssystem des MfS bereits in einer Vielzahl von Entscheidungen festgestellt (vgl. Beschluss vom 23.02.2000 – 1 BvR 1582/94 mwN).

Der aktuelle Forschungsstand bestätigt die Richtigkeit der in Rede stehenden Aussage.«

Ein typisches Beispiel für die Methode, einer unwahren Behauptung durch Aufstellen einer neuen, sachlich nicht zutreffenden These den Anschein einer wahren Aussage zu geben.

Der erwähnte Beschluss des Bundesverfassungsgerichtes ist nicht im geringsten geeignet, als Wahrheitsbeweis für die bisher aufgeführten Behauptungen über Folter und dergleichen durch die Mitarbeiter der Abteilung IX Halle herangezogen zu werden. Er betrifft deren Tätigkeit in keiner Weise. Inhalt des Beschlusses ist die Ablehnung einer Verfassungsklage des »Neuen Forum« gegen eine höchstrichterliche Entscheidung des Bundesgerichtshofes, welche einem Mitglied des Bürgerbewegung untersagt hat, weiterhin eine Liste mit ausführlichen Personalangaben von angeblich 4.500 inoffiziellen Mitarbeitern des MfS öffentlich zu machen.

Eine in dieser Liste genannte Bürgerin hatte gegen die Veröffentlichung ihres Namens mit der Begründung, sie sei nie inoffizielle Mitarbeiterin des MfS gewesen, vor dem Kreisgericht für Halle und den Saalkreis geklagt. Das Gericht hatte am 21. Juli 1992 (Aktenzeichen 24 C 724/92) zu ihren Gunsten entschieden.

Diese Entscheidung wurde am 26. März 1993 (Aktenzeichen 4 O 439/92) durch das Landgericht Halle, am 25. November 1993 (Aktenzeichen 4 U 105/93) durch das Oberlandesgericht Naumburg und letztlich am 12. Juli 1994 (Aktenzeichen VI ZR 1/94) durch den Bundesgerichtshof bestätigt.

Die vom »Neuen Forum« daraufhin angestrengte Verfassungsklage wurde, wie bereits ausgeführt, vom Bundesverfassungsgericht mit Datum vom 23. Februar 2000, nach acht Jahren, einstimmig nicht zur Entscheidung angenommen. Im Klartext: Das Urteil des Bundesgerichtshofes zu Gunsten der Klägerin blieb gültig.

Warum Dr. Scherrieble diesen Beschluss des Verfassungsgerichtes in seinem Brief wiederholt als Beweis zitiert, ist unverständlich. Vielleicht hat er den juristischen Inhalt des Beschlusses nicht erfasst und sich von den politischen Auslassungen der Verfassungsrichter über Rolle und Stellung des MfS, welche dem Zeitgeist entsprachen, irreführen lassen? Möglich auch, dass er – in Ermangelung tatsächlicher Beweise zur Sache – auf diese Quelle in der Annahme Bezug nahm, dass eine solche Institution Autorität genug sein muss.

Da sich der Stiftungsdirektor in seiner Antwort zudem auf die Prüfung durch das Ministerium des Innern berief, wandte sich der Rechtsanwalt am 16. Mai 2008 dorthin, um Aufklärung über die Beweislage zu erhalten.

Eine Antwort blieb zunächst aus. Nach Anmahnung am 4. August 2008, traf diese am 26. August 2008 ein. Kurz und im Ton leicht ungehalten. So pflegen in ihrer Ruhe gestörte Beamte zu reagieren, wie Väter oder Mütter mit sie nervenden Kinder.

»Bereits mit Schreiben vom 17. 04. 2008 hat die Stiftung Gedenkstätten Sachsen-Anhalt Ihnen zu den aufgeworfenen Fragen mitgeteilt, dass entsprechende Aussagen ehemaliger Häftlinge vorliegen. Daraus geht hervor, dass sowohl Haftbedingungen als auch Verhöre massiven psychischen und physischen Druck auf sie ausübten.

Zudem liegen Zeitzeugenberichte über körperliche Übergriffe bis in die 80er Jahre vor. Ebenso liegen Aussagen ehemaliger Häftlinge über die sog. Zugluftzellen vor. Wegen der Einzelheiten und der im Bestand der BStU und Archiven vorhandenen Unterlagen bitte ich Sie, sich unmittelbar mit der Stiftung Gedenkstätten Sachsen-Anhalt in Verbindung zu setzen.

Mit freundlichen Grüßen.«[50]

Was sollte der Rückverweis auf die Stiftung, die doch erst aufs Ministerium verwiesen hatte. Da wurde man vom sprichwörtlichen Pontius zu Pilatus geschickt.

In Bezug auf Ermittlungen und Überprüfungen von Sachverhalten sind die Möglichkeiten und Befugnisse des Innenministeriums eines Bundeslandes um ein Vielfaches größer als die einer Stiftung. Das betrifft nicht nur den Zugang zu Datenspeichern und Archiven. Das Innenministerium war, mit an Sicherheit grenzender Wahrscheinlichkeit, an den Zuarbeiten für die Behörden zur Strafverfolgung der einstigen Mitarbeiter des MfS im vormaligen DDR-Bezirk Halle beteiligt und kennt folglich auch deren Ergebnisse.

Höchstwahrscheinlich ist auch eine Beteiligung bei der Prüfung von Anzeigen ehemaliger durch das MfS Halle inhaftierter Beschuldigter gegeben, soweit solche Prüfungen überhaupt durchgeführt wurden.

Zum Zeitpunkt des Entschlusses zur Verwendung von Aussagen ehemaliger Beschuldigter in der Ausstellung im »Roten Ochsen« wären entsprechende Nachprüfungen, aus Gründen objektiver Dokumentationen, unerlässlich gewesen. Falls dies verabsäumt wurde, wie es den Anschein hat, hätte das Auskunftsbegehren des Rechtsanwalts solche, zumindest zu den 51 an den Pranger gestellten Untersuchungsführern, in Gang setzen müssen.

Vor diesem Hintergrund macht das Antwortschreiben aus dem Innenministerium ein hohes Maß Ignoranz sichtbar, welche zugleich als eine verschleierte Bankrotterklärung zu bewerten ist. Darüber können auch die markigen Begriffe nicht hinwegtäuschen. Besonders der Umstand, dass eine – nicht zutreffende und dem gesunden Menschenverstand widersprechende – Behauptung über »Kälteerfahrung in Zugluftzellen« bereits im Plural erscheint, ist Demagogie.

Die Betroffenen schalteten im November 2007 den Datenschutzbeauftragten der Bundesrepublik Deutschlands ein. Er sollte die Rechtsmäßigkeit der öffentlichen Preisgabe ihrer Personalien überprüfen.

Der Bundesbeauftragte verwies sie an den Datenschutzbeauftragten des Landes Sachsen-Anhalt, Dr. Harald von Bose. An diesen wurde am 13. Januar 2008 ein entsprechendes Prüfungsersuchen gestellt.

Nach Eingang dieses Prüfungsbegehrens informierte der Landesbeauftragte für den Datenschutz die »Gedenkstätte« Roter Ochse und die Stiftung Gedenkstätten sowie den Landesbeauftragten für die Unterlagen des Staatssicherheitsdienstes der ehemaligen DDR Sachsen-Anhalt. Das geht sowohl aus seinem Zwischenbescheid vom 13. Februar 2008 als auch aus seinem abschließenden Bescheid vom 19. Mai 2008 hervor.

Wie die legitime Forderung der Betroffenen bewertet wurde, zeigte sich sehr bald in den Medien. Am 7. März 2008 entrüstete sich die *Mitteldeutsche Zeitung:* »Datenschutz prüft Stasi-Ausstellung – Ex-Offiziere gehen gegen Gedenkstätte vor«.[51] Der Leiter der Ausstellung im »Roten Ochsen« artikulierte große Besorgnis. Das Blatt gab ihn mit der Bemerkung wieder: »Dennoch rechnet Gedenkstättenleiter André Gursky mit bundesweiten Konsequenzen, sollte die Dokumentation verändert oder ganz abgebaut werden müssen. Einige der Namen würden im Roten Ochsen nämlich bereits in anderen Zusammenhängen genannt, etwa in ausgestellten Verhörprotokollen oder auf Organigrammen zur Struktur der Stasi-Behärde. Das sei Praxis auch in anderen Gedenkstätten. ›Überall dort müssten die Namen dann auch verschwinden‹, befürchtete Gursky.«

In der Zeit vom 7. März 2007 bis 21. Mai 2008 brachte die *Mitteldeutschen Zeitung* insgesamt 16 Beiträge und Meldungen, in denen Erwartungen an die Adresse des Datenschutzbeauftragten formuliert wurden. Der Tenor auch bei *ARD, ZDF, MDR* und *NDR* sowie einer Vielzahl von Printmedien lautete: die »Stasi-Täter« behindern die Geschichtsaufarbeitung! Am 26. März 2008 veröffentlichte die *Mitteldeutschen Zeitung* eine der im »Roten Ochsen« ausgestellten steckbriefartigen Karteikarten.

Angesichts solcher Begleitmusik konnte der Datenschutzbeauftragte des Landes Sachsen-Anhalt keine datenschutzrechtlichen Verletzungen feststellen. Wie tiefgründig die von ihm vorgenommene »Prüfung« war, konnte man in seinem Abschlussbericht lesen: »Über insgesamt 50 hauptamtliche Mitarbeiter wird in der Ausstellung informiert. Es handelt sich um einige von den Mitarbeitern, die in den 50er bis 80er Jahren als Vernehmer tätig waren. Anderes Personal (Sachbearbeiter, Schreibkräfte usw.) ist nicht betroffen.«

Eine nachweislich falsche Aussage, da fünf der als Täter kriminalisierten Mitarbeiter keine U-Führer waren! Sie waren als Sachbearbeiter in der Auswertung und anderen Bereichen tätig.

Weder gerichtliche Freisprüche noch entlastende Ermittlungsergebnisse der bundesdeutschen Behörden schützen ehemalige Mitarbeiter des MfS davor, im Rechtsstaat öffentlich als Täter kriminalisiert und denunziert zu werden.

Befragt, ob sie reale Hoffnung hatten, durch ihr Handeln etwas in Richtung Versachlichung bei der Aufarbeitung ihrer Tätigkeit bewirken zu können, antworteten Betroffene: »Nicht heute, aber für die Zukunft. Wenn unser Handeln dazu beigetragen hat, Mechanismen und Methoden der Meinungsmache für künftige Historiker erkennbar zu machen, dann war es nicht umsonst.«

* *An diesem Beitrag wirkten mit: Oberstleutnant a. D. Jürgen Stenker, einst Leiter der Abteilung IX der Bezirksverwaltung Halle, und Major a. D. Michael Kommol, Leiter des Referates Auswertung der Abteilung IX der BV Halle*

*2.3 »Amthordurchgang« in Gera**

»Amthordurchgang e. V.« ist der Name des Trägervereins für die Geraer »Gedenkstätte zur Erinnerung an die Schreckensherrschaft der Diktaturen«. Gegründet wurde er im Herbst 1997. Ein exaktes Geburtsdatum sucht man auf der Internetseite dieses Vereins so vergeblich wie die Namen von Gründungsmitgliedern. Als Vorsitzender fungiert Frank Karbstein, gelernter Krankenpfleger und langjähriger Puppenspieler. Am 5. April 1984 war er vom MfS in Gera inhaftiert und nach drei Monaten U-Haft zu einer Freiheitsstrafe von einem Jahr verurteilt worden. Grund war laut Angaben im Internet die »Verbreitung pazifistischen Gedankengutes«.

Ein solcher Tatbestand allerdings existierte im Strafrecht der DDR nicht.

Auf einer anderen Internetseite schreibt Karbstein dazu: »Wir hatten Weihnachten 1983 in Gera und Greiz Flugblätter gegen die SS-20-Raketen verteilt. [...] Alle mit einer Schreibmaschine abgetippt, mehr als 2000 Stück und dann in die Briefkästen gesteckt.«[52]

Verteidiger der DDR unterliegen mitunter der Versuchung, Urteile zu solchen Straftaten in der DDR das Schicksal der Geschwister Scholl aus dem Jahre 1943 gegenüberzustellen.[53] Aus Gründen absoluter Unvereinbarkeit des Faschismus mit dem gesellschaftlichen System der DDR sind aber solche Vergleiche politisch und juristisch ungeeignet. Deshalb sollen sie hier auch nicht angestellt werden.

Roland Geipel ist Stellvertreter von Frank Karbstein. Der Pfarrer i. R. erhielt am 17. November 2009 das Bundesverdienstkreuz. In Verbindung mit der Auszeichnung durch Bundespräsident Horst Köhler wurde vermeldet: »Geipel hatte bereits Jahre vor der friedlichen Revolution in der DDR ›Andersdenkende‹ unterstützt. So ermöglichte er Friedens- und Umweltgruppen Versammlungen, Künstlern mit Auftrittsverbot bot er in Kirchenräumen eine Bühne«.[54]

In der Satzung des Trägervereins heißt es: »Zweck des Vereins ist die Aufarbeitung und Veröffentlichung der politischen Verfolgung und des Widerstandes unter den zwei Diktaturen in Deutschland, insbesondere der politischen Verfolgung durch das Ministerium für Staatssicherheit (MfS) der Deutschen Demokratischen Republik (DDR) im ehemaligen Bezirk Gera«.[55]

Die Geschichte der Anstalt reicht bis in die Zeit des Faschismus zurück, weshalb sie sich für den beabsichtigten Diktaturenvergleich eignet. Allerdings kollidierte diese Absicht mit marktwirtschaftlichen Interessen und denen des Justizministeriums des Landes Thüringen. Das Ministerium wollte einen Gefängnisneubau an gleicher Stelle errichten, wozu das alte Gebäude abgerissen werden musste. Das kostet Geld. Die Abrisskosten wollte ein Investor übernehmen, wenn ihm im Gegenzug eine bestimmte Fläche zur Errichtung eines Kaufhauses überlassen würde.

Nach monatelangen Verhandlungen wurde die einstige U-Haftanstalt im Juli 1999 besetzt, daran aktiv beteiligt war der Landesbeauftragte der BStU, Jürgen Haschke. Unterstützung kam vom »Bürgerkomitee« des Landes Thüringen, von »Opferverbänden« und »Aufarbeitungsinitiativen«.

Nach einer Kabinettssitzung informierte Landtagspräsident Frank-Michael Pietsch (CDU) den illegal handelnden und ihm unterstellten Haschke, dass die Landesregierung beschlossen habe, eine Arbeitsgruppe auf Staatssekretärsebene einzusetzen. Diese würde ein Konzept erarbeiten, wie Teile der Haftanstalt als »Gedenkstätte« erhalten werden könnten. Schließlich wurde das zur Haftanstalt gehörende Torhaus dem Trägerverein übertragen und dessen Ausbau durch das Land finanziert.

Das Torhaus, das dem Trägerverein übertragen wurde. Auf der Skizze (S. 89) ist diese Gebäude der kleine, graue Würfel rechts unten

Die Haftanstalt im Schatten des Gerichtsgebäudes wurde komplett abgerissen, von ihr blieb nur das dreigeschossige Torhaus stehen. An der feierlichen Eröffnung der »Gedenkstätte« am 18. November 2005 nahm die Landtagspräsidentin Dr. Dagmar Schipanski (CDU) teil. Die einstige Dozentin der TH Ilmenau verwies in ihrer Rede auf »zwei Diktaturen, in denen Menschen in diesem Gefängnis Martyrien erlitten und sogar ihr Leben lassen mussten«.[56]

Kein U-Gefangener des MfS ließ hier sein Leben.

Oberpfarrer i. R. Geipel stieß ins gleiche Horn. Er »erinnerte daran, dass es auf den Tag genau 20 Jahre her sei, da die Aktion ›Kerze‹ in Gera begann. Junge Menschen wollten damals mit Kerzen das Wort ›Frieden‹ vor dem Haus der Kultur stellen. [...] Viele der Jugendlichen seien von der Stasi ausgespitzelt und mit harten Strafen belegt worden. Er erinnerte auch an die Menschen, die hier widerrechtlich festgehalten, gequält und getötet worden seien.«[57] Und die *Ostthüringer Zeitung* vom 19. November 2005

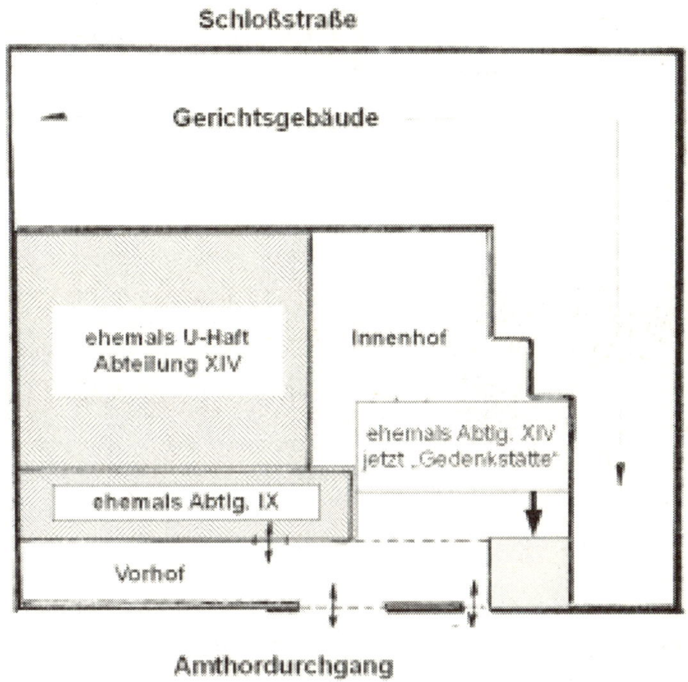

schrieb weiter: »Dass das Gefängnisgebäude selbst in Gera abgerissen wurde, hat die Leiterin der BStU Marianne Birthler in ihrem Grußschreiben bedauerlich genannt. Erfahrungen anderer Städte hätten gezeigt, dass authentische Stätten durch nichts zu ersetzen seien.«[58]

Die »Gedenkstätte« in der Amthorstraße ist in den »Geschichtsverbund Thüringen – Arbeitsgemeinschaft zur Aufarbeitung der SED-Diktatur« eingebunden. Der Umfang der von der »Gedenkstätte« betriebenen Projekte kann nicht durch den Trägerverein aus eigener Kraft bewerkstellig werden, weshalb er auf die anderen in der umseitig abgebildeten Grafik zurückgreift. Thematisiert werden u. a. auch der Uran-Bergbau durch die Wismut AG, weltpolitische Ereignisse, der Untergang der DDR sowie das »Freiheitsempfinden« der Nach-Wende-Geborenen .

Das Thüringer Netzwerk der »DDR-Aufarbeitung« mit seinen Knotenpunkten

Neben einer Dauerausstellung im Torhaus gibt es Wanderausstellungen, Schülerprojekte, Dokumentarfilme und Publikationen. Statistiken zu Besucher- und Teilnehmerzahlen sind auf der Webseite der »Gedenkstätte« nicht zu finden, auch werden keine Angaben über die Finanzierung gemacht.

Zu den Attraktionen im Torhaus zählt eine künstlerisch gestaltete »Treppe zur Freiheit«, die laut dem 2009 gedruckten Flyer auf Kälte, Einsamkeit, Härte und Isolation, gewaltsam veränderte Biografien und zerstörte Lebenswege; aber auch für Kraft, Verbundenheit und Mut verweisen soll.[59] In den Stahl der Stufen sind Daten eingelassen, die »an Ereignisse, die Haftanstalt betreffend, sowie an Ereignisse mit regionaler und überregionaler Bedeutung, erinnern«.

Von insgesamt 20 erfassten Ereignissen, haben sechs direkten Bezug zur ehemaligen Haftanstalt in Gera. Von diesen wiederum fallen nur zwei in die Zeit der Tätigkeit des MfS. Von Bedeutung ist das Datum des Selbstmordes von Matthias Domaschk im Jahre 1981. Domaschk war weder U-Gefangener noch in Gera inhaftiert.

Auf die Zeit der Gründung und Existenz der DDR folgende Daten von »überregionaler« Bedeutung: »Ankunft der Gruppe Ulbricht in Deutschland (30. April 1945); Schießbefehl an der innerdeutschen Grenze (6. Oktober 1961); Gorbatschow hält eine fünfstündige weltweit beachtete Rede – Glasnost/Perestroika (29. Januar 1987) und Studentenproteste auf dem Platz des Himmlischen Friedens in Peking (4. Juni 1989)«

Bemerkenswert die Auswahl und die Gewichtung von Ereignissen. Im Übrigen: Den Schießbefehl sucht man noch immer – aber in Gera weiß man sogar, wann er beschlossen wurde.

Der Vollständigkeit halber sei noch auf andere verewigte Daten hingewiesen: »Kriegserklärung Deutschlands an Russland (1. August 1914); Spartakusaufstand (15. Januar 1919); Kapp-Putsch (13. März 1920) und Wannseekonfe-

»Treppe zur Freiheit« in der »Gedenkstätte«

renz (20. Januar 1942).« Schwer nachzuvollziehen, welcher Zusammenhang zu dem eingangs aus der Satzung des Vereins zitierten Zweck besteht. Und nebenbei: Der Spartacusaufstand fand 73-71 v. u. Z. statt, das hier genannte Datum bezieht sich auf die Ermordung von Karl Liebknecht und Rosa Luxemburg in Berlin und faktisch das Ende der Novemberrevolution mit den Januarkämpfen.

Vielleicht hätte man doch einen darauf schauen lassen sollen, der sich ein wenig mit der Geschichte auskennt.

Die Gestaltung der Treppe erfolgte unter Beteiligung von Martin Neubert, dem Ehemann der aktuellen Landesbeauftragten der BStU, Hildigund Neubert. Das legt die Frage nahe, wer den Auftrag vergeben und bezahlt hat?

Wenige Tage nach der Eröffnung der »Gedenk- und Begegnungsstätte Amthordurchgang« besuchten wir das Haus. In einem Einführungsvideo wurde ein Wasserbecken gezeigt, in welchem ein namentlich nicht genannter Zeuge im Jahre 1952 einen U-Gefangenen habe stehen sehen, woraus auf den Vollzug von Wasserfolter geschlossen wurde.

Im Wasser stehend? Selbständig? Angebunden? Durch andere Personen fixiert? Und welche Funktion hatte das Netz hinter dem Becken?

Wie ehemalige Mitarbeiter der Abteilung XIV offenbarten, handelte es sich um ein Becken, das sie in ihrer Eigenschaft als Angehörige des Angelvereins errichtet hatten, um dort die von ihnen gefangenen Fische aufzubewahren, welche auf Kollektivfeiern gemeinsam verzehrt wurden. Die Genehmigung zur Errichtung dieses Frischhaltebeckens erteilte der Chef der Bezirksverwaltung Dr. Dieter Lehmann. Allerdings nicht 1952, sondern in den 80er Jahren.

Den »Folterfanatikern« hätte auffallen können, dass die verwendeten Materialien nicht aus den frühen 50er, sondern aus den 80er Jahren stammten, und dass sich das Wasserbecken in einem Bereich befand, zu welchem U-Gefangene keinen Zutritt hatten. Trotz wiederholter Hinweise wurde die Behauptung von der Wasserfolter weder zurückgenommen noch der Widerspruch erwähnt.

Nicht fehlen darf die »Röntgenkanone«, schließlich nahm die Mär hier ihren Ausgang. 2005 präsentierte man das Original aus dem Jahre 1989 und die Urfassung des Begleittextes.

Im April 2010 besichtigten Mitglieder des Bundes Deutscher Antifaschisten den Ausstellungsteil für die Zeit von 1933-1945. Für Fragen stand ihnen Frau Zimmer von Seiten der »Gedenkstätte« zu Verfügung. Eine Besucherin bezog sich auf einen früheren Besuch im oberen Teil der Gedenkstätte 1945-1989 und fragte nach dem Röntgengerät, mit der doch Häftlinge angeblich be- oder verstrahlt worden seien. Die sibyllische Antwort lautete: »Man könne nicht sagen, dass das Gerät in diesem Sinne verwendet wurde; man könne aber auch nicht sagen, dass es nicht dafür verwendet wurde.«

Wasserfolter anno 1952? Nichts Genaues weiß man nicht

Anfang Januar 2011 wurde die »Gedenkstätte« neuerlich sowohl physisch als auch virtuell im Internet besucht. Auf der Homepage wurde das untenstehende Foto mit dem kurzen Zusatz gezeigt: »Röntgengerät 1989, Foto: Michael Beleites.«

Beleites gehörte dem Geraer Bürgerkomitee an und zu den Erfindern der Verstrahlungstheorie.

Dieses Foto war auch in jenem Film zu sehen, welcher im September 2010 in Berlin-Hohenschönhausen vorgeführt und mit dem ein Bezug zum Krebstod von Jürgen Fuchs, Gernulf Pannach und Rudolf Bahro herstellt wurde.

Einen solchen Bezug gibt es auf der Homepage der »Gedenkstätte« in Gera nicht. Die Funktion der gezeigten Installation wird so wenig erklärt wie die des eingestellten Bildes: Was will man damit sagen?

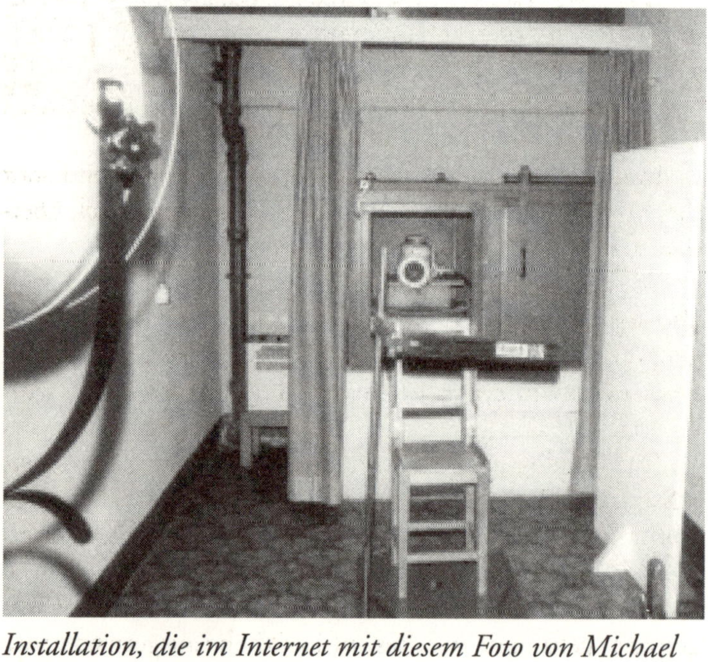

Installation, die im Internet mit diesem Foto von Michael Beleites präsentiert wird

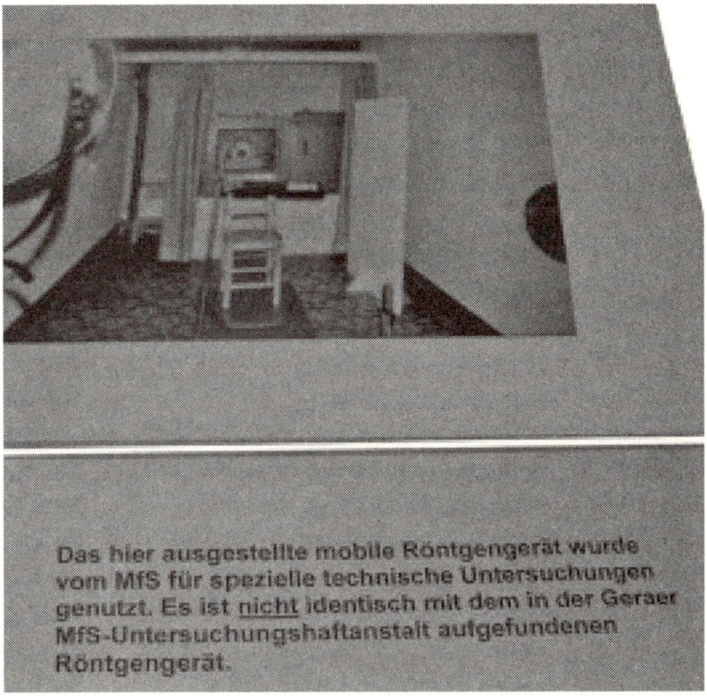

In der Ausstellung selbst findet sich überraschend statt der erwarteten Gerätschaft die oben abgebildete Tafel, überdies schräg aufgestellt, mit jenem Bildtext.

Wenn man diesen Text richtig deutet, will man damit also sagen: Das, was man sieht, ist nicht der Geraer Röntgenapparat, der aber stets als der Geraer Röntgenapparat bezeichnet wurde, mit welchem U-Häftlinge bestrahlt worden seien. Hä?

Der Katalog bietet die Erklärung für die auffällige Verschwiegenheit. »Bei der Besichtigung der MfS-Untersuchungshaftanstalt 1989 wurde im Raum der erkennungsdienstlichen Aufnahme hinter dem Vorhang des Stuhles – auf dem die Gefangenen fotografiert wurden – ein Röntgengerät gefunden, welches auf Kopfhöhe ausgerichtet war. (*Was falsch ist: Das Gerät wurde erst durch die Mitglieder des*

Bürgerkomitees Gera in die im Foto dargestellte Position gebracht – H. K.[60]) Es gab Befürchtungen, dass an diesem Ort Gefangene bestrahlt wurden. Daraufhin wurden Probebohrungen vorgenommen [...] und ein Gutachten angefertigt. Eine radioaktive Strahlung konnte nicht nachgewiesen werden.

Umstritten bleibt jedoch der Umgang mit Radioaktivität durch die Staatssicherheit gerade bei Operativen Vorgängen, da ohne Schutzmaßnahmen für die Bevölkerung z. B. Papiere oder andere Materialien zur Überprüfung mit diesen Substanzen markiert wurden«.[61]

Die Landtagspräsidentin Dr. Dagmar Schipanski hatte zur Eröffnung der »Gedenkstätte« auch eine Grußbotschaft gesandt, in der sie Bezug nahm auf Personen, die – tatsächlich oder vermeintlich – hier ihr Leben gelassen hatten, so etwa Matthias Domaschk. Über den damals 23-Jährigen hieß es dort: »Als Mitglied der Jungen Gemeinde in Jena organisierte er ab 1977 Hilfsaktionen für inhaftierte Bürgerrechtler. Er stand zudem in Verbindung zu Dissidenten in Polen und der Tschechoslowakei. [...] Im April 1981 wurde er verhaftet und starb nach zweitägigem Verhör unter bis heute ungeklärten Umständen.«

Nun, so ungeklärt sind die Umstände keineswegs. Die Justizbehörden des Landes Thüringen haben diesen Todesfall vom 12. April 1981 sehr genau untersucht.[62] »Wir haben drei Gutachten in Auftrag geben lassen. Alle stärken die Suizidtheorie«, erklärte Karl-Heinz Gasser, Staatssekretär im thüringischen Justizministerium 1993 im *Spiegel*.[63]

Laut *taz* vom 8. April 2006 existiert eine 286 Seiten umfassende Dokumentation aus DDR-Zeiten.[64] Darin müssen alle Operationen des MfS in der Sache Domaschk minutiös dokumentiert sein, wie auch aus einer Publikation, herausgegeben durch den Landesbeauftragten für die Unterlagen des Staatssicherheitsdienstes der ehemaligen DDR (LStU) des Freistaates Thüringen, hervorgeht.[65]

Freya Klier schrieb 2008 über Domaschk: »Der schlaksige junge Mann ist zuständig für das Versteck der Bibliothek im Hinterhaus am Steinweg. Hunderte verbotene Bücher. [...] In gut getarnten Auto-Verstecken führten wir 1987 oft verbotene Bücher mit uns. Jürgen Fuchs und Roland Jahn – zwei ausgebürgerte Dissidenten aus Jena – schmuggelten die Literatur von Westberlin aus mit Hilfe von Journalisten und Diplomaten in den Osten.«[66]

Henning Pietzsch schrieb 2004 eine Doktorarbeit, in welcher sich ebenfalls Hinweise darauf finden, weshalb das MfS Domaschk zwei Tage lang befragten.

»Der IM ›Klaus Steiner‹ war als Spitzel zunächst hauptsächlich gegen Siegfried Reiprich aus dem Operativen Vorgang ›Opponent‹ eingesetzt. Er lieferte am 10. März 1981 seinem Führungsoffizier, Hauptmann Roland Mähler von der Kreisdienststelle Jena, einen Bericht über Domaschk, der zum verhängnisvollen Anlass für die wenige Zeit später erfolgte Verhaftung von Domaschk und Räsch wurde (*weder Domaschk noch Räsch waren verhaftet worden – H. K.*).

In dem Bericht schreibt IM ›Klaus Steiner‹, dass er bei einem Besuch des Reiprich eine männliche Person angetroffen habe.

›Es könnte sich dabei um einen mit Spitznamen *Matz* bezeichneten handeln. Er ist 1,70 – 1,75 m groß, schlank, überschulterlanges Haar, das er manchmal zu einem Zopf gebunden trägt, er trägt einen Bart an Oberlippe und Kinn, hat ein hochnäsiges Auftreten und wird auf ein Alter von ca. 25 Jahren geschätzt. Zu ihm hat Reiprich einen sehr guten und hächstwahrscheinlich auch vertrauten Kontakt. Dieser *Matz* macht in der neuen Wohnung des *R.* Maurerarbeiten.

Bei diesen Zusammenkünften kam es manchmal zu sehr interessanten Gesprächen, an denen einige Male Christine *R.* teilnahm, und eben erwähnter *Matz*. Die Gesprächsinhalte waren politisch-ideologisch angelegt. Zum Ausdruck kam, dass dieser *Matz* eine inhaltlich feindlichere und spitzere Position als Reiprich in den Gesprächen annahm. Der Unterschied besteht darin, Reiprichs Meinungen zeigen wenigstens inhaltlichen Geist und fundiertes Wissen, während dieser *Matz* sehr spontan und relativ unlogisch seine Äußerungen zu politischen Problemen kundtut.

Eines der Hauptgegenstände der Diskussion bildeten Terroristen bzw. Rote Brigaden, die es in kap. Ländern gibt. Die Meinung des *Matz* ist dahin zu konkretisieren, dass er solche terroristischen Handlungen bzw. die Handlungen solcher Roten Brigaden mit Gewalt für den einzigen Ausweg in unserer Gesellschaft bei der Beseitigung der herrschenden Missstände sieht.‹«[67]

»Matz« Domaschk sollte offenkundig vom MfS als inoffizieller Mitarbeiter geworben werden, Gründe und Strategien erschließen sich aus dem archivierten operativen Material.[68]

Es war nicht unüblich, dass das MfS eine für eine Werbung ins Auge gefasste Person zu einer Verdachtsprüfung vorlud, um dabei zu prüfen, ob – wie es im Amtsdeutsch hieß – die operative Zielstellung zu realisieren sei. Da der Verdacht einer strafbaren Handlung den Anlass für die »Vorladung zur Klärung eines Sachverhalts« lieferte, musste die Untersuchungsabteilung einbezogen werden. Ob dies der Grund war, weshalb Domaschks Befragung im Besucherbereich der U-Haftanstalt erfolgte, ist nicht bekannt, sie hätte auch an einem anderen Ort erfolgen können. Es war nicht zwingend, mit ihm dort zu sprechen. Tatsache ist aber auch, dass er den Bereich des Haftvollzuges definitiv nicht betreten hat.

In der bereits erwähnten Publikation des Landesbeauftragten für die Stasiunterlagen sind die strafprozessual geforderten Angaben (§ 106 der StPO der DDR) zur Dauer der Befragung als Faksimile wiedergegeben.[69] Demnach begann Domaschks Befragung am 11. April 1981 um 23.05 und dauerte mit ausgewiesenen Pausen bis 12.15 Uhr am nächsten Tag. Um 3 und um 6 Uhr wurde jeweils für eine halbe Stunde unterbrochen.

Der ungewöhnlich späte Beginn der Befragung ging unter anderem auf eine Fahrzeugpanne bei Fahrt von Jena nach Gera und auf interne Abstimmungsprobleme zurück.

Das von Domaschk unterschriebene Protokoll der Befragung ist, bis auf die genannten Faksimili, nicht publiziert. Es müsste insgesamt 16 Seiten umfassen und nicht unerhebliche Aussagen enthalten: Vertuschung von Fahnenflucht, Landesverrat und staatsfeindliche Gruppenbildung. Diese Schuldeingeständnisse jedoch werden in der LStU-Publikation infrage gestellt, was ein Hinweis auf deren Vorhandensein darstellt.[70]

Mit Abschluss der Befragung war die Aufgabe der U-Abteilung erfüllt und der zuständige operative Mitarbeiter übernahm 12.30 Uhr das Gespräch mit Domaschk. Das Ergebnis dieses eineinhalbstündigen Gespräches: eine schriftliche Verpflichtung Matthias Domaschks, künftig unter dem Decknamen »Peter Paul« mit dem MfS zusammenzuarbeiten.[71]

In der Zeit, als seine Rückfahrt nach Jena organisiert wurde, blieb Matthias Domaschk allein und beging Selbstmord. War dieser schockierende Schritt vorhersehbar, gab es Fehler bei der Aufklärung seiner Persönlichkeit? Haben die beteiligten Mitarbeiter des MfS Hinweise in seinem Verhalten übersehen? Solche Fragen sind berechtigt. Wie auch jene nach der Mitverantwortung etwa der Jungen Gemeinde in Jena, der Domaschk angehörte. Dort wurde auch erörtert und instruiert, wie man sich bei Anwerbungsversuchen des MfS verhalten solle. Domaschk beteiligte sich zudem aktiv an der Entwicklung von Methoden, wie Beobachtungskräfte des MfS getäuscht und enttarnt werden konnten, auch durch provokative Aktionen.[72] Dies alles provoziert die Frage: War er vielleicht so fanatisiert, um die

Option, sich als Märtyrer zu stilisieren, nicht als völlig absurd erscheinen zu lassen?

Dass eine Straße in Jena und das Thüringer Archiv für Zeitgeschichte nach ihm benannt wurden, ist ihm nicht vorzuhalten, aber scheint diese Überlegung zu stützen.

Weitaus weniger spekulativ ist die Vorhaltung, das MfS sei aktiv am Tod Domaschk beteiligt gewesen. Denn: Eine solche Behauptung ist politisch und juristisch nicht haltbar, sie legt den Verdacht übler Nachrede und Verleumdung nahe. Damit führte sich der damals signierte Birthler-Nachfolger in einem Gespräch mit der *SUPERillu* im Februar 2011 ein. Das Blatt schreibt über ihn: »Die Geschichte eskaliert, als 1981 ein Freund Jahns, Matthias Domaschk, in einer Zelle (*Domaschk war nie in einer Zelle – H. K.*) der Stasi zu Tode kommt. [...] Vieles deutet darauf hin, dass Domaschk mit Absicht oder aus Versehen von den Stasi-Leuten totgeschlagen und die Sache als Selbstmord vertuscht wurde.«[73]

Diffamierend auch die hier (wie auch in anderen Zusammenhängen) gebrauchte stereotype Behauptung, die verantwortlichen Mitarbeiter des MfS würden bis heute schweigen. Gegen sie wurde durch die Justizbehörden der BRD ermittelt, dort haben sie wahrheitsgemäß ausgesagt. Ein Mord- oder Tötungsvorwurf wurde nicht erhoben.

Der Todesfall Matthias Domaschk wurde allseitig und umfassend in der DDR und nach deren Untergang mehrfach durch die bundesdeutschen Justizbehörden untersucht. Es gibt keine ungeklärten Umstände, von denen absichtsvoll noch immer geraunt wird.

Der Festredner bei der Veranstaltung zum fünfjährigen Bestehen der »Gedenkstätte« in Gera war Joachim Gauck in seiner Eigenschaft als Vorsitzender der »Vereinigung gegen das Vergessen«. Er lobte die Tätigkeit der »Gedenkstätte« in höchsten Tönen und warnte eindringlich vor politischen Nostalgikern.[74]

Wen könnte er damit gemeint haben?

Sich selbst und seinesgleichen?

Man versuche seit den 90er Jahren, so der Freiburger Rechtsanwalt Dr. Michael Kleine-Cosack, »das Defizit an Belastendem«, womit er das Fehlen von Straftaten meinte, »durch eine Dämonisierung des MfS zu kompensieren«. Daran »tragen die ehemaligen Leiter der Stasiunterlagenbehörde Joachim Gauck und Marianne Birthler eine erhebliche Mitverantwortung«.[75]

Wenn also die Warnung vor politischen Nostalgikern als Aufforderung zu verstehen ist, Dämonisierung und Demagogie, Verdrehung der Tatsachen und die Instrumentalisierung der Geschichte durch eine Minderheit nicht unwidersprochen hinzunehmen, dann ist seine Botschaft angekommen.

* *Recherchen und Entwürfe: Oberstleutnant a. D. Wolfgang Wilms, vom 2. April 1961 bis zum 31. Januar 1990 Mitarbeiter des MfS/AfNS in der Bezirksverwaltung Gera*

*2.4 Untersuchungshaft am Elbhang – Die U-Haftanstalt in Dresden**

Auf der Internetseite der 2003 gegründeten landeseigenen Stiftung Sächsische Gedenkstätten wird die ehemalige Untersuchungshaftanstalt des MfS in Dresden als »Gedenkstätte Bautzner Straße Dresden« ausgewiesen und verlinkt. Über den Link ist die nachfolgend abgebildete Internetseite zu erreichen.[76]

Über die Schaltfläche »Trägerverein« erfährt man, dass die Trägerschaft der »Gedenkstätte« in den Händen des Vereins »Erkenntnis durch Erinnerung e. V. (EdE)« liegt, welcher am 5. Dezember 1997 gegründet und am 5. Mai 1998 in Vereinsregister eingetragen wurde. Interessant ist der Hinweis auf die Vereinsgeschichte: »Inhalt befindet sich in Arbeit. Bitte haben Sie noch etwas Geduld«. Daraus ist zu schließen, dass bereits seit über einem Jahrzehnt ergebnislos an der Vereinsgeschichte gearbeitet wird.

Startseite der Homepage im Internet

Im § 2 der Vereinssatzung ist zu lesen: »Zweck des Vereins ist die Trägerschaft der Gedenkstätte Bautzner Straße Dresden, die dokumentarische Aufbereitung und Nutzung der ehemaligen Untersuchungshaftanstalt des MfS in Dresden zu Zwecken der politischen Bildung. Durch Führungen, Ausstellungen und Vorträge in dem Gebäude wird über den Aufbau und die Arbeitsweise des MfS und seiner Vorläufer, aber auch über die Realität in der SBZ/DDR insgesamt informiert. Damit soll freiheitliches und demokratisches Denken und Handeln vor allem bei Jugendlichen gefördert werden. Berichte und Interviews von politisch Verfolgten werden aufgenommen und der politischen Bildung und Forschung zur Verfügung gestellt. Der Verein betreibt und unterstützt zeitgeschichtliche und sozialwissenschaftliche Forschung und Dokumentation.«

Im Jahre 1997, zum Zeitpunkt der Vereinsgründung, existierte allem Anschein nach eine »Gedenkstätte Bautzner Straße Dresden«. Wie und in welcher Rechtsform sie bis dato betrieben wurde, bleibt im Dunkeln.

Laut Satzung sollte ein Präsidium mit drei und ein Beirat mit sieben Mitgliedern existieren, deren Wiederwahl alle drei Jahre uneingeschränkt möglich sei. Die Namen gewählter oder wiedergewählter Mitglieder dieser Gremien sind auf der Internetseite der »Gedenkstätte« nicht auffindbar. In der Lokalpresse wurde lediglich Stadtrat Lothar Klein (CDU) als Vorsitzender des Trägervereins 2009/10 namhaft gemacht. Alle anderen Präsidiums- und Vereinsmitglieder scheinen konspirativ zu arbeiten. Oder wie es modisch heißt »intransparent«.

Im Gesetz zur Errichtung der Stiftung Sächsischer Gedenkstätten vom 22. April 2003 ist die ehemalige Untersuchungshaftanstalt des MfS in Dresden als eine geförderte Gedenkstätte in freier Trägerschaft aufgeführt.

Durch wen und wie erfolgte vor dem 22. April 2003 die Finanzierung dieser »Gedenkstätte«?

Die Finanzierung ist nicht minder intransparent, sie gilt wohl als Staatsgeheimnis. Vereinzelt finden sich in den Medien Hinweise, z. B. auf ein Schülerprojekt »Vergangenheit begreifen – Zukunft in die Hände nehmen«, in welchem 17 Schüler von zwei Schulen tätig sind. »Das Projekt wird mit rund 230.000 Euro durch den Freistaat Sachsen gefördert.«[77]

Oder: »Die Gedenkstätte kann weiter saniert werden. Der Bund gibt 1,9 Millionen Euro für Umbau und Erweiterung.«[78] Der Betrag käme aus dem Vermögen von Parteien und Massenorganisationen der DDR, welches von der Bundesanstalt für vereinigungsbedingte Sonderaufgaben verwaltet werde, hieß es.

Welche Summen wurden bisher insgesamt und sollen künftig eingesetzt werden?

1945 konfiszierte die sowjetische Militäradministration das vormalige Hotel »Heidehof« in der Bautzner Straße und richtete im Kellergeschoss des Hauptgebäudes Haftzellen ein. Im Jahre 1953 übernahm die Bezirksverwaltung des MfS das gesamte Objekt. Die Untersuchungsabteilung und die für den U-Haftvollzug zuständige Linie XIV verblieben zunächst an ihrem bisherigen Standort in der Königsbrücker Straße, da für sie auf dem Gelände keine geeigneten Gebäude existierten. 1954 wurde ein Neubau errichtet. Im Zusammenhang mit der Errichtung der neuen U-Haftanstalt wurde entschieden, die von der sowjetischen Militärverwaltung genutzten Haftzellen zu rekonstruieren. Dort sollten Arbeitskommandos untergebracht werden.

In den Arbeitskommandos waren verurteilte Straftäter, die zu Reparatur- und Instandhaltungsarbeiten herangezogen wurden oder als Reinigungskräfte oder Küchenhilfspersonal im MfS-Objekt eingesetzt waren. Sie wurden vom zuständigen Bereich Strafvollzug des Ministeriums des Innern der DDR gleichsam »ausgeliehen«.

Für diese Arbeitskommandos wurden Strafgefangene bevorzugt, bei denen keine hohe Gesellschaftsgefährlichkeit bestand und deren Gesamtverhalten einen solchen Einsatz rechtfertigte. Der Kommandoälteste hatte einen eigenen Schlafraum, die anderen Räume waren maximal mit drei Strafgefangenen belegt. Aufenthalts- und Verpflegungsräume wurden gemeinschaftlich benutzt, dort konnte auch ferngesehen und Radio gehört werden. Die Türen wurden nicht verschlossen.

Untergebracht wurden in diesem Bereich ausschließlich männliche Straf-, nie Untersuchungsgefangene. Insofern ist die heute dort befindliche Informationstafel falsch: »Vom neu gegründeten Ministerium für Staatssicherheit (MfS) wurden die Räume nahtlos weiter genutzt.«

Über einen Verbindungsgang wurde dieser MdI-Teil an die neue U-Haftanstalt angeschlossen. Die Strafgefangenen konnten ihn selbständig nicht passieren. Bei der Ausübung ihrer Tätigkeit wurden die Angehörigen des Arbeitskommandos durch Wachhabende beaufsichtigt.

Verbindungsgang innerhalb des Objektes Bautzner Straße in Dresden

Analog dem »U-Boot« in Berlin-Hohenschönhausen machte man in Dresden das von der sowjetischen Besatzungsgemacht genutzte Kellergeschoss zur Mord- und Folterstätte und nannte das »Fuchsbau«. »Durch den russischen Geheimdienst gefoltert«, hieß es Ende 2009 in der elektronischen Fassung der *Mitteldeutschen Zeitung*.[79]

Und wie in Berlin behauptete man eine Kontinuität zwischen NKWD und MfS. »Gefangen in einer unterirdischen Stasi-Haftanstalt«, hieß es zur gleichen Zeit in der *Lausitzer Rundschau*.[80]

In dieser Hinsicht hält man sich auf der Internetseite der »Gedenkstätte« vergleichsweise zurück: »Vom Hafthaus aus gelangt man in den so genannten ›Fuchsbau‹ – einen Verbindungsgang zu den Kellerräumen, die ab 1945 durch den sowjetischen Geheimdienst (NKWD/MWD) zur Unterbringung der Untersuchungshäftlinge genutzt wurden.

In diesen Räumen kann anhand einzelner Schicksale nachvollzogen werden, wie der NKWD/MWD mit seinen politischen Häftlingen verfuhr und was sie nach der Verurteilung in den sowjetischen Speziallagern erwartete.

Anhand von Informationstafeln erhält der Besucher viele Informationen zum Alltag der politischen Untersuchungshäftlinge, zur Vernehmung sowie weitere begleitende Informationen und kann sich den authentischen Ort eigenständig erschließen.«

Bilder und Texte auf den Informationstafeln erfahren durch mündliche Vorträge von Personen, die überwiegend zum Zeitpunkt des Geschehens noch nicht geboren waren, eine merklich andere Interpretation. Matthias Katze, Jahrgang 1958 berichtet, als habe er alles persönlich durchlitten, über den Aufenthalt in ungeheizten Zellen und über eine Wasserfolter, über Hunger und unmenschliche Behandlung. Er erzählt von 8.000 Opfern, die unter der sowjetischen Herrschaft an diesem Ort hatten leiden müssen, 5.000 von ihnen seien in Arbeitslager nach Workuta deportiert worden. Woher er diese Zahlen hat, bleibt so offen wie seinerzeit das Wissen des MfS bei Übernahme des Objektes von den Sowjets. Die Übergabe erfolgte ohne jede Dokumentation und Unterlagen. Mit der Entscheidung, den Keller für die Unterbringung eines Arbeitskommandos umzubauen, entfiel auch die Notwendigkeit einer nachträglichen Dokumentation. Rückschlüsse aus dem heutigen baulichen Zustand auf Aussehen und Praxis davor zu ziehen, ist unmöglich. Hinweise könnten allenfalls Angehörige der sowjetischen Besatzungstruppen liefern, die damals dort Dienst taten. Auskünfte anderer gründen sich auf Fantasie und Hochstapelei.

Aber wie verhält es sich mit Siegfried Hentschel, der 1951 als Spion verurteilt und nach Workuta verbracht worden war, nachdem er zuvor fünf Monate im »Fuchsbau« zugebracht hatte? Auf seinen Ausführungen fussten jene beiden zitierten Zeitungsbeiträge vom Dezember 2009. Er macht weder Angaben zu Größe und Zahl der Hafträume, auch bleibt er Details schuldig, worin seine Folter durch den »russischen Geheimdienst« bestand habe.

Einen konkreten Hinweis liefert eine Informationstafel im »Fuchsbau«, die sich auf Angaben von Karl-Heinz Blumenhagen bezieht: »Es müssen so 6 bis 8 Zellen gewesen sein. Eine Zelle war etwa 8 Meter breit und 4 bis 5 Meter tief. Hinten stand eine Holzpritsche mit Stroh, darauf schliefen wir«.

Weitere Hinweise liefert eine mit Mitteln des Sächsischen Staatsministeriums für Wissenschaft und Kultur geförderte Publikation aus dem Jahre 2004.[81] Zitiert wird ein Hans-Dieter Scharf mit den Worten: »Dort wurde nach etwa fünf Metern eine Zellentür geöffnet, man schob mich hinein, wonach hinter mir die Tür geräuschvoll ins Schloss fiel. Ich stand in einem grell erleuchteten, weiß getünchten Kellerraum von ca. 3 mal 6 Meter. An der Wand, der Tür gegenüber, unterhalb der Kellerdecke, war ein schmales längliches Kellerfenster und darunter eine ca. 50 cm hohe Holzpritsche, die die beiden gegenüberliegenden Wände verband. […] Als ich eintrat, richteten sich auf der Pritsche drei Gestalten auf.«

»Ehemalige Gefängnisinsassen erinnern sich an etwa sechs bis acht Zellen«, fassen die Autoren der Publikation von 2004 zusammen.

Nun kann man also rechnen: Maximal acht Zellen mit einer Grundfläche zwischen 18 und 40 Quadratmetern – können dort in sieben Jahren tatsächlich 8.000 Personen »durchgeschleust« worden sein? Vielleicht ist der Nachweis (oder die Wiederlegung) dieser Behauptung eines der Ziele des mit 230.000 Euro geförderten Schülerprojektes?

»Liebe Schüler aus Dresden und Umgebung«, hieß es im seinerzeitigen Aufruf ein wenig marktschreierisch, »wir suchen Euch, um gemeinsam mit Euch einen Kellerbereich der Gedenkstätte Bautzner Straße – den sogenannten ›Fuchsbau‹ – neu zu gestalten!

Es erwarten Euch unter anderem spannende Interviews, die Ihr selbst mit ehemaligen Häftlingen des sowjetischen Geheimdienstes führt – Menschen, die die Haft im ›Fuchsbau‹ zwischen 1945 und 1954 selbst erlebt haben. Menschen, die hier unschuldig inhaftiert waren und die nach ihrer unrechtmäßigen Verurteilung Jahre ihres Lebens in Strafarbeitslagern der Sowjetunion verbringen mussten. Das, was Ihr aus den Berichten, aus Dokumenten und Filmen erfahrt, werdet Ihr in einer eigenen Ausstellung und in einem eigenen Buch darstellen.

In sechs verschiedenen Freizeit-Kursen könnt Ihr ganz nach Euren Interessen an der Gestaltung der Ausstellung und dem Buch ›Häftlingsschicksale‹ mitarbeiten. Es werden Eure Ideen und Texte, es werden von Euch bearbeitete Fotos und Dokumente oder es werden Eure Bilder, Plastiken und Zeichnungen sein, die dann in der Ausstellung und im Buch zu sehen sind.

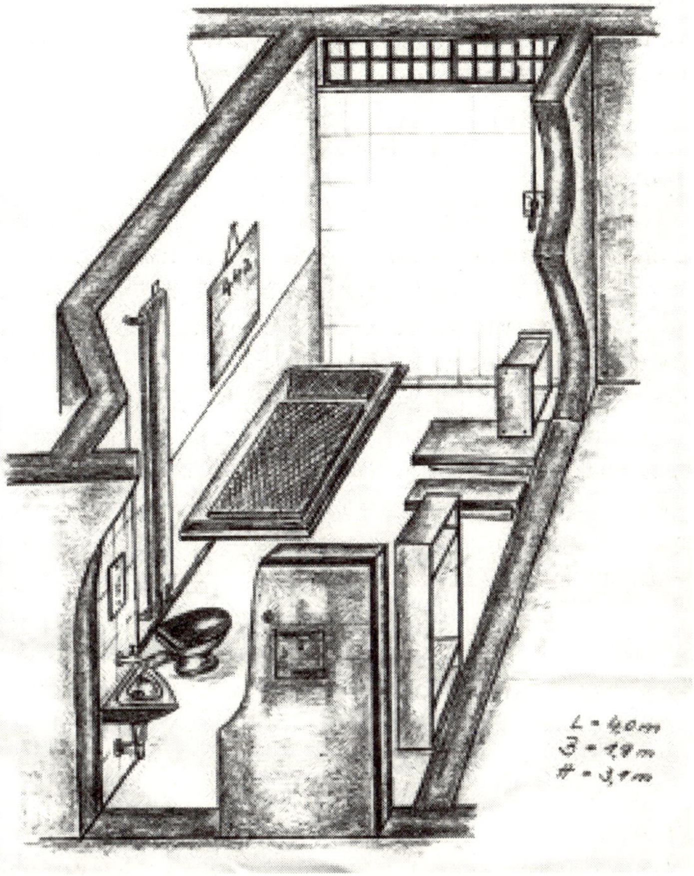

So sah die Zelle in »Stadelheim« aus, in der Ludwig Spuhler (1928-2005) einsaß. 1991 war er vom Bayerischen Obersten Landgericht wegen Spionage für die DDR zu fünf Jahren und sechs Monaten verurteilt worden. Die Skizze fertigte er selbst. Die JVA München-Giesing in der Stadelheimer Straße, mit 14 ha eines der größten Anstalten der BRD, entstand 1894 als Zentralgefängnis. Dort wurden 1.049 Gefangene hingerichtet, die meisten in der Nazi-Zeit, darunter Mitglieder der Weißen Rose, auch Sophie und Hans Scholl

In Eurer Anwesenheit wird zum Abschluss des Projektes im Juni 2011 der neue Gedenkort im ›Fuchsbau‹ eingeweiht. An diesem Tag wird auch Eure Ausstellung eröffnet und das Buch ›Häftlingsschicksale‹ vorgestellt. Die Ausstellung wird dauerhaft in der Gedenkstätte und an anderen Orten gezeigt.«

So nützlich die Begegnung mit Zeitzeugen für Heranwachsende, so sinnvoll das Festhalten von gelebter Geschichte für die Nachwelt ist, so kritisch wird aber auch die Oral-History gesehen. Aussagen müssen stets überprüft und mit Dokumenten verglichen werden. Doch das können junge »Amateur-Historiker« kaum. Sie nehmen für bare Münze, was ihnen von Zeugen erzählt wird. Die Frage der Glaubwürdigkeit stellt sich ihnen überhaupt nicht – schon gar nicht, wenn, wie im Aufruf erkennbar wird, das Urteil vorweggenommen wird: »Menschen, die hier unschuldig inhaftiert waren und die nach ihrer unrechtmäßigen Verurteilung Jahre ihres Lebens in Strafarbeitslagern der Sowjetunion verbringen mussten.« Damit wird jeder Häftling und Zeuge von jedem Verdacht freigesprochen, etwa als Nazi- oder Kriegsverbrecher zurecht von der Besatzungsmacht arretiert und verurteilt worden zu sein. Unterschiedslos werden alle zu Opfern gemacht.

Und auch andere widersprüchliche Angaben werden keiner kritischen Bewertung unterzogen.

Matthias Katz spricht von ungeheizten Zellen, was anderenorts als »Kältefolter« bezeichnet wird.

In der vom Sächsische Staatsministerium für Wissenschaft und Kultur geförderten Publikation behauptet man das Gegenteil: »Da die Zellen zeitweise ständig beheizt wurden, bekamen die Häftlinge entsprechend starken Durst. Eine besondere Schikane war es dann, zum Mittag *wobla* [gesalzener trockener Fisch] auszugeben.«[82]

Demagogisch wird mit dem Thema Hunger umgegangen: »Zwar scheint sich die Verpflegung in den von der

Besatzungsmacht genutzten Gefangenenanstalten ab Sommer 1949 verbessert zu haben, doch soll diese in Dresden im Vergleich zum Speziallager in Bautzen doch besser gewesen sein. In den verschiedenen Erinnerungsberichten wird immer wieder betont, dass nicht gehungert wurde. Als Vergleichskriterium galt den Zeitzeugen immer die Erfahrung aus der Kriegsgefangenschaft. Trotzdem waren die Mahlzeiten aber alles andere als abwechslungsreich.«

Wenn die Menge der Verpflegung keinen Ansatz zur Verurteilung liefert, wird eben die Qualität kritisiert.

Was bleibt an den Vorhaltungen gegenüber der Bezirksverwaltung des MfS ohne diese Geschichten über den »Fuchsbau« übrig? Offenkundig nichts, weshalb die Stadtoberen ganz pragmatisch die Anlage verscherbeln will, wie die *Mitteldeutsche Zeitung* besorgt in ihrer Internetausgabe am 16. Dezember 2009 berichtete: »Während der Fortbestand der eigentlichen Haftanstalt als Gedenkstätte gesichert ist, bereitet die Stadt nun den Verkauf einiger Gebäude auf dem früheren Stasi-Gelände vor. Bereits im Oktober begann eine Ausschreibung, von der unter anderem der Heidehof mit einem großen Kultursaal und eben jenem ›Fuchsbau‹ im Keller betroffen ist.

Sollte ein Investor die öffentliche Nutzung nicht mit seinen eigenen Plänen verbinden können, droht dem Gedenkstätten-Verein der Verlust des geschichtsträchtigen Ortes. ›Das wäre schlimm‹, sagt Veronika Richter, ›denn, was dort unten geschehen ist, muss wieder mehr ins öffentliche Bewusstsein rücken‹.«

Ja, was ist denn »dort unten geschehen«?

Wert und Glaubwürdigkeit von Zeitzeugen, darauf wurde schon hingewiesen, ist recht unterschiedlich. Und die nachfolgende Geschichte des Zeitzeugen Michael Schlosser, der nach seiner Rückkehr nach Dresden im Jahr 2003 in der »Gedenkstätte Bautzner Straße« manches zu berichten wusste, ist gewiss nicht repräsentativ, wohl aber exemplarisch. Es zeigt, dass die gesellschaftliche Verwertung und Verwurstung der Vergangenheit mit politischer Zielsetzung mitunter auch Einzeltäter animiert, ihren privaten Schnitt in diesem Gewerbe zu machen.

Michael Schlosser war Kfz.-Mechaniker beim *Sender Dresden* des DDR-Fernsehens. Während des Urlaubs in der benachbarten Tschechoslowakei im Herbst 1981 will er in einem Westsender gehört haben, das man jenem DDR-Bürger eine Millionen D-Mark zahlen würde, landete dieser mit einem Fluggerät auf dem Dach des Springer-Hochhauses in Westberlin. Am nächsten Tag habe er sich Zeichenpapier und Stifte besorgt und Entwürfe für ein Leichtflugzeug gefertigt.[83] In der Folgezeit will er in einem Schuppen auf seinem Privatgrundstück seinen Flieger heimlich gebaut haben.

Ins Blickfeld des MfS geriet Schlosser etwa Mitte 1983. Ein IM hatte Schlossers gesteigertes Interesse an einer ungarische Zeitschrift über Leichtbauflugzeuge bemerkt, worauf ein zweiter inoffizieller Mitarbeiter Schlosser zu Hause aufsuchte. Dort fielen ihm Aluminiumabfälle auf. Die eingeleitete operative Personenkontrolle erhielt den Decknamen »Ikarus«. Am 28. Oktober 1983 wurde Schlosser wegen des Versuches zum ungesetzlichen Verlassen der DDR im schweren Fall verhaftet und zu vier Jahren und sechs Monaten Haft verurteilt. Nach dreizehn Monaten Haft wurde er in die BRD entlassen. Dort wurde er von westlichen Nachrichtendiensten befragt, was ihn offenkundig nervte. »Diese Fragerei war fast wie Verhöre bei der Stasi«.

2003 kehrte Schlosser in die alte Heimat zurück und suchtenach seinem Fluggerät, das er zwanzig Jahre zuvor gebaut haben will. Da es nicht auffindbar war, baute er ein neues, um dessen Flugfähigkeit zu beweisen. Darüber und über seinen Aufenthalt in der Untersuchungshaftanstalt in der Bautzner Straße berichtete er als »Zeitzeuge« wortreich in der »Gedenkstätte«. Dabei ließ er kein Klischee aus: Schlafentzug, Verlust des Zeitgefühls, psychologische Folter, die ganze Folterkammer der Stasi wurde detailliert beschrieben. Zitate aus den Berichten der beiden IM inklusive. Aber offenkundig genügte ihm die öffentliche Denunziation nicht, er versuchte den einen zu erpessen.[84]

Am 1. November 2007 schrieb er »Dem IMS Jens Trädner zur Information!« und verlangte von ihm für gesundheitliche Schäden durch die Haft, für menschliches Leid und Verlust von Eigentum »eine läppische finanzielle Entschädigung von 60.000 Euro«. Dem Brief lag die Kopie eines Berichtes des IM bei. Falls dieser nicht zahle, würde er die Akten an die Öffentlichkeit geben.

Gut drei Wochen später forderte er vom zweiten IM die »Zahlung eines läppischen Denunzianten- und Schmerzensgeldes von 20.000 Euro«. Um seiner Forderung Nachdruck zu verleihen, schrieb Schlosser: »Ich sollte nicht unterschätzt werden, ich war in Stasi-Haft!«

Was immer er damit auch sagen wollte.

Einer der ehemaligen IM erstattete Anzeige, Mitte Oktober 2008 fand im Saal 1 des Amtsgerichts Pirna die Verhandlung statt. Schlosser hatte ein Einweckglas mit einer Geruchsprobe dabei, wie sie ihm während seiner MfS-Untersuchungshaft abgenommen worden sein soll. Wegen versuchter Erpressung wurde er von einem nachsichtigen Richter zu einer Geldstrafe von 2.100 Euro verurteilt, der Staatsanwalt hatte mehr als das Doppelte gefordert.

Bei der Behandlung des Erpressungsfalls in der Presse war nicht vom »Täter Schlosser« die Rede, sondern nur vom »Opfer«. »In manchen Nächten zweifelt Michael Schlosser an seinem Verstand. Mitten in der Finsternis schreckt der 64-Jährige dann schweißgebadet hoch – und da steht er vor ihm: Erich Honecker. Direkt am Bett. Stumm. Und schaut auf ihn hinab.

›Verrückt, oder?‹, Schlosser schüttelt den Kopf, wenn er die Geschichte erzählt.

Manchmal, so sagt er, höre er nachts auch das Klappern von Schlüsseln wie einst in Bautzen. Und wenn der Sachse seine Wohnung verlässt, dann selten ohne eine gelbe Gummiente hinter die Eingangstür zu legen. Mit einem Bindfaden zieht er das Spielzeug sorgfältig von außen bis an die Türschwelle und befestigt die Schnur unter dem Vorleger. ›Ist der Faden gerissen, dann war jemand in meiner Wohnung.‹

Verrückt ist relativ, wenn jemand den Mühlen der DDR-Staatssicherheit entronnen ist.«[85]

Und was hatte es mit der Geruchsprobe auf sich.

Bereits vor dem Ersten Weltkrieg war die Verwertbarkeit von Geruchsspuren bekannt, wurden die feinen Nasen von Hunden zum Aufspüren von Fährten, verschütteten Toten, Drogen, Sprengstoff etc. genutzt.[86]

Auch die Kriminalpolizei in der DDR setzte Spürhunde ein, die Ausbildung erfolgte an der Polizeihundeschule in Pretzsch an der Elbe. Die einzige Einrichtung dieser Art im Lande unterstand dem Ministerium des Innern, also der Deutschen Volkspolizei. Bei Bedarf forderte das MfS auf dem Dienstwege solche Hunde zur Aufklärung schwerer Kriminalität wie Mord, Brandstiftung sowie Sabotage und Spionage zum Einsatz an. Dabei nutzte man auch Geruchsproben, die man von Verdächtigen konserviert hatte. Das galt – wie man in dem oscar-prämiierten Stasi-Grusel-Film »Das Leben der Anderen« sah – als besonders anrüchig. Ohne darauf hinzuweisen, dass dies auch im Westen üblich war und ist. Im Vorfeld des G8-Gipfels in Heiligendamm wurden Geruchsproben von potenziellen Störenfrieden genommen, um sie damit im Bedarfsfall überführen zu können. »Die Abnahme des Körpergeruchs ist rechtlich nichts anderes als die von Fingerabdrücken. Und sie ist durch die Strafprozessordnung gedeckt. In den Ausdünstungen steckt ebenso die Identität eines Menschen wie in den Linien seiner Fingerspitzen oder in seiner DNA«, erklärte man im *Spiegel* 21/2007 diese Praxis. »Alles ganz harmlos«, schrieb das Nachrichtenmagazin. »Alles geht nach den ›Richtlinien für den Einsatz von Geruchsspurenvergleichshunden‹.«

Aber wenn zwei das Gleiche tun, ist es noch lange nicht das selbe. Wenn zum Beispiel das MfS mit Geruchsproben und Hundeeinsatz »zur Einengung des Kreises von verdächtigen Personen« beitrug, dann war das selbstredend unzulässig und des Verurteilens wert. Nicht so in der Bundesrepublik. Einen Unterschied gab es allerdings: In der DDR waren die Ergebnisse nicht als Beweismittel vor Gericht zugelassen – in der Bundesrepublik hingegen schon.

In den 80er Jahren gelangten auch Straftaten, bei denen staatsfeindliche Losungen oder Plakate an Mauern, Gebäuden oder anderen Orten angebracht wurden, in den Blickpunkt kriminalistischer Spurensicherung in Form der Anfertigung von Geruchsproben. Dies geschah durch Auflegen von Staubtüchern oder ähnlichem an Orten, die der oder die Täter betreten oder berührt haben mussten. Aufbewahrt wurden diese Proben in handelsüblichen Konservengläsern. Ergaben sich in der operativen Arbeit Hinweise auf Personen, welche die Taten begangen haben konnten, so wurden, meist konspirativ, Vergleichsproben beschafft und ein geeigneter Hund zur Differenzierung eingesetzt. Bestätigte sich dadurch ein Anfangsverdacht, kam es zur intensiven operativen Bearbeitung der betroffenen Person. Dabei wurden offiziell Geruchsproben genommen und verglichen. Ähnlich behandelte das MfS anonyme Briefe.

Federführend für Vorgänge dieser Art war die HA XX des MfS. Wie viele Geruchsproben konserviert wurden, ist nicht bekannt, weil es keine Gesamtübersicht gab oder gibt. Die in den Medien verbreiteten Zahlen sind also reine Erfindung.

Im Januar 2000 besuchten Bundeskanzler Gerhard Schröder und sein Innenminister Otto Schily die Gauck-Behörde, ihnen wurde auch die asservierten Geruchskonserven vorgeführt. Beim Anblick der Konservendosen soll dem SPD-Kanzler entfahren sein: »Das ist die Perversion von Staat.«[87]

Er hätte sich vielleicht besser erkundigen sollen, welche »Perversion von Staat« in seinem Wirkungsbereich legal ist.

Hier die Richtlinie des Ministeriums für Inneres und Kommunales des Landes Nordrhein-Westfalen in der Fassung vom 23. Juli 1991 (geändert am 11. Januar 2002):

»1 Grundsätzliches

1.1 Der Einsatz von Geruchsspurenvergleichshunden im Strafverfahren dient der Prüfung, ob sich ein den Ermittlungsbehörden bekannter Tatverdächtiger oder Zeuge am Tatort aufgehalten hat oder mit einem Beweisstück in Berührung gekommen ist. Die Tatrelevanz eines festgestellten Kontaktes bedarf eines zusätzlichen Nachweises.

Der Geruchsspurenvergleich ist ein Hilfsmittel, mit dem ein Tatverdacht erhärtet werden kann. Er ist kein Beweismittel im naturwissenschaftlichen Sinne. Seine Aussagekraft ist bei korrekt durchgeführtem Verfahren jedoch sehr hoch, so dass dem Geruchsspurenvergleich insbesondere im Zusammenhang mit anderen Indizien ein hoher Beweiswert zukommen kann. […]

2 Anwendungsbereich

2.3 Der Einsatz von Geruchsspurenvergleichshunden ist nicht auf Delikte der Schwerkriminalität beschränkt. Die Landespolizeischule für Diensthundeführer entscheidet über die Priorität des Einsatzes der Hunde unter Berücksichtigung der Schwere der Straftaten. Mit den ersuchenden Behörden ist nach Möglichkeit das Einvernehmen herzustellen.«[88]

In der Praxis der BRD reicht der Einsatz dieses Verfahrens weit über das hinaus, was dem MfS unterstellt wird.

Der Verkehrsverbund Rhein-Ruhr kooperiert seit 2004 mit der Landespolizeischule NRW für Diensthundeführer, den Dortmunder Stadtwerken, der Bogestra, der Rheinbahn und dem Bildungsträger Aqua, um Graffiti-Täter im Nahverkehr mit Hilfe des Geruchsspurenvergleichsverfahrens einfacher und schneller auf die Spur zu kommen.[89]

Nachdem Bundesinnenminister Schäuble (CDU) die Polizeipraxis, gewalttätige Globalisierungsgegner 2007 mittels Körpergeruchsproben zu identifizieren, verteidigte, kehrte alles in den Ausgangszustand zurück. Die DDR war der Schnüffelstaat – die BRD hingegen tut alles, um die Sicherheit ihrer Bürger zu gewährleisten. »Das tut die Polizei mit den angemessenen Mitteln«, sagte Schäuble.[90]

Diese unterschiedliche Sichtweise gilt bis heute, wie Stefan Aust am 15. Februar 2011 auf *N24* in der Sendung »Zeitreise« neuerlich belegte. Im Mittelpunkt standen allein das MfS und die Regimegegner der DDR, denen nachgeschnüffelt wurde. Das es sich dabei, wie einst Bundespräsident Roman Herzog zutreffend feststellte, nur um einen kleinen Kreis aktiver Oppositioneller handelte, blieb selbstredend unerwähnt.[91]

Schauder, Schauder: »Zeitzeuge« Schlosser präsentierte seine »Geruchskonserve« dem verstörten Publikum in der »Gedenkstätte Bautzner Straße« als Requisite

Matthias Katze betreibt eine Internetseite[92], auf welcher er auch Bildmaterial zum Thema veröffentlicht hat. Darunter auch das umseitige Foto, die die Geruchskonserve von Schlosser zeigt.

Allerdings stellt sich die Frage (sofern es sich um das Original handelt), auf welche Weise Schlosser in dessen Besitz gelangte? Händigt die BStU Beweisgegenstände an »Opfer« aus? Ist das nur eine Kopie? Müsste man diese dann aber nicht als solche kennzeichnen, um sich nicht des Verdachts der Wichtigtuerei und Hochstapelei auszusetzen? Oder, was die Lektüre eines Papiers aus Leipzig vermuten lässt, ist es gar eine komplette Fälschung?

Das Bürgerkomitee Leipzig e. V. unterhält eine Datenbank, in der auch Informationen über Vorschriften der Bezirksverwaltung Leipzig des MfS zur Registrierung von Geruchsproben gespeichert sind.[93] Dort heißt es: »Der Aufkleber ›KP 39‹ diente der Etikettierung von sogenannten ›Geruchskonserven‹ und musste laut einer Anleitung für die ›Sicherung von Geruchsspuren‹ nach dem Anlegen einer solchen Konserve von einem Mitarbeiter des Ministeriums für Staatssicherheit ausgefüllt und auf den Konservenbehälter geklebt werden. Neben dem Datum sowie dem Namen der Person, von der die Geruchsprobe stammte, wurde auf dem Etikett die ›Personenkennzahl‹ (PKZ), das dem Betroffenen vorgeworfene ›Delikt‹ sowie die zuständige MfS-Dienststelle vermerkt.

Darüber hinausgehende Informationen zu Konserven wurden auf speziellen Karteikarten notiert.«

Nun mag es in der Praxis in den einzelnen Bezirken der DDR geringfügige Abweichungen hinsichtlich der Reihenfolge oder aufgezählten Schwerpunkte gegeben haben. Nicht auszuschließen ist auch, dass im praktischen Einsatz vor Ort kein Aufkleber zur Verfügung stand. Keinesfalls aber wurde verzichtet, die zuständige Dienststelle zu nennen.

Die Vergabe von Decknamen für operative Vorgänge erfolgte rein subjektiv nach Empfinden oder gedanklichen Assoziationen des oder der zuständigen operativen Mitarbeiter. Eine Operative Personenkontrolle (OPK) mit dem Decknamen »Ikarus« konnte es demzufolge in verschiedenen Bezirken der DDR geben. Ohne Angabe der zuständigen Diensteinheit hätte es also bei der weiteren Bearbeitung zu Verwechselungen kommen können.

Das heißt: Bei Beschriftung dieser Konserve wurde sträflich gegen das Grunderfordernis der eindeutigen Zuordnung verstoßen (wenn denn dieses Etikett vom MfS angefertigt worden ist).

Gleiches gilt für das Datum. Im vorliegenden Fall lassen sich daraus weitere Schlüsse ableiten. »Okt./Nov. 83« steht dort, in jener Zeit war Schlosser bereits inhaftiert. Vermutlich soll damit suggeriert werden, die Probe sei *nach* seiner Inhaftierung entstanden. In diesem Falle hätte als Diensteinheit die Linie IX Dresden oder die Registriernummer des laufenden Untersuchungsvorganges vermerkt werden müssen. Ist es aber nicht.

Noch fragwürdiger ist die Angabe »Häftling 309«.

Sie bestätigt einerseits die Annahme, dass die Geruchsprobe während der Haft genommen wurde, wirft andererseits die Frage auf, in welcher Registratur diese Nummer geführt worden sein soll. Also ebenfalls ein Verstoß gegen die Forderung einer unverwechselbaren Zuordnung.

Und schließlich: Das Etikett wurde auf einem Laserdrucker von einem Computer aus gedruckt. Die gab es im Herbst 1983 noch nicht einmal im Westen.

Und schließlich die entscheidende Frage: Weshalb sollte bei ihm überhaupt eine Geruchsprobe abgenommen worden sein? Der Tatort war sein eigenes Grundstück. Das dort gefertigte Fluggerät war sichergestellt worden. Er war überführt, eine Verurteilung sehr wahrscheinlich. Er wollte aus der DDR raus, und er würde sie nunmehr auch verlassen.

Das ganze Ding ist von A bis Z erfunden.

Eine sachliche, fallbezogene Aufarbeitung durch die Landesvertretung der BStU könnte hier Klarheit schaffen. Solange dies nicht geschieht, ist der Verdacht bewusster Rosstäuscherei berechtigt.

* *Unter Mitarbeit von Oberst a. D. Hardi Anders, einst Stellvertreter Operativ der Bezirksverwaltung Dresden des MfS*

*2.5 In der Hand der BStU – die U-Haftanstalt Rostock**

Die Landesbeauftragten und Außenstellen der BStU steuern oder beeinflussen den »Aufarbeitungsprozess« in ehemaligen U-Haftanstalten des MfS. Während in den bisher namhaft gemachten ehemaligen U-Haftanstalten noch Trägervereine zwischengeschaltet sind, wird die »Gedenkstätte« in der einstigen UHA Rostock seit 1999 direkt durch die Bundesbehörde betrieben.

Vielleicht deshalb, weil diese Einrichtung erst zu DDR-Zeiten erbaut wurde und keine Ansatzpunkte zu einem Diktaturenvergleich, nicht einmal Bezüge zum sowjetischen KGB, existieren?

Trotz geringer »Attraktivität« darf es keine Abweichung von den »Aufarbeitungskonzepten« geben. Gesteuert durch die BStU kann sie ihrer Rolle als struktureller Bestandteil des Dokumentationszentrums des Landes Mecklenburg-Vorpommern für die »Opfer deutscher Diktaturen« vermutlich besser gerecht werden.

In den Räumen der Haftanstalt gibt eine ständige Ausstellung Auskunft über Geschichte, Struktur und Wirkungsweise des MfS im Bezirk Rostock. Ein erster Eindruck zur U-Haftanstalt wird Internetbenutzern so vermittelt:

»Das Gebäude der Untersuchungshaftanstalt befindet sich auf dem ehemaligen Gelände der Bezirksverwaltung des Ministeriums für Staatssicherheit. Es wurde Ende der 50er Jahre des 20. Jahrhunderts errichtet. In den umliegenden Häusern wohnten Mitarbeiter der Stasi.

Für Außenstehende bestand keine Möglichkeit, den Innenhof einzusehen. Auf drei Etagen konnten hier in 46 Zellen bis zu 110 Frauen und Männer gleichzeitig inhaftiert werden.

Die Einzelzellen besaßen eine Größe von 7,5 m^2 mit Waschbecken und freistehendem WC. Anstelle der Fenster gab es Glasbausteine, durch die nur Tageslicht drang. Die

Häftlinge sollten nicht sehen können, wo sie sich befinden. Im Keller des Gebäudes gibt es vier Dunkelzellen, die sich nicht mehr im Originalzustand befinden.«[94]

Nicht sonderlich schreckhaft, aber immerhin: vier »Dunkelzellen«. Die in Wirklichkeit aber keine waren. Dazu später mehr.

Dass es sich bei den »Einzelzellen«, deren Größe hier mit 7,5 m^2 angegeben wird, um Einmannzellen handelte, wird nicht gesagt, weshalb es zwangsläufig zu falschen Schlüssen kommen muss (und wohl auch soll). In einem Projektbericht einer 10. Klasse des Musikgymnasiums »Käthe Kollwitz« in Rostock heißt es zur Unterbringung von U-Gefangenen: »Diese mussten in Zweimannzellen mit einer Grundfläche von 7,5 m^2 leben.«[95]

Im zentralen Veranstaltungskalender der BStU waren für Rostock bis Mai 2011 zwei öffentliche Führungen in der ehemaligen U-Haftanstalt des MfS ausgewiesen, und zwar für den 5. und 8. Januar. Der Einladungstext ging so: »Wir zeigen Ihnen: den Zellentrakt mit Originalzellen, den ›Freihof‹, die Dunkelzellen im Keller, die ständige Ausstellung in den Räumen der Haftanstalt.

Dabei erfahren Sie Wissenwertes zum Thema ›Stasi‹ und über die Bedingungen im ehemaligen Stasi-Gefängnis.«

Aus der Einladung zur öffentlichen Führung

Der Einladung war ein Foto mit der Bildzeile beigegeben: »Blick in eine Zelle. Nachweis: Foto Norbert Fellechner«.

Eine karge Ausstattung, gewiss, aber in den Justizvollzugsanstalten der BRD sah es damals nicht anders aus? Siehe Seite 107 in diesem Buch und vergleichbare Darstellungen.[96]

Was mangels Beweis in der ständigen Ausstellung nicht bezeugt werden kann, behaupten Führer.

»Karin Karmosin steht mit einer zehnköpfigen Gruppe neben einer Zellentür. Mit einer ruckartigen Bewegung schiebt sie einen Metallriegel mehrmals auf und zu. Ein ohrenbetäubendes Rattern schallt durch den langen Flur. Einige Gäste zucken kurz zusammen. ›Von diesem lauten Riegelrasseln und Schlösserklacken träumen viele Betroffene heute noch und können diese Geräusche nicht mehr vergessen‹, erzählt die Sachbearbeiterin der Birthler-Behörde. […] (Sie) ist seit 1992 in der BStU-Außenstelle Rostock tätig«, schrieb die *Ostseezeitung* am 9. Februar 2009.

»Die 64-jährige berichtet von Flutungszellen, Knastmorsezeichen, verwanzten Zellen und Schlafentzug mit tagelangen Verhören. ›Die Leute wurden so lange fertig gemacht, bis sie etwas gestanden, das sie oft gar nicht getan hatten.‹

In den Anfangsjahren habe es auch Foltermethoden wie Rippenbrechen, Zähneausschlagen und Chloroformschlucken gegeben. […]

Besonders beeindruckten die Besucher die Dunkelzellen. Dort gibt es keine Toiletten, Fenster oder andere Gegenstände.«[97]

In wenigen Sätzen das wesentliche Repertoire der Kriminalisierung an die Besucher gebracht, um dann das Grauen durch Blick in die »Dunkelzellen« zu verfestigen. Im Notfall – wenn solche Behauptungen öffentlich auf den

Prüfstand gestellt werden – werden diese in Abrede gestellt. Schließlich seien die Führer nicht verantwortlich zu machen, wenn Besucher sie falsch verstanden haben.

Zahlen zu Folteropfern oder gar Namen werden nicht genannt. Sie können ja nicht missverstanden werden.

Vertieft werden die Eindrücke der Besucher durch »sachbezogene« Exponate in den Ausstellungsräumen.

Im September 2005 veröffentlichte die *Ostseezeitung* Rostock einen Artikel von Thomas Mandt unter der Überschrift »Kreuzfahrtpassagiere besichtigten Folterzellen«. Berichtet wurde über Besuche von Ausländern, denen von Reiseunternehmen seit 2003 Führungen in der Gedenkstätte angeboten werden. Im Jahre 2004 hätten daran rund 2.000 Kreuzfahrtpassagiere teilgenommen. Konkret hieß es, dass ein von einem Reiseveranstalter Beauftragter na-

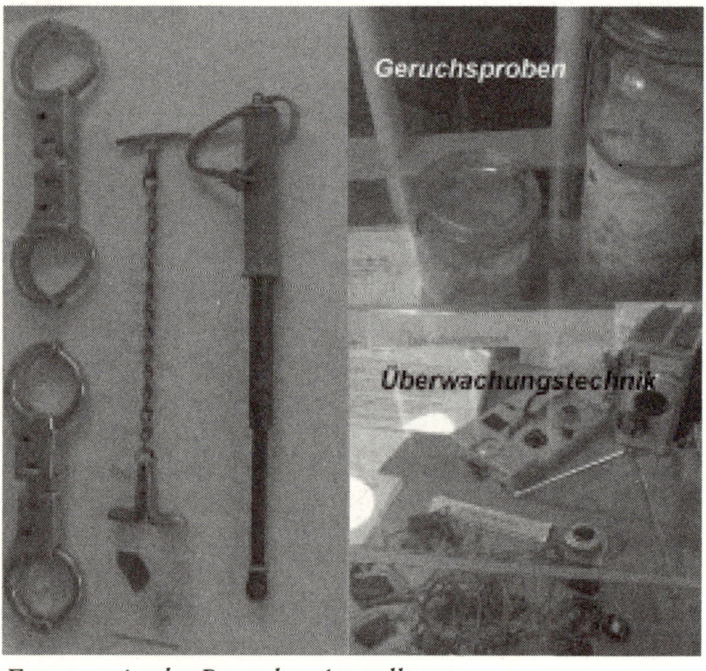

Exponate in der Rostocker Ausstellung

mens Peter Voss gegenüber 60 Kreuzfahrtpassagieren – vornehmlich Amerikaner und Engländer – über »Folter- und Wasserzellen« berichtet hätte. In bestimmten Zellen habe »das deutsche KGB« das Wasser knöcheltief stehen lassen. Schlafen und Sitzen in diesen Zellen sei eine Tortur gewesen.

Die Besucher aus Übersee und von der Insel übermannte das Grauen und die Erleichterung, dass derlei Barbarei mit dem Verschwinden der DDR ein Ende bereitet worden war. Ungeachtet der Tatsache, dass die von Voß beschriebenen Zustände Erfindungen sind, wäre ein Hinweis auf die Folterpraxis in Guantanamo und an anderen Orten durch US-Soldaten keineswegs deplatziert gewesen.

Alle Folterbehauptungen enden in Rostock bei der Besichtigung der »Dunkelzellen«, die mitunter auch als »Folterzellen« bezeichnet wurden. Grund nachzufragen, was es denn mit diesen Räumen auf sich hatte.

Auf einer Hinweistafel am Niedergang zum Keller ist unter dem Stichwort »Dunkelzellen« zu lesen: »Im Keller-

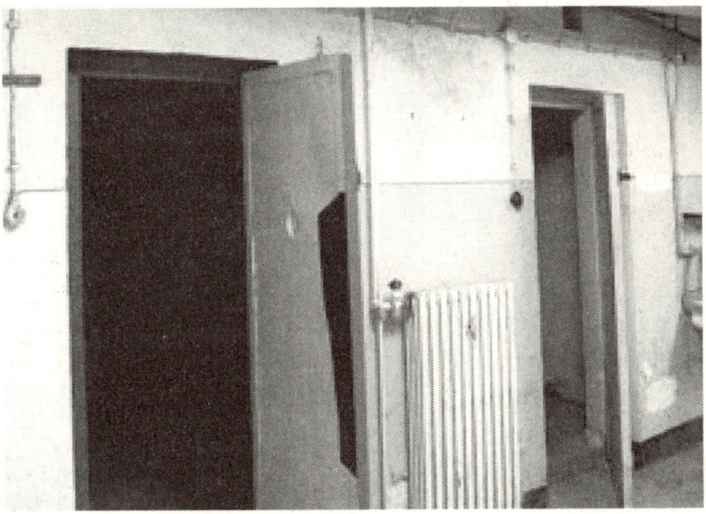

Die »Dunkelzellen« im Keller

geschoss befinden sich vier Dunkelzellen, die teilweise noch bis in die 80er Jahre genutzt wurden. Bei Verweigerung der Aussage oder Verstoß gegen die ›Hausordnung‹ konnten Häftlinge mit Arrest bis zu 14 Tagen bestraft werden. In absoluter Dunkelheit, isoliert vom üblichen Tagesablauf, verbrachten sie hier qualvolle Stunden und Tage.«

Wäre in diesem Text nur ein Körnchen Wahrheit enthalten, so ergäben sich daraus viele Fragen, u. a. auch zur Verantwortung des Untersuchungsorgans (Abteilung IX) und der für den U-Haftvollzug zuständigen Abteilung XIV sowie zur Rolle der Staatsanwaltschaft in der DDR. In diesem Zusammenhang sind solche Fragen einfach überflüssig, weil die betroffenen Räume zu keiner Zeit den behauptetem Zwecke gedient hatten.

Es handelte sich um Lager- und Werkstatträume.

Wie in jeder Untersuchungshaftanstalt des MfS gab es auch in der Rostocker ein sogenanntes Arbeits- oder Hauskommando. Es bestand aus verurteilten Strafgefangenen, die über entsprechende handwerkliche Fähigkeiten verfügten und zu Reparaturen und Instandhaltungsarbeiten eingesetzt wurden. Registriert waren diese beim Ministerium des Innern. Gebraucht wurden vorrangig Schlosser, Elektriker, Maurer und Tischler. Um anfallende Arbeiten zu erledigen, wurden Material, Werkzeuge, Maschinen und Räumlichkeiten benötigt. Eben jene »Dunkelzellen«. Das erklärt auch, weshalb diese Räume keine sanitären Anlagen besaßen. Das aber hätte man sich auch aus den BStU-Unterlagen zusammenreimen können, wenn man denn schon nicht mit ehemaligen MfS-Mitarbeitern sprechen will, die sich damit auskannten.

Im Vorfeld des 20. Jahrestages des »Mauerfalls« reanimierte man in Rostock eine bereits erledigt geglaubte Zeitungsente. »Gefangen im Bunker« titelte die *Rostocker Zeitung*, die Lokalausgabe der *Ostseezeitung*.[98] Gemeint war eine mit Kraftfahrzeugen befahrbare Bunkeranlage unter der Bezirksverwaltung, von der aus eine Verbindung zur Untersuchungshaftanstalt bestand. Quelle für den Artikel war Karl Krüger, Jahrgang 1940. Der Kraftfahrer war im Oktober 1976 vom MfS verhaftet worden, weil er binnen eines Jahres – so behauptete die Autorin des Beitrages Virginie Wolfram – 23 Ausreiseanträge gestellt und diese auch einer Organisation in den USA zur Kenntnis gegeben hatte.

In der DDR wurde niemand verhaftet, nur weil er einen Ausreiseantrag (oder gar 23) gestellt hatte. Da musste schon noch etwas anderes hinzukommen. Krüger saß anderthalb Jahre und wurde in die BRD ausgewiesen. Seine Frau ließ sich scheiden und blieb mit den beiden Töchtern in der DDR. Diese werfen ihm noch heute vor, er habe sie verlassen, ihr Vater sei darum für sie nicht glaubwürdig.

Das ist nicht unerheblich für die Beurteilung des Vorgangs, spielte aber in der Darstellung der Zeitung keine Rolle.

Krüger behauptete in der *Rostocker Zeitung*, ihm sei mit einer Schlinge von MfS-Mitarbeitern die Luft abgedrückt und gedroht worden, seinen Körper auf eine Länge von zwei Metern zu ziehen, wenn er die Zustimmung zur Adoption seiner Töchter nicht unterschreibe.

Von was für einer Adoption ist hier die Rede?

Laut Familiengesetz der DDR war unverändert die Mutter erziehungsberechtigt.

In der BRD war Krüger »Bundesverwaltungsangestellter«, heißt es in dem Zeitungsbeitrag. Wo und in welcher Funktion er anderthalb Jahrzehnte arbeitete, hatte die Autorin nicht mitgeteilt. Wohl aber, dass Krüger jetzt eine Haftopferrente und einen Versorgungsausgleich nach dem Häftlingshilfegesetz (HHG) bezieht.

Krügers Erzählungen über den »Stasibunker« zogen durch die Blätter, aber ein unterirdisches Gelass wurde nicht gefunden. Weil es eine solche Anlage nie gab. 2008 edierte die Landesvertretung Mecklenburg-Vorpommern der BStU trotzdem Krüger »Erinnerungen an meine Haftzeit in der DDR (1976-1978)«. 2009 wurde also die Sache erneut aufgekocht. Zwei Tage nach Erscheinen des Artikels in der *Rostocker Zeitung* legte die *Ostseezeitung* nach: »Weiterer Zeuge für Stasibunker«.[99]

Ein Friedrich Koch erklärte: Karl Krüger habe Recht, ihm sei die gleiche Geschichte widerfahren.

Jedoch: Der von Koch angegebene Ort befand sich an einer ganz anderen Stelle. Ein von dort in die UHA führender Tunnel hätte mehrere hundert Meter lang sein müssen. Sogar einen Fahrstuhl für Kraftfahrzeuge erwähnte man. Nutzer der in Frage kommenden Immobilien schüttelten den Kopf über den Unsinn und Nachforschungen wurden gefordert. Wenige Tage später tauchte ein Zeuge auf, der den Fahrstuhl persönlich gesehen haben will.[100]

Der Ex-Polizist erklärte: »Ich sollte etwas abgeben und wurde ins Gebäude geführt. Als ich den Brief übergab, kam im Hintergrund ein Fahrstuhl aus dem Kellerbereich nach oben gefahren. Als er sich öffnete, stand dort ein Auto drin.« An der Tastatur des Fahrstuhls wollte er erkannt haben, dass der Lift drei oder vier Etagen nach unten ging.

Wie aber hatte man das alles binnen weniger Tage vor der Besetzung der Bezirksverwaltung Rostock beseitigen können, denn die Besetzer fanden dergleichen nicht vor? Geologen und Archäologen verfügen über technische Hilfsmittel, um auch eine zerstörte Bunkeranlage ausfindig zu machen. Warum unterblieb das?

Karl Krüger hat inzwischen weitere Publikationen zum Thema produziert und gastiert damit auf unterschiedlichen Veranstaltungen.

Und nun zur »Röntgenkanone«, die es natürlich auch in der einstigen Untersuchungshaftanstalt Rostock gab. Die Einführung dieser Geräte begann in den 80er Jahren und basierte auf Ideen in Berlin, durch ihren Einsatz die Kontrolle von Effekten und eingehender Paketpost rationalisieren und verbessern zu können. Aus Kostengründen wurde entschieden, von der Zollverwaltung der DDR ausgemusterte Geräte für Erprobungszwecke zu übernehmen. Rückfragen bei territorial zuständigen Organen der Zollverwaltung und die Übernahme entsprechender Geräte vollzogen sich in zeitlich unterschiedlicher Abfolge. Nicht alle U-Haftanstalten wurden ausgerüstet.

Abteilung XIV

Rostock, 1. Dezember 1988

Stock

Verantw. Mitarbeiter der Abt. XIV für Strahlen-schutz ist

Oblt. B r a n d t , Wolfgang
151051 4 0082 4

Bedienungsberechtigte Personen für das Röntgengerät in der Abt. XIV sind:

Hptm. B u c h s t e i n e r , Udo
Oblt. B r a n d t , Wolfgang
Lt. Z o b e s , Eckard

Es ist vorgesehen, die Genossin

Ofw. W e r n e r , Heike

als bedienungsberechtigte Person noch auszubilden.

Leiter der Abteilung

Franke
Oberstleutnant

Brief vom 1. Dezember 1988 in der Ausstellung

Zuständig für den Einsatz dieser Geräte war die für den U-Haftvollzug verantwortliche Linie XIV. Im Aktenbestand der Landesvertretung der BStU für Mecklenburg-Vorpommern befindet sich ein Schreiben des Leiters der Abteilung XIV Rostock, in welchem die Namen der Mitarbeiter benannt werden, die zur Bedienung dieses Gerätes berechtigt waren bzw. dafür noch ausgebildet werden sollten. Genannt wurden insgesamt vier Mitarbeiter, womit offenbar dem Schichtdienst in der UHA Rechnung getragen wurde. Daraus ergibt sich der Hinweis auf einen konkreten Personenkreis, der Auskünfte über Anlass und Umfang sowie Zeiten der Nutzung dieses Gerätes geben könnte.

Auf die Frage, inwieweit davon im Rahmen der Aufarbeitung der Tätigkeit der Abteilung XIV durch Vertreter der BStU oder andere Bevollmächtigte Gebrauch gemacht wurde, wird noch zurückzukommen sein.

Das Datum des umseitig abgebildeten, in der »Gedenkstätte« Rostock präsentierten und kommentierten Schreibens vom 1. Dezember 1988 legt den Schluss nahe, dass die UHA Rostock nicht zu den ersten Einrichtungen gehörte, die mit so einem Gerät ausgerüstet wurde. Der BStU sollte es möglich sein, den Termin zu ermitteln, wann genau das dort aufgefundene Gerät von der UHA Rostock übernommen wurde. Veröffentlicht wurde dazu bisher allem Anschein nach nichts. Warum?

1999, als die »Gedenkstätte« und die Ausstellung aufgebaut wurden, glaubte man dem Thema »Verstrahlung von Gefangenen« neue Impulse geben zu können. Das persönliche Engagement des seinerzeitigen Leiters der Landesvertretung der BStU Mecklenburg-Vorpommerns und dessen Intentionen verriet ein Beitrag in der *Welt* vom 1. Juli 1999: »Nach der Intensivierung staatsanwaltschaftlicher Ermittlungen im Zusammenhang mit möglicher radioaktiver Verstrahlung von Stasi-Häftlingen in der ehemaligen DDR-Haftanstalt Gera gerät nun auch die Stasi-Haftanstalt

Rostock in den Mittelpunkt behördlicher Untersuchungen«, hieß es dort. »Der *Welt* liegt jetzt die Aussage des heute 58-jährigen ehemaligen DDR-Häftlings R. vor, der heute in Rheinland-Pfalz lebt, 1986 etwa sechs Monate im Rostocker Stasi-Gefängnis verbrachte und dort gezwungen wurde, stundenlang unter mysteriösen Umständen allein im Fotoraum der Anstalt bewegungslos auf einem Stuhl vor einem verdeckten Gerät zu sitzen.

R. war in die Fänge der Stasi geraten, nachdem er im April 1982 die Ständige Vertretung der Bundesrepublik Deutschland im damaligen Ost-Berlin aufgesucht hatte, um sich über die Chancen der Ausreise für sich und seine Frau in die Bundesrepublik zu informieren.

Über seine Erlebnisse in der Rostocker Stasi-Haft berichtet R.: ›Etwa 20 Sekunden, nachdem der Wächter den Fotoraum verlassen hatte, hörte ich von einem mit Tuch verhängten Gerät, das sich in unmittelbarer Nähe meines Kopfes befand, ein knisterndes Geräusch, das von einem feinen Rauschen begleitet wurde‹, schildert der ehemalige Maschinenbau-Ingenieur ein Erlebnis aus dem April 1986. Das Gerät habe sich auf einem dreibeinigen Metallstativ befunden und sei vollständig mit einem Tuch verhängt gewesen. Mehrere Elektrokabel hätten unter das Tuch geführt.

Ihm sei mehrfach vorher vom Wächter gedroht worden, dass man ›ihm eins auf den Pelz brennen‹ werde, wenn er sich bewegen würde und dass dann ›kein Hahn mehr nach mir krähen‹ würde. Im Verlauf der etwa eineinhalbstündigen Sitzung seien die zeitlichen Abstände der Beobachtung durch den Türspion größer geworden, so dass er sich doch getraut habe, das Gerät unter dem Tuch zu betasten. ›Es fühlte sich an wie eine Videokamera, mit einem Loch an der Vorderseite, das ein Objektiv gewesen sein könnte‹, berichtet R. Das Gerät sei etwa 25 Zentimeter hoch und breit sowie etwa 60 Zentimeter tief gewesen.

Kurz bevor der Wächter wieder den Fotoraum betreten habe, sei das Geräusch unter dem Tuch verstummt. ›Für mich war klar, dass da etwas von außen elektrisch an- und wieder ausgestellt worden ist‹, erinnert sich R. Er habe schon damals den Verdacht gehabt, bestrahlt worden zu sein, die Ereignisse aber später verdrängt. Erst durch die jüngste Presseberichterstattung über den Verdacht der radioaktiven Verseuchung von Häftlingen zu DDR-Zeiten seien ihm die Vorfälle wieder ins Bewusstsein gekommen.«[101]

Danach kam die Springer-Zeitung auf Jörn Mothes zu sprechen. »Wie der Landesbeauftragte für die Unterlagen des Staatssicherheitsdienstes in Mecklenburg-Vorpommern, Jörn Mothes, auf Anfrage der *Welt* mitteilte, häufen sich in letzter Zeit ähnliche Berichte von ehemaligen Häftlingen der Rostocker Stasi-Haftanstalt. ›Die mir vorliegenden Hinweise beziehen sich vor allem auf vergleichbare Vorkommnisse in den 80er Jahren‹, sagte Mothes.

Diese Informationen seien von größerem Wert als die zum Teil sehr undeutlichen Erinnerungen, die ihm aus den 50er Jahren vorgetragen wurden, sagte Mothes. Im Fotoraum der Rostocker Anstalt seien in den 80er Jahren offenbar mehrfach Häftlinge gezwungen worden, stundenlang allein und ohne sich zu bewegen auf einem Stuhl vor einem verhängten Gerät zu sitzen, das Geräusche von sich gegeben habe, nachdem der Wächter den Raum verlassen hatte.

›Leider sind die Sanierungsarbeiten in der ehemaligen Rostocker Anstalt, die zu einer Gedenkstätte umgebaut wird, schon sehr weit fortgeschritten, so dass ich keine Möglichkeit mehr sehe, die Räumlichkeiten auf technische Installationen hin heute noch zu untersuchen.‹ Deshalb räumt Mothes auch einer Untersuchung des Wandgesteins auf Strahlenrückstände, wie sie jetzt in der ehemaligen Stasi-Haftanstalt Gera von der thüringischen Staatsanwaltschaft vorgenommen wurde, keine großen Chancen ein.

Mothes bittet alle ehemaligen Rostocker Stasi-Häftlinge, die sich an ähnliche Vorkommnisse erinnern, Kontakt mit ihm aufzunehmen.«

Dem Aufruf des Landesbeauftragten schien kein Erfolg beschieden und auch die Berichte »häuften« sich nicht mehr wie angeblich vordem.

Dafür stellte man den Fall eines Mannes heraus, der 1998 an einem Gehirntumor verstorben war. Jener Walter Gerber wollte mit einem selbstgebauten U-Boot über die Ostsee aus der DDR fliehen. Er unternahm dazu 1979/80 mehrere Anläufe, beim dritten Versuch war sein Gefährt von Urlaubern entdeckt und er ermittelt worden. 1984 wurde er aus dem Strafvollzug in die BRD entlassen, wohin ihm seine Familie folgte. Im Juni 1998, also 18 Jahre nach seiner Inhaftierung, verstarb Gerber an einem Gehirntumor.

In einem Internet-Blog wurde am 7. November 2009 Gerbers Geschichte aufbereitet. Sie erklärt, warum Gerbers Fall Eingang in die »Gedenkstätte« fand.

»Im Herbst 1995 existieren DDR und Staatssicherheit nicht mehr. Die Vergangenheit scheint Walter Gerber wieder einzuholen; dieses Mal jedoch ungleich härter: An einem ganz normalen Tag verliert Walter Gerber das Bewusstsein, als er mit Kollegen vom Mittagessen kommt. Die Ärzte finden keine Ursache. Einige Wochen später wird er erneut bewusstlos, man untersucht ihn genauer und diagnostiziert einen Gehirntumor.

Sofort denkt Walter Gerber an seine U-Haft in Rostock.

›Mein Vater erzählte aus der Zeit der Untersuchungshaft immer, dass sein schlimmstes Erlebnis war, als er in einen Raum geschlossen wurde, in dem er sich auf einen Stuhl setzen musste. Man sagte ihm, das sei der Fotoraum, in dem die Akte für ihn angelegt werden sollte. Die Angestellten verließen diesen Raum …‹

Frau Gerber erzählt weiter: ›Es wurde ihm gesagt, er hätte dort ganz still zu verharren. Es wurden Lampen auf ihn gerichtet, Knöpfe gedrückt und der Stuhl um 90 Grad gedreht.‹

›Er hatte immer das Gefühl, gleich ginge unter ihm eine Tür auf, und er würde für immer verschwinden‹, ergänzt Stefanie. ›Er wusste, dass irgendetwas mit ihm passiert, konnte das aber nicht näher definieren. Er hatte sehr starke Angst in dem Moment, den er im Nachhinein bei seinen Erzählungen immer als besonders schlimm herausgestellt hat.‹

Walter Gerber wusste, dass das, was da passierte, nicht normal war. Heute vermutet man, dass man politische Häftlinge damals mit Röntgenstrahlen bestrahlt hat. Ganz genau geht das aus den Stasiunterlagen aber nicht hervor.

Seine Frau versucht in der Folgezeit, Beweise für eine Verstrahlung ihres Mannes zu finden. Der langjährige Freund der Familie, Ulrich Chill, unterstützt sie dabei.

Chill arbeitet mittlerweile im Schweriner Sozialministerium, Abteilung Strahlenschutz und Gerätesicherheit in der Medizin. Er lässt den im Rostocker Gefängnis gefundenen Röntgenapparat testen: ›Ich habe die Dosisleistung des Gerätes DE36 mit einem Sachverständigen untersucht und festgestellt, dass die Anlage einen Menschen nicht körperlich schädigen kann. Ich weiß nicht, warum man das gemacht hat – vielleicht, um andere Versuche zu machen.‹

Weil auch in anderen Stasi-Gefängnissen Röntgengeräte gefunden wurden und Häftlinge erzählen, sie seien verstrahlt worden, ermitteln Staatsanwaltschaft und Landeskriminalamt.

Unterstützt werden sie vom Landesbeauftragten für die Stasiunterlagen in Mecklenburg-Vorpommern, Jörn Mothes. Er bestätigt Chills Gutachten: ›Es hat berechtigterweise immer wieder zu Spekulationen geführt, dass viele politische Häftlinge an verschiedenen, zum Teil seltenen Tumorarten erkrankt sind. Für die Röntgengeräte, die man noch finden konnte, kann ich schon aus technischen Grün-

Am 17. Juni 1998 starb Walter Gerber an einem seltenen Gehirntumor. Vermutlich ist er ein Strahlenopfer der Staatssicherheit.

Wider besseren Wissens wird der Verdacht genährt. Auch wenn mit »Vermutlich« die Behauptung relativiert wird, bleibt es dennoch eine Lüge

den ausschließen, dass die eingesetzt worden sein könnten, um Tumore bei Häftlingen auszulösen.

Ich weiß, dass dazu ermittelt worden ist. Sie müssen aber bedenken, dass Sie einen Anfangsverdacht nur dann haben, wenn Sie sowohl den Zeitpunkt als auch die Person, die das Röntgengerät missbräuchlich verwendet hat, konkret beschreiben können. Diesen Beweis zu erbringen, ist nahezu unmöglich.‹«[102]

An der Unkenntnis des Zeitpunktes und der Person, die für eine missbräuchliche Verwendung des Röntgengerätes verantwortlich gemacht werden kann, sollen die Ermittlungen letztlich gescheitert sein?

Ein Gerät, welches für einen ungefährlichen Anwendungszweck konstruiert wurde, müsste für missbräuchliche Verwendung in seiner Konstruktion so verändert werden, dass dabei Spuren entstehen, die bei Prüfung durch Experten nicht übersehen würden. Offensichtlich gibt es bei allen geprüften Geräten, auch dem in Rostock, keine solchen Feststellungen. Im vorliegenden Falle sind sogar die Personen namentlich bekannt, welche für die Verwendung des Gerätes zuständig waren. Ihre Namen stehen in jenem Brief vom 1. Dezember 1988. Hat man sie gesucht und befragt?

Falls ja: Weshalb machte man ihre Antworten nicht publik?

Aber auch so lässt sich Erhellendes feststellen: Alles deutet darauf hin, dass während Gerbers Untersuchungshaft das Durchleuchtungsgerät noch gar nicht in Rostock war. Und ferner: Das Gerät stand, als man es fand, nicht im Fotoraum – sondern es befand sich vom ersten Tag an im Erdgeschoss im Effektenraum der UHA.

Aus Platzgründen konnte der Fotodrehstuhl nicht im Einlieferungsbereich untergebracht werden, deshalb kam er in den dritten Stock des Zellenbaues. Im dortigen Raum 312 wurden auch die anderen erkennungsdienstlichen Maßnahmen vorgenommen. Das wusste Gerber, das weiß die Landesvertretung der BStU.

In einem ehemaligen Haftraum wird Gerbers Geschichte ausführlich dokumentiert. In einem Schülerprojekt wurde das von ihm gebaute U-Boot rekonstruiert. Medial verbreitete Mutmaßungen seiner Ehefrau und seiner Tochter über eine radioaktive Verstrahlung werden detailliert wiedergegeben, teilweise in der Ich-Form, so, als handele es sich um eigene Bekundungen von Gerber. Eingefügt sind markige Zwischentitel (»Von der Stasi verstrahlt?«).

Diese tendenziöse Darstellung, ja, Lüge soll die hinderlichen Ergebnisse juristischer und technischer Ermittlungen umschiffen. Was ist die Wahrheit, wenn der Zweifel erfolgreich gesät und dadurch die »öffentliche Meinung« hinlänglich beeinflusst werden kann?

Ließen sich nicht auf diese Weise alle U-Häftlinge des MfS, so sie von einer Krebs- oder anderer Krankheit jemals befallen wurden, zu »Strahlungsopfern« erklären? Das wäre zynisch und verhöhne die »Opfer«, wird es gleich wieder heißen. Hohn ist es, die Wahrheit zu verschweigen und stattdessen »Vermutungen« zu verbreiten.

* *Unter Mitarbeit von Oberstleutnant a. D. Gerhard Franke, Leiter der Abteilung XIV, und Oberstleutnant a. D. Bernd Plässer, stellvertretender Leiter der Abteilung XIV der Bezirksverwaltung Rostock des MfS*

*2.6 U-Haftanstalt Erfurt – neue Strategien?**

Noch im Jahre 2000 wurden Teile der ehemaligen Untersuchungshaftanstalt des MfS in Erfurt als JVA genutzt. Am 17. Juni 2012 (sic!) öffnete die jüngste Einrichtung zur »Aufarbeitung der kommunistischen Diktatur«.

Zehn lange Jahre ging man damit schwanger, was nicht unbedingt auf Tiefgründigkeit und Komplexität der intellektuellen Vorbereitung zurückzuführen war, sondern auf die Grabenkämpfe der beteiligten Institutionen, Vereine und Dienststellen. Es ging, wie stets, um die Verteilung der Gelder, um Einfluss und Profil, und weniger um Inhalte. Wobei natürlich auch mit der Macht die Möglichkeit wächst, die eigenen Intentionen und Inhalte besser durchsetzen zu können.

Anfang 2010 besetzten Mitglieder des Vereins »Freiheit e. V.« die ehemalige UHA, um ihre Forderung nach Trägerschaft für die künftige »Gedenkstätte« durchzusetzen. Unterstützung kam von der Landesvertretung der BStU und dem »Verein Opfer des Stalinismus (VOS)«. Nach staatlicher Zusage eines Mitspracherechtes bei der personellen Besetzung der Leitung der zukünftigen »Gedenkstätte« sowie der Zuweisung eines Budgets für eigene Aktivitäten, zogen sich die Besetzer im Februar 2010 zurück.[103]

Im Juni 2010 brachte der VOS eine Dienstaufsichtsbeschwerde gegen die Thüringer Landesbeauftragte für die Stasi-Unterlagen auf den Weg, weil diese angekündigt hatte, gegen das Ausstellungskonzept für die geplante »Gedenkstätte« stimmen zu wollen, da dieses der allgemeinen Diktatur-Geschichte mehr Platz einräume als den Schicksalen der Opfer. Das Haftthema werde marginalisiert.

In ihrer Begründung griff Hildigund Neubert, seit 2003 Landesbeauftragte des Freistaats, den zuständigen Staatssekretär der Landesregierung und den Bundesvize des VOS persönlich an.[104]

Im Gegenzug beklagte Joachim Heise, Vorsitzender von »Freiheit e. V.« (in dessen Vorstand auch die Landesvertretung der BStU integriert ist) in einer Rund-Mail, dass ein Mitglied der AG Konzept Andreasstraße von der Staatssicherheit verpflichtet gewesen sei, was durch das Bekanntwerden der »Gedenk- und Bildungsstätte« einen immensen ideellen Schaden zugefügt habe. Gemeint war die Erfurter Bezirksvorsitzende des VOS Erfurt, Ingrid Renten.[105] Daraufhin hatte der Bundesvorsitzende des VOS sich von Heise distanziert und erklärt: »Keine weitere Zusammenarbeit ohne Entschuldigung«.

Wohin der personelle Hickhack führen wird, ist – im Unterschied zur politischen Strategie der »Aufarbeiter« – offen. Wohin diese Reise gehen wird, ist absehbar. Eine sachliche, realistische Auseinandersetzung mit der Geschichte ist nicht zu erwarten. Es ist schließlich auch nicht der politische Auftrag des »Gedenk- und Lernorts«.

Das Netzwerk und die Knotenpunkte im Land Thüringen

Um aus den sich widersprechenden Vorstellungen der miteinander streitenden Organisationen und Einrichtungen ein kompromissfähiges Gesamtkonzept zu erstellen, beaufragte das Kultusministerium des Landes Thüringen Stefanie Wahl, eine Ausstellungsgestalterin aus Berlin, mit dieser Aufgabe.

Ihr am 11. Mai 2011 mit dem Titel »Gedenk- und Lernort Andreasstraße Erfurt« präsentierter und vom Stiftungsrat am 15. Juni 2011 mit einer Gegenstimme als verbindlich angenommenes Konzept beendete die Querelen nicht. Es wurde weiter gestritten und diskutiert.

Was ergibt sich aus diesem Konzept?

Zunächst einige Zitate.

»[...] Es fehlt an eigenen Archivalien und Magazinbeständen, die im Laufe der Entstehung des Gedenk- und Lernortes erst neu aufgebaut, entliehen, angekauft werden müssen. Das eröffnet zugleich aber auch die Chance, dabei den aktuellen Stand der Forschung zur Aufarbeitung der SED-Diktatur zugrunde zu legen. [...]«

»Archivalien« neu aufbauen erinnert an die Folterzellen im Gruselkabinett in Berlin-Hohenschönhausen. Belegt ist im Konzept auf Seite 27, dass die Verfasserin in der dortigen »Gedenkstätte« sowie in der »Lindenstraße« in Potsdam Studien betrieben und Fotos gemacht hat. Für Entleihen oder Ankaufen gibt es bisher keine Vorbilder. Möglicherweise setzt man hier darauf, dass die weitere »Forschung« beliebig einsetzbare »Archivalien« entwickeln könnte.

»Unterschiedliche Gruppen (Schülergruppen, studentische Seminargruppen, Teilnehmer der politischen und kirchlichen Jugend- und Bildungsarbeit, Gemeindegruppen, Bundeswehr, Polizei) kommen ›organisiert‹ an diesen Ort.« Auch keine neue Idee, sie wird seit Jahren in allen »Gedenkstätten« der »Diktatur-Aufarbeitung« praktiziert. So werden beachtliche »Besucherzahlen« generiert und in Statistiken für die Geldgeber verarbeitet.

»Wer heute Abitur macht, ist im vereinten Deutschland geboren. Wer 2012 Abitur macht, ist zehn Jahre nach der Deutschen Einheit in die Schule gekommen. Das heißt für heutige Konzeptionen und Präsentationen, dass sie nicht mehr auf biografisch erworbene Kenntnisse bauen können.« Ersetzt man in diesem Zitat »können« durch »brauchen«, offenbaren sich die Möglichkeiten, auf welche die Meinungsmacher für weiterführende Demagogie setzen. Wer die Wahrheit nicht kennt, kann Lügen nicht erkennen.

In keiner der bisher zu »Gedenkstätten« umfunktionierten ehemaligen UHA des MfS ist das Spektrum der Delegitimierung der DDR so breit gefasst wie in Erfurt. Die programmatischen Schwerpunkte sind auf Seite 21 der Konzeption dargestellt:

»Die vertiefenden thematischen Diskussionen in der Projektgruppe ergaben folgende Ausstellungsthemen:

1. Diktaturgeschichte der SBZ/DDR im Überblick
2. Jugend in der SED-Diktatur
3. Repression, politische Verfolgung, Strafjustiz, Haft
4. Das MfS – Schild und Schwert der Partei
5. Opposition, Widerstand und Friedliche Revolution

Das Thema Alltag in der Diktatur soll dabei in allen Ausstellungsthemen mitlaufen und der Thüringenbezug – soweit sinnvoll und möglich – ebenfalls hergestellt werden.«

Auf den Seiten 21 und 22 des Konzeptes finden sich Visionen zum U-Haftvollzug: »Im zweiten Obergeschoss begegnet dem Besucher der authentische Ort pur, ohne Überformungen, ohne Ausstellungstafeln. Als ein begehbares Objekt bleibt die gesamte Etage im derzeitigen Zustand. Sie vermittelt so die Unterdrückung Tausender Menschen in ihrer ortsgebundenen Geschichte der U-Haft in der Andreasstraße. Ein langer Gang, viele Zellentüren mit Spionen und Klappen. Gang und Zellen im authentischen Zustand, manche mit Toilettenbecken, manche mit Spiegeln, manche mit mehreren inzwischen frei gelegten Anstrichen und Tapeten. Und eine mit Gittern, die die ohnehin schon enge Zelle noch einmal in zwei Bereiche teilen.«

Räume, die vermutlich mehr als zwanzig Jahre dem Verfall preisgegeben waren oder anders genutzt wurden, als authentisch auszugeben, zeugt nicht von Realitätsbewusstsein. Immerhin scheint es in den Jahren davor Pflege und Wartung im Gebäude gegeben zu haben, wie die »inzwischen freigelegten Anstriche und Tapeten« schlussfolgern lassen.

Interessant wäre zu erfahren, wofür die durch ein Gitter in zwei Bereiche geteilte Zelle früher gedient hat oder ob es sich dabei um eine gestalterische Vision als Ersatz für nicht vorhandene Folterzellen handelt?

Auf Seite 30 findet sich folgende Aussage: »Die Arbeit und die Zielstellung derjenigen MfS-Abteilungen, die in der Untersuchungshaftanstalt zum Einsatz kamen, werden hier ebenso darzustellen sein wie ihre Funktionäre und Verantwortlichen, die die Täterperspektive in die Darstellung einbringen.«

Offenbar folgt das 106 Seiten umfassende Konzept hier dem Beispiel des »Roten Ochsen« in Halle (*siehe Kapitel 2.2*), wo Mitarbeiter des Untersuchungsorgans ohne Rechtsgrundlage als Täter kriminalisiert werden.

Diese Annahme wird durch Ausführungen auf Seite 31 gestützt: »U-Haft-typische Schikanen wie Einzelhaft, stundenlange Verhöre (auch nachts), Isolierung und Schlafmangel, Informationssperre für Häftlinge, denen jeglicher Kontakt nach außen untersagt werden konnte, sollen vorrangig durch Selbstzeugnisse von ehemaligen Häftlingen dargestellt und ihre Wirkung auf den Einzelnen vermittelt werden, die in Form von Folgeschäden bis heute anhalten kann.«

Schikanen vorrangig durch Selbstzeugnisse darstellen, diesem Gedanken folgt das Konzept auch auf Seite 59. Dort heißt es zum Thema Einzelschicksale: »In den Biografien schlagen sich die eigenen individuellen Entscheidungen und

Absichten ebenso nieder wie das Eingreifen durch Machtinstrumente der SED-Diktatur. Die Zeitzeugen würden über ihre Verortung in einzelnen Ereignissen hinaus hier mit ihrer gesamten Biografie in Bildern, Texten, Dokumenten und Objekten räumlich präsent sein. [...]

Die Biografien sollten zeitlich über die DDR-Zeit gestreut sein, sollten unterschiedliche Konfliktsituationen mit dem SED-Regime aufweisen und eine Ausgewogenheit im Geschlechterverhältnis haben. Exemplarische Biografien ehemaliger Häftlinge werden hier einen wesentliche Anteil haben. [...]

Eine Auswahl sollte nach eingehender Recherche ausführlich diskutiert werden. Die Anzahl könnte sich auf ca. 10 bis 12 Biografien belaufen.«

In Fußnoten sowie im Text zum Thema Zeitzeugen finden sich im Konzept vom 11. Mai 2011 wiederholt Hinweise zur zentralen Rolle der Thüringer Landesvertretung der BStU, etwa auf Seite 85: »Darüber hinaus arbeitet die TLSTU in ihrer laufenden Arbeit mit vielen Zeitzeugen zusammen. Eine Auswertung dieser Zeitzeugeninterviews für die Ausstellung ist wünschenswert.«

Erinnert werden soll in diesem Zusammenhang daran, dass die Thüringer Landesbeauftragte Hildigund Neubert in der *Ostthüringer Zeitung* vom 18. Februar 2011 die Auffassung vertrat, »dass nur emotional gestütztes Lernen prägend und wertebildend sein kann«.

Welche Emotionen in ehemaligen Untersuchungshaftanstalten des MfS vermittelt werden sollen, ist in vorangehenden Kapiteln sichtbar geworden.

Damit erschöpfen sich die Überlegungen zur Darstellung der Tätigkeit der für den U-Haftvollzug sowie die Untersuchung von Straftaten zuständigen Diensteinheiten XIV und IX des MfS im Bezirk Erfurt.

Welche Schlussfolgerungen ergeben sich in Bezug auf den Charakter des geplanten »Gedenk- und Lernortes Andreasstraße Erfurt«? Er ist ein weiterer Knotenpunkt zur Delegitimierung der DDR im Netzwerk der Meinungsmacher, welcher mit Steuergeldern finanziert wird. Seine Konturen folgen den seit zwanzig Jahren entwickelten Klischees.

Methodisch setzen die Meinungsmacher weiterhin auf pauschale Behauptungen von »Zeitzeugen«, deren Motivation durch die persönliche Teilhabe an der Meinungsmache und oft von der Sicherung der eigenen Existenz bestimmt ist. Auch für diese »Zeitzeugen« steht die Forderung, ihre MfS-Akten vollständig der Öffentlichkeit zugänglich zu machen.

In der DDR rechtskräftig verurteilte Terroristen, Spione, Saboteure, Menschenhändler und andere von außerhalb der DDR gesteuerte Täter, wurden nach 1989 rehabilitiert. Sie gelten als unschuldig. Unter Berufung auf die Annullierung ihrer Urteile spricht man nur noch von »angeblicher Spionage«, »konstruierte Anklagen«, von »Schauprozessen« und dergleichen.

Warum bestimmt dann aber der § 37 des Stasi-Unterlagen-Gesetzes die Geheimhaltung aller Materialien, welche die Aktivitäten bundesdeutscher und westlicher Geheimdienste betreffen, wenn es von diesen keine Angriffe, keine Spionage, keine Sabotage etc. gegeben haben soll?

Auch aus den in Erfurt geführten Ermittlungsverfahren ergäbe sich ein sachliches Bild über die Tatsache, dass sich die DDR in der gesamten Zeit ihrer Existenz gegen von außen gesteuerte, nicht selten äußert gefährliche, Angriffe zur Wehr setzen musste. Für jeden nüchtern denkenden Menschen könnte dies Grund sein, die Frage nach dem Verhältnis von Aktion und Reaktion im Kalten Krieg zu stellen. Zum Beispiel dürften greifbare Planungen und Vorbereitung zur Sprengung von Brücken und Talsperren, mit dem Ziel, die gesellschaftlichen Verhältnisse in der DDR zu destabilisieren, auch heute nicht auf Zustimmung in der Öffentlichkeit stoßen.

Ein objektives Bild würde sich aus diesen Materialien auch über die Arbeitsmethoden des Untersuchungsorgans (Linie IX) und die für den U-Haftvollzug zuständige Linie XIV in Erfurt ergeben.

Die Verfasser des Stasi-Unterlagen-Gesetzes haben offenbar vorausschauend gedacht und eine Geheimhaltungsklausel für Tatsachen festgelegt, welche für die Meinungsmacher gefährlich werden könnten.

Nur Vorgänge, die zur Diffamierung der Rechtsprechung in der DDR geeignet erscheinen, werden in den zu »Gedenkstätten« umfunktionierten UHA des MfS zugelassen. Diese Zielstellung widerspiegelt sich auch im Konzept für den »Gedenk- und Lernort Andreasstraße« in Erfurt.

Wie selektiv die Meinungsmacher agieren, zeigt sich besonders beim Thema strafrechtliche Verfolgung von Nazi- und Kriegsverbrechen. In keiner zu »Gedenkstätten« umgewandelten, UHA des MfS finden sich dazu Informationen, geschweige denn Präsentationen geeigneter Vorgänge. Selbst die Tatsache, dass die in der DDR verurteilten Täter nach 1989 nicht rehabilitiert wurden, wird verschwiegen. Auch in Erfurt, wo im Zeitraum von 1954 bis 1980 insgesamt 22 derartige Vorgänge bearbeitet wurden, findet sich dazu kein Hinweis. Nicht mal »Schikanen und Repressionen« hat es bei dieser Tätergruppe offenkundig nicht gegeben.?

Diese bewusste Selektion dient dem Diktaturenvergleich zwischen der DDR und dem Faschismus. Jeder Hinweis auf eine antifaschistische Haltung der DDR und ihren Kampf gegen den Nazismus wird bewusst ausgeblendet.

* *Unter Mitarbeit der Leiter der Abteilung IX der Bezirksverwaltung Erfurt: Oberst a. D. Rolf Boller (von 1959 bis 1971) Oberstleutnant a. D. Werner Würz (1971 bis 1978), Oberstleutnant a. D. Paul Freytag (1978 bis 1982) und Oberst a. D. Jürgen Wagner (bis 1989)*

3. Strategien und Methoden der staatlich organisierten Jäger und Treiber

Würde die Entwicklung der Strafverfolgung in der DDR etwa in Fünfjahres-Zeiträumen untersucht, gewönne man nicht nur einen Überblick über die Kategorien der verfolgten Straftaten, die Zuständigkeit und Methoden der Untersuchungsorgane, die Rolle der Staatsanwaltschaften, Gerichte und Rechtsanwälte sowie den Einfluss gesellschaftlicher Kräfte, z. B. Vertreter von Kollektiven, Konfliktkommissionen u. a. im Prozess der Rechtspflege in der DDR, in ihrem historischen Kontext. Man würde auch deutlich die Entwicklung der Gesellschaft in diesen Bereichen erkennen. Die DDR in den 50er Jahren war eine andere als in den 80er Jahren. Der Kalte Krieg tobte immer, aber er war wenige Jahre nach dem Krieg heißer als in den 70er Jahren, als die DDR in der UNO saß, zu über hundert Staaten diplomatische Beziehungen unterhielt und in unzähligen internationalen Organisationen ein geachtetes Mitglied war.

Niemand, nicht einmal in der Bundesrepublik, schwätzte man von »Unrechtsstaat« und »Diktatur«. Als Helmut Schmidt 1980 Honecker am Werbellinsee traf, entschlüpfte ihm gar »verehrter Freund«.

Als strafprozessuales Zwangsmittel ist die U-Haft generell und überall mit einschneidenden Beschränkungen der persönlichen Freiheit verbunden. Hinzu kommt, dass aus psychologischer Sicht Empfindungen eines Menschen nicht streitbar sind. Jeder Mensch empfindet die Bedingungen anders, denen er während einer Haft unterworfen wird. Das Wissen darüber war Bestandteil der Ausbildung und Erziehung der Mitarbeiter des Untersuchungsorgans, um ihnen bewusst zu machen, dass ihr persönliches Verhalten gegenüber U-Gefangenen Auswirkungen bis hin zum internationalen Ansehen der DDR habe. Dieses Moment nahm noch zu, als die DDR Strafgefangene in den Westen abschob und sich im Gegenzug die Ausbildung refinanzieren ließ. In der Bundesrepublik konnte jeder Ex-Häftling nicht nur in der Erfassungsstelle Salzgitter, sondern auch in jeder Zeitung berichten, was ihm im DDR-Strafvollzug widerfahren war. Auf diese Weise wurde sofort jede Gesetzesübertretung, jeder Übergriff, jede Schikane publik. Also durften sie nicht stattfinden! Außerdem fanden seit etwa Mitte der 70er Jahre Gespräche von Mitarbeitern konsularischer Vertretungen der Bundesrepublik und anderer Staaten mit inhaftierten Bürgern ihrer Staaten statt. Kurzum: Der Umgang der DDR mit ausländischen Untersuchungs- und Strafgefangenen stand unter intensiver internationaler Kontrolle, seitdem der Staat zur UNO gehörte und international anerkannt war.

Die Konzepte zur Kriminalisierung des MfS und seines Untersuchungsorgans lassen diese Gegebenheiten bewusst außer Acht und setzen darauf, dass Bekundungen ehemaliger Gefangener über ihre *Empfindungen* nicht widerlegt werden können. Selbst wenn man die Frage ausklammert, ob und welche Absichten hinter derartigen Bekundungen stecken, so bleibt die Tatsache, dass auch das Erinnern ein komplexer psychischer Vorgang ist, der von zahlreichen nach dem Erlebten eingetretenen Umständen ebenso beeinflusst wird wie von aktuellen Bedingungen zum Zeitpunkt der Äußerung.

Ausgeblendet wird in diesem Zusammenhang weiterhin, dass bereits mit dem Entschluss zum Handeln ein Straftäter sich über die mögliche Konsequenz einer Inhaftierung bewusst ist. In Fällen des Erzwingens der Ausreise aus der DDR wird diese Konsequenz direkt angestrebt. Gedanken an eine Inhaftierung sind folglich evident im Denken der Betroffenen, nicht selten sammeln sie zielgerichtet Informationen darüber, was sie gegebenenfalls erwartet.

Bewiesen ist auch, dass Menschen ihre ursprünglichen Empfindungen im Nachhinein anders darstellen können. Dafür gibt es vielfältige Motive, z. B. die eigene Rolle positiv zu präsentieren, sich einer Gruppe Betroffener zuordnen zu wollen, Rachegedanken, politisches Kalkül oder Streben nach materiellen Vorteilen.

Deshalb muss es erlaubt sein, Schilderungen über Hafterlebnisse in den zeitlichen Kontext gesellschaftlicher und politischer Zusammenhänge zu stellen, ohne sich damit dem Vorwurf auszusetzen, man wäre zynisch und verhöhne die Opfer. Aber nur auf diese Weise sind Schuldvorwürfe sachlich zu prüfen und zu beurteilen.

Dadurch würde ein historisch-realistisches Bild über die Entwicklung der Haftbedingungen in Untersuchungshaftanstalten des MfS und deren generelle Auswirkungen auf die U-Gefangenen sowie die Methoden der Untersuchungstätigkeit entstehen.

Es ist nicht die Mehrheit von U-Haft Betroffener, vielmehr sind es die Netzwerke zur Delegitimierung der DDR, die das MfS um jeden Preis kriminalisieren, und sich dabei abhängiger Opferverbände und anderer Einrichtungen, insbesondere der zu »Gedenkstätten« umfunktionierten ehemaligen U-Haftanstalten des MfS, bedienen.

Eine aufmerksame Beobachtung öffentlicher Auftritte in Talkshows, bei »Stasi-Debatten« in den Länderparlamenten, bei Buchvorstellungen ehemaliger Mitarbeiter des MfS sowie die Inhalte diffamierender Presseinformationen und demagogischer Publikationen erlaubt es, die wenigen stets aktiven Protagonisten zu benennen. Es sind Vertreter der Bundesbehörde für die Stasi-Unterlagen und der zu

»Gedenkstätten« umgewandelten U-Haftanstalten des MfS, Exponenten von staatsnahen Opferverbänden, der Stiftung zur »Aufarbeitung der SED-Diktatur« und anderer Knotenpunkte der Netzwerke der Meinungsmacher. Namen wie Birthler, Eppelmann, Gauck, Knabe, Jahn, Zahn, um nur einige wenige zu nennen, die zudem noch durch Vorstands- oder Beiratsposten in jeweils anderen Knotenpunkten verankert sind, tauchen wieder und wieder in solchen Zusammenhängen auf. Hinzu kommen als »Referenten« tätige und honorierte »Zeitzeugen« aus jenen Einrichtungen. Sie agieren als Lanzenträger und Statisten, einige gar als Laienschauspieler.

3.1 Folterbehauptungen

In Fortsetzung alter Konzepte konzentrierten sich die Meinungsmacher nach der Liquidierung der DDR zunächst auf Behauptungen über physische Folter. Sie sprachen von »roter Gestapo«.[106] Die in den Medien präsentierten vermeintlichen Folteropfer verschwanden jedoch bald in der Versenkung, weil sich dafür in den Akten und auch sonst keine gerichtsverwertbaren Beweise fanden.

Ihr Dilemma belegt die Drucksache 16/7493 des Deutschen Bundestages aus dem Jahre 2007. Dabei handelt es sich um eine Stellungnahme des Petitionsausschusses zum Thema unbewiesene Folterbehauptungen. »Sofern die mit der Petition begehrte Feststellung mit dem Ziel erfolgen soll, nicht bewiesene Behauptungen über Folter […] zu entkräften, hält der Ausschuss diese Zielsetzung insbesondere im Hinblick auf die Opfer des DDR-Unrechts für untragbar«, heißt es dort, womit zunächst die Fragesteller kritisiert wurden, um dann einzuräumen: »Es ist eine historische Tatsache, dass in der DDR zumindest in Einzelfällen […] Gefangene misshandelt worden sind.«

»Zumindest in Einzelfällen« – was weder eine qualitative noch eine generelle Feststellung darstellt – bildet allenfalls das Feigenblatt für die unzutreffende Behauptung, in der DDR sei gefoltert worden.

Gleichwohl stellt diese Aussage die höchst amtliche Bestätigung dar, dass es in der DDR nur »in Einzelfällen« zur Misshandlung von Gefangenen gekommen sei. Das lässt sich auch über die Justizvollzugsanstalten der Bundesrepublik sagen.

Im »Salzgitter-Report« von 1991, einem zusammenfassenden Bericht über die Meldungen an die Zentrale Erfassungsstelle der Länderjustizverwaltung, heißt es – unter Hinweis auf mögliche fragwürdige Sachdarstellungen –, dass es 265 Körperverletzungen und etwa 2.000 Misshandlungen in Strafvollzugseinrichtungen der DDR gegeben habe.[107] Die Autoren Heiner Sauer und Hans-Otto Plumeyer machen aber auch klar, das davon U-Haftanstalten und untersuchungsführende Abteilungen des MfS ausgenommen sind. Nicht ein einziger der genannten Fälle trug sich in diesem Bereich zu.

Durch einen Kunstgriff hoffte man dieses offenkundige Dilemma zu überwinden. Aus der physischen Folter, die nicht nachzuweisen war, wurde die psychische Folter, die auch keine Spuren hinterließ, aber ebenso unmöglich zu widerlegen war (und ist). Die theoretische Grundierung für diese Anschuldigungen lieferte 1997 Hans-Eberhard Zahn mit seiner Publikation »Haftbedingungen und Geständnisproduktion in den Untersuchungs-Haftanstalten des MfS«, die vom Berliner Landesbeauftragten für die Stasi-Unterlagen gefördert wurde. Zahn, Jahrgang 1928, studierte an der Freien Universität Berlin Psychologie und Philosophie und wurde laut Web-Side der »Gedenkstätte« Berlin-Hohenschönhausen im September 1953 vom Stadtgericht Berlin »u. a. wegen Militärspionage« zu sieben Jahren Freiheitsentzug verurteilt. Nach seiner Entlassung im November

Hans-Eberhard Zahn (l.) und Herbert Kierstein nach einer Buchvorstellung in der jW*-Ladengalerie am 4. März 2010*

1960 schloss er sein Psychologiestudium an der FU Berlin ab. Zahn ist bekennender Antikommunist und Beiratsmitglied der »Gedenkstätte« Berlin-Hohenschönhausen. Seit 2001 führte er Besuchergruppen. Trotz wiederholter Bitten konnte sich Hans-Eberhard Zahn bis dato nicht entschließen, eine sachliche Diskussion unter Einbeziehung seiner Haftakten zu führen. Die würden nämlich deutlich machen, dass er als Untersuchungsgefangener diese U-Haftanstalt nicht kennengelernt hat.

Im Vorwort von Zahns Publikation schrieb Falco Werkentin, ein Mitarbeiter der BStU: »In Rehabilitierungsverfahren kaum noch strittig ist die Tatsache, dass das MfS in den 50er Jahren, insbesondere in der Zeit bis zum kurzen ›Tauwetter‹ des Jahres 1956, auch mit massivem physischen Druck, mit Prügel und Todesdrohungen, vorgegangen ist, um Geständnisse zu erpressen. Doch in dem Maße, in dem das MfS im Regelfall nur noch auf der Klaviatur psychischen Drucks spielte, um Aussagen zu erpressen, tun sich manche Rehabilitierungsgerichte schwer, wenn heute Antragsteller im Rehabilitierungsverfahren erklären, unter Druck wahrheitswidrige Aussagen gemacht zu haben.« Damit wird bereits der Paradigmenwechsel beim Folterwurf angedeutet.

»Zur Perfektionierung des psychologischen Drucks in Vernehmungssituationen forschten die ›Gelehrten‹ einer ganz speziellen Hochschule – jene vom MfS betriebene ›Juristische Hochschule‹ in Potsdam-Eiche. Hier erhielten MfS-Vernehmer ihren Schliff, um auf elegantere Weise als mit der groben Faust Verhaftete dazu zu bringen, sich selbst zu belasten.

Die psychologischen Grundmuster gehen indessen, wie der Beitrag von Zahn und die Häftlingsberichte ausweisen, auf die 50er Jahre zurück. Wir, und damit auch jene Juristen, die als Richter oder Staatsanwälte sich mit Rehabilitierungsfällen zu befassen haben, müssen also davon ausgehen, dass auch noch in den 70er und 80er Jahren gerade in den vom MfS vorbereiteten politischen Strafverfahren mit Aussageerpressungen operiert wurde, den Sachverhaltsschilderungen in den Urteilen der DDR-Justiz einschließlich schriftlicher Geständnisse in den MfS-Unterlagen mit großer Skepsis zu begegnen ist.«

Neben der Belehrung der bundesdeutschen Justiz werden hier zwei separate Botschaften vermittelt. Erstens, bei Beweisnot zur physischen Folter in den 50er Jahren sollte mutig von Behauptungen psychischer Folter Gebrauch gemacht und umgekehrt die physische Folter auch in den 70er und 80er Jahren ins Spiel gebracht werden, wenn Thesen über psychologische Folter nicht erfolgversprechend sind. Zweitens, die Vernehmer wurden durch die Juristische Hochschule des MfS für die Anwendung psychologischer Folter speziell geschult.

Anzumerken ist hier, dass an der erwähnten Hochschule – geschätzt – etwa 40 Prozent der Vernehmer tatsächlich studiert hatten.

Zahn schrieb in seinem Text nun: »Auf der Suche nach solchen DDR-internen Vernehmungsrichtlinien bin ich auf zwei geheime sogenannte Dissertationen der ›Juristischen Hochschule‹ des Ministeriums für Staatssicherheit der DDR in Potsdam-Eiche gestoßen. [...] Die Titel der beiden ›Dissertationen‹ weckten in mir hohe Erwartungen. Sie heißen: ›Zur Herbeiführung der Aussagebereitschaft von Beschuldigten durch Untersuchungsführer des MfS. Untersucht an Ermittlungsverfahren gegen DDR-Bürger, die der Spionagetätigkeit beschuldigt wurden‹ und ›Die weitere Vervollkommnung der Vernehmungstaktik bei der Vernehmung von Beschuldigten und bei Verdächtigenbefragungen in der Untersuchungsarbeit des MfS‹.

Ich hoffte ja doch, in ihnen Aufschlüsse über die Grundlagen jener besonderen Vernehmungstaktik zu finden, die man zum Beispiel auf mich, wenn auch von heute aus gesehen in grauer Vorzeit, angewendet hatte. [...] Um es gleich zu sagen: Ich habe nichts, fast nichts, gefunden. In diesen dickleibigen Wälzern liest man Ähnliches wie diese Tiraden, die man etwa aus vierseitigen Honecker-Reden im *Neuen Deutschland* kennt. Ich habe mich überwunden, mich durch solche Bleiwüsten regelrecht hindurchzukämpfen. Dabei begegnete ich furchtbar vielen Phrasen, Leerformeln, sehr ausgeprägtem Partei-Chinesisch – aber relativ wenig Substanz.«

Wenn Zahn Recht hat – und gewiss geht er mit seinem Urteil über Sprache und Lesbarkeit dieser Arbeiten so wenig fehl wie in der Feststellung, er habe nicht gefunden was er suchte: nämlich Belege für die Anleitung von Vernehmern, wie diese psychologisch geschickt Aussagen erpressen sollten –, dann widerspricht er damit dem Vorwortautor Werkentin ebenso wie der von ihm kolportierten These.

Das aber geht wohl Zahn denn doch zu weit, weshalb er nicht ungeschickt, gleichwohl demagogisch eine Volte schlägt. »Wenden wir uns also weg von diesen Elaboraten und überlegen uns: Wie müsste ein psychologisch ausgebildeter Vernehmer handeln, damit er mit möglichst geringem Aufwand einen möglichst großen Ertrag erzielen kann? Ertrag ist für den Vernehmer als höchstes Gut die ›Aussagebereitschaft‹ des Häftlings.

Dieser Begriff kommt in den Dissertationen einige tausend Male vor. Wir können uns jetzt etwas konkreter die folgende Frage stellen: Wie muss die Welt eines Untersuchungshäftlings gestaltet werden, damit der Vernehmer möglichst viel an Geständnissen oder Selbstbezichtigungen aus ihm herausholen kann?«

Diese Fragestellung verdreht die Tatsachen. In den von Zahn kritisierten Promotionsarbeiten geht es immer um die Bereitschaft zu *wahrheitsgemäßen Aussagen*. Das ist etwas anderes als ein Geständnis oder eine Selbstbezichtigung, da nämlich im Fall tatsächlicher Unschuld oder entlastender Umstände die Aussagen auch dazu wahrheitsgemäß sein sollen.

Was Hans-Eberhard Zahn geflissentlich ausblendet, ist die Tatsache, dass es in der Praxis der Untersuchungsarbeit natürlich auch falsche Geständnisse gab, die aber in der Regel nicht durch das Untersuchungsorgan veranlasst wurden. Falsche Geständnisse gefährdeten die Objektivität der Aufklärung von Straftaten, sie konnten das Ansehen des Untersuchungsorgans schwer schädigen. Beispiel: Ein technischer Mitarbeiter des zentralen Parteiapparates der SED wurde wegen Missbrauchs seiner Funktion für Diebstahl und umfangreichen kriminellen Gelderwerbs inhaftiert. Er legte ein falsches Spionagegeständnis ab und spekulierte darauf, dass das MfS damit bei der Parteiführung hausieren gehe. Als Reaktion erwartete er eine Befragung durch einen Vertreter des ZK der SED, bei der er seinen Widerruf an den Mann bringen wollte. Er rechnete damit, dass im Ergebnis des von ihm verursachten Skandals die kriminellen Straftaten gleichsam unter den Tisch fallen würden und er straffrei ausgehen würde. Überprüfungen dieses Geständnisses führten zu einem Buch, dessen Inhalt der Beschuldigte für seine Aussagen benutzt hatte. Die Nummer platzte.

Der Vollständigkeit halber sei an dieser Stelle noch erwähnt, dass § 23 der Strafprozessordnung der DDR in Absatz 2 ausdrücklich bestimmte: »Kein Beweismittel hat eine im Voraus festgelegte Beweiskraft. Das Geständnis des Beschuldigten oder des Angeklagten befreit das Gericht, den Staatsanwalt und die Untersuchungsorgane nicht von der Pflicht zur allseitigen und unvoreingenommenen Feststellung der Wahrheit im Strafverfahren.«

Zahn führt weiter aus: »Zur Beantwortung stehen uns jetzt einige Werkzeuge zur Verfügung, die physische Folter im engeren Sinne, also etwa Schläge oder Hunger, weitgehend entbehrlich machen. Weil die DDR ja schließlich als ein richtiger ›normaler‹ Staat anerkannt sein wollte, sollte das Untersuchungsverfahren ›human‹ sein und allein mit der – im übrigen viel wirksameren – psychischen Folter arbeiten.«

Es geht also nicht mehr um eine tatsächlich erfolgte Ausbildung der Untersuchungsführer des MfS, sondern um die Vorstellung Hans-Eberhard Zahns, wie psychologische Folter ins Spiel gebracht werden könnte.

Sein Fundament sind zwölf Thesen, in denen Demagogie mit Wahrheit vermischt sind, die ihren Weg machten. Seit geraumer Zeit umfasst das Vokabular der von den Medien verbreiteten Beschreibung psychischer Folter durch das MfS, bezogen auf Erlebnisse während der U-Haft, meist stereotype Schlagworte. Diese werden bei jeder beliebigen Gelegenheit mit der Phrase »als bewiesen gilt« zum Einsatz gebracht. Eine Übereinstimmung mit den Thesen von Zahn ist nicht zu übersehen. Selbst das *Neue Deutschland* verbreitete damit verbundene Diffamierungen des Untersuchungsorgans.[108]

Erste These: »Man trenne den Verhafteten schlagartig aus seiner Normalwelt heraus und versetze ihn in eine extreme Gegenwelt. Die ihm damit unvermittelt aufgezwungene Veränderung seines Adaptationsniveaus versetzt ihn in einen Ausnahmezustand, der in der sofort anzusetzenden ersten Vernehmung ausgenutzt wird, indem man den Häftling mit den schwersten, oftmals absurden,Anklagen konfrontiert. In dieser Schocksituation haben sich Nachtvernehmungen für den Vernehmer oft als hilfreich erwiesen, weil der Häftling durch systematischen Schlafentzug zusätzlich geschwächt und damit wehrloser gemacht wird.«

Diese Behauptung widerspiegelt sich medial beispielsweise so: Kidnapping, oft mitten aus dem Leben, gefolgt von nicht nachprüfbaren, Geschichten zu überraschend erfolgten Festnahmen.

Das Überraschungsmoment gehört in jedem Land der Welt zur Taktik bei einer Festnahme.

Nicht selten wird auch der Begriff Nachtvernehmung benutzt. § 106 der Strafprozessordnung der DDR schrieb im Absatz 1 zwingend vor, welche Angaben das Protokoll über eine Vernehmung zu enthalten hat. An erster Stelle, Ziffer 1, steht: Ort, Zeit und Dauer der Vernehmung. Jedes Vernehmungsprotokoll enthielt folglich Zeitpunkt des Beginns, eingelegte Pausen und Ende der Vernehmung. Eine Vernehmung ohne Protokoll wäre eine Verletzung des § 104 der Strafprozessordnung gewesen. Eine Möglichkeit der Gegenkontrolle der im Protokoll eingetragenen Zeiten ergibt sich aus den Aufzeichnungen der Linie XIV über die Zeiten der Zuführung zur und Abholung von der Vernehmung. Es dürften also im konkreten Einzelfall keine Schwierigkeiten bestehen, Behauptungen dokumentarisch zu überprüfen.

Falls jemand behauptet, die Aufzeichnungen der Linie XIV könnten ebenso wie die Einträge in den Protokollen, gefälscht sein, bringt ihn die getrennte Verantwortung zwischen den Linien IX und XIV in Schwierigkeiten. Man stelle sich vor, welches Heer an Mitarbeitern und welcher Kommunikationsaufwand notwendig gewesen wäre, um täglich von Untersuchungsführern willkürlich in die Protokolle eingetragene Vernehmungszeiten in die Registratur der Linie XIV zu übertragen.

Ab Anfang der 70er Jahre wurden strafprozessual gültige Tonaufzeichnungen gefertigt, die phonetisch sowohl das Datum als auch Uhrzeiten der Vernehmungen beinhalteten. Wie hätten diese verfälscht werden können?

Ironische Frage: Warum sollten Manipulationen der Vernehmungszeiten *in einer Diktatur* notwendig gewesen sein? »Die Diktatoren« waren sich doch ihres Sieges bewusst und schlossen folglich aus, dass die Akten eines Tages den Gegnern in die Hände fallen und sie selbst belasten könnten.

Bei Vernehmungszeiten über viele Stunden sind wahrscheinlich Erstvernehmungen gemeint, also der ersten Vernehmung im Zusammenhang mit einer vorläufigen Festnahme oder einer Verdachtsprüfungshandlung. Die Strafprozessordnung schrieb vor, dass innerhalb von 24 Stunden eine Entscheidung über die Einleitung eines Ermittlungsverfahrens zu treffen war. Da die Originalprotokolle handschriftlich verfasst wurden, waren Vernehmungszeiten von bis zu 22 Stunden durchaus möglich. In solchen Vernehmungsprotokollen wurden die Ruhepausen vermerkt, die zur Entspannung des Beschuldigten und seiner Verpflegung eingelegt wurden. Ein »wieder und wieder« kann also schon nicht zutreffen, da Erstvernehmungen nur einmal durchgeführt wurden.

Vernehmungen über die übliche Dauer hinaus waren gerechtfertigt – das galt nicht nur in der DDR –, wenn zu erwarten war, dass Aussagen des Vernommenen zur Abwendung erheblicher öffentlicher Gefahren oder zur Ergreifung von Mittätern führen würden. Der Inhalt der Protokolle sollte im Einzelfall darüber Auskunft geben.

Solche Vernehmungen waren keine taktischen Mittel, um die Widerstandskraft des Vernommenen zu brechen oder physische und psychische Ermüdung zur Erzielung von Aussagen zu nutzen.

Grundsätzlich gab es auch innerhalb einer Vernehmung keinen Vernehmerwechsel. Deshalb ist die Anmerkung berechtigt, dass auch der Vernehmer während der gesamten Vernehmungsdauer unter hoher physischer und psychischer Anspannung arbeitete und nach der Vernehmung oft noch Aufgaben zu erledigen hatte, während der Vernommene bereits schlief. Auch dadurch wurden der Ausdehnung von Vernehmungszeiten natürliche Grenzen gesetzt.

Soweit es den Zeitraum vor 1956 betrifft, wäre zum Thema »Nachtvernehmungen« noch ein anderer Aspekt in die sachliche Beurteilung einzubeziehen. Das Untersuchungsorgan hatte wie jede andere Diensteinheit des MfS damals sowjetische Instrukteure. Die Arbeitszeit entsprach darum den Gepflogenheiten der sowjetischen Dienststellen. Sie begann 10 Uhr, Mittagspause war gegen 14 Uhr, von 17 bis 20 Uhr wurde unterbrochen, dann ging es noch einmal offiziell bis 23 Uhr. Dieser Rhythmus sollte aus den damals gefertigten Protokollen zu entnehmen sein. Der gleiche Rhythmus traf auch auf den U-Haftvollzug und die Schlafzeiten der U-Häftlinge zu.

Zahns zweite These: »Man entziehe dem Häftling möglichst viele Reizquellen. Keine Lektüre, keine Betätigung, kein Gespräch, nicht einmal ein Hell-Dunkel-Unterschied im Tageslauf darf ihn ablenken. Er soll in der oft sehr langen Zeit zwischen den Vernehmungen in seiner extrem kargen Zelle stumpfsinnig dahinvegetieren. (Um der Wahrheit willen muss allerdings gesagt werden, dass die Bedingungen in den 70er Jahren etwas günstiger waren. Man durfte nämlich in der Untersuchungshaft des MfS immerhin lesen. Damals in den 50er Jahren konnte davon überhaupt keine Rede sein.) Unter diesen Deprivationsbedingungen wird der Häftling nach einigen Wochen zu halluzinieren beginnen und in der Vernehmung kaum noch zur Selbstverteidigung fähig sein«.

Lesen durften die U-Gefangenen bereits in den 60er Jahren. Würde Zahn der Wahrheit die Ehre geben, müsste er auch sagen, dass in den 70er Jahren radiohören und fernsehen möglich war. Westsender allerdings ausgeschlossen.

Die »Gedenkstätte« Berlin-Hohenschönhausen fand alsbald einen Weg, mitzuteilen, dass das Lesen in der U-Haft möglich war. Allerdings interpretierte man das als Bestandteil der psychischen Folter. Unter der Rubrik »Schüler machen Zeitung« veröffentlichte die *Berliner Morgenpost* am 16. Februar 2009 Texte von Schülern der Klasse FOS 281 der Marcel-Breuer-Schule in Weißensee, die an einer Führung in Hohenschönhausen teilgenommen hatten. Aufklärung erhielten sie durch den »Zeitzeugen« Matthias Melster, der 1987 wegen versuchten ungesetzlichen Verlassens der DDR inhaftiert worden war. Ole Westermann, Benjamin Gräupner, Florian Schlappa und Gion Sobisiak schrieben also: »Melster kam in den Neubau, wo tägliches Verhör und psychische Folter an der Tagesordnung waren. Eines der einfachsten Mittel war es, den Gefangenen ausgewählte Bücher zu geben. Im Falle von Matthias Melster, der die DDR verlassen wollte, war es Reiseliteratur mit Hochglanzbildern, die ihm vor Augen führten, dass seine Ziele unerreichbar bleiben würden. Er bekam auch Liebesromane mit Happyend in die Zelle geliefert – nachdem seine Freundin gezwungen wurde, einen Trennungsbrief an ihn zu schreiben. Nur so entkam sie selbst der Inhaftierung. Die Inhaftierten wurden so für die täglich anstrengenden Verhöre mürbe gemacht.«

Allerdings – und darum ist diese Darstellung Humbug - suchten sich die Untersuchungsgefangenen mit Leseerlaubnis ihre Lektüre selber aus. Die Bücher wurden keineswegs absichtsvoll zugeteilt.

Auch der Bezug von Tageszeitungen der DDR und die Möglichkeit, Zigaretten sowie Nahrungs- und Genussmittel zu erwerben, stützen nicht gerade die These vom Entzug der Reizquellen und »drückender Einsamkeit«.

Unbestritten ist die individuelle Disposition eines Menschen, welche eine erhebliche Rolle bei Wahrnehmung und Verarbeitung einer Ausnahmesituation bedeutet. Und Haft, egal wo, egal wann, egal wie, stellt eine Ausnahmesituation für jeden Menschen dar.

Darum kann eine sachliche Beurteilung der Haftbedingungen nicht allein aus der Sicht des Häftlings erfolgen. Dies ist auch rückwirkend möglich. Die Linie XIV hat sowohl Aufzeichnungen über die Belegung der Haftzellen wie auch die jedem Untersuchungshäftling erteilten Erlaubnisse, die im Verlaufe der Entwicklung an Umfang zunahmen, geführt. Ebenso registriert wurden Besuche von Familienangehörigen und Rechtsvertretern.

Einige »Referenten« aus Hohenschönhausen erzählen, wie es den Inhaftierten trotz »strengster« Überwachung gelungen sei, untereinander Informationen auszutauschen. Dazu zählten Klopfzeichen und die Nutzung der Rohrleitungen von Toiletten für eine akustische Verständigung.[110] Die »Gedenk- und Begegnungsstätte« in Gera vertreibt eine DVD mit dem Titel »Hinter hohen Mauern«. Akustisch umrahmt von quietschenden Toren und rasselnden Zellenschlössern schildern fünf von angeblich 2.800 ehemaligen

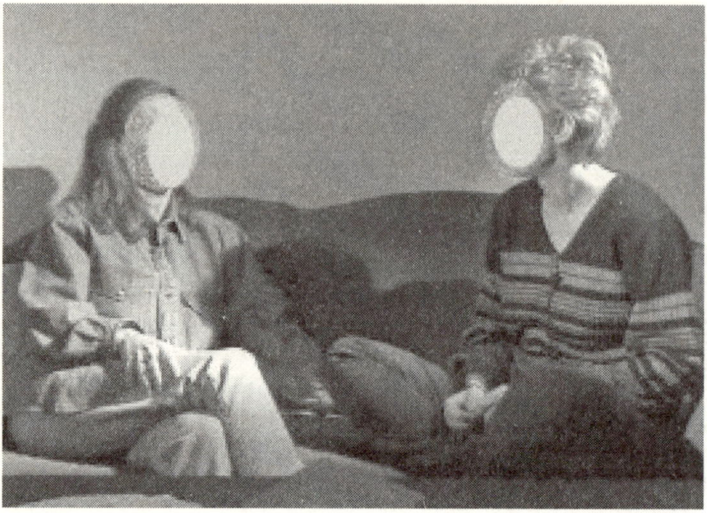

Katrin Z. (r.) und Barbara L., zwei Zeitzeuginnen, reflektieren in einem Video ihre Haftbedingungen in Gera

U-Gefangenen die »unmenschlichen« Haftbedingungen, denen sie unterworfen gewesen seien. Interessant ist das Zwiegespräch zwischen Katrin Z. und Barbara L. in diesem Video.

Beide wurden unabhängig voneinander 1984 inhaftiert. Katrin Z. und Frank Karbstein, heute Leiter der »Gedenkstätte«, hatten 2.000 Flugblätter verbreitet, Karbstein wurde mit einem Jahr Freiheitsentzug bestraft. Über ihr eigenes Strafmaß sagt Katrin Z. im Video nichts. Barbara L. gibt vor, wegen eines Ausreiseantrages inhaftiert worden zu sein. Das stimmt nicht, ist in diesem Zusammenhang aber ohne Interesse.

Nachdem sich beide Frauen über ihre ersten Eindrücke nach der Inhaftierung und den damit verbundenen Beeinträchtigungen ausgetauscht haben, kommen sie zu der Schlussfolgerung: »Aber irgendwann, das dauert gar nicht so lange, dann kommt ein Punkt, da ist das alles normal.«

Zum Thema »Freizeit« im Knast werden von ihnen neben dem Lesen auch Brettspiele erwähnt wie »Halma«, »Mühle«, »Mensch, ärgere dich nicht« und »Schach«.

Na sieh mal einer an.

Soweit zur »drückenden Einsamkeit«.

Oft kommt in diesem Komplex auch eine »quälende Trennung von Kindern und Familie« zur Sprache. Gewiss, das sollte nicht in Abrede gestellt werden. Jedoch sollte man ehrlicherweise zugeben, dass am Anfang jeder Handlung – egal, um welchen strafrechtlichen Sachverhalt es ging – der Entschluss stand, und folglich auch mögliche Konsequenzen absehbar waren. Auch hier sollten Ursache und Wirkung nicht verwechselt werden

Dritte These Zahns: »Man entziehe ihm alle, aber auch alle Sozialkontakte. Man sperre ihn in eine Einzelzelle, gebe ihm keine Möglichkeit, andere Häftlinge auch nur zu sehen, geschweige denn, mit ihnen zu reden. Man weise die Bewachung an, nur bestimmte Funktionsworte mit ihm zu wechseln: ›Kommse, jehnse, nehmse rin‹, das war das gesamte Repertoire an Worten, die ich von meinen Bewachern in diesen sieben Monaten in der Prenzlauer Allee im Keller zu hören bekam. Solche soziale Deprivation führt dazu, dass sich der extrem vereinsamte Häftling bald nach jedweder Zuwendung zu sehnen beginnt, sogar – in der normalen Welt schwer nachvollziehbar – auch nach negativer Zuwendung, etwa nach Prügel. Vor allem sehnt er sich dann aber nach den Vernehmungen, weil man ihm nur dort noch ›menschlich‹ gegenübertritt.«

Psychologisch sehr präzise formuliert. Aber trifft dies ausschließlich auf die U-Haft bei der Staatssicherheit zu?

»Isolationshaft in kargen Zellen« gehört inzwischen zum Standardrepertoire bei der Diffamierung des Untersuchungsorgans. Die Haftzellen in U-Haftanstalten des MfS waren keineswegs wie Hotelzimmer ausgestattet, die Bezeichnung »karg« ist gewiss zutreffend. Nicht in allen

Bezirken der DDR wurden neue U-Haftanstalten gebaut, weshalb es auch Hafträume gab, deren Niveau nur schrittweise durch Rekonstruktion verbessert wurde.

In der UHA Berlin-Hohenschönhausen gab es insgesamt lediglich acht Einzelzellen, sicher kein Argument für eine systematische Einzelunterbringung, also Isolation. Nicht wesentlich anders dürfte die Situation in den Bezirken der DDR gewesen sein.

Hinzu kam: Die Unterbringung von Beschuldigten in Einzelhaft entsprach nicht den Interessen des Untersuchungsorgans, da unter solchen Bedingungen weder Zelleninformatoren zum Einsatz gebracht noch eine Audioüberwachung realisiert werden konnte.

Einzelhaft in UHA des MfS war keine Isolationshaft, wie sie in Studien und Erlebnisberichten in den USA, England, Frankreich und auch der BRD vermittelt wird.[111]

Gefangennahme und Inhaftierung, insbesondere Isolationshaft, dienen dort in erster Linie dazu, dem Subjekt viele oder die meisten seiner gewohnten Seh-, Hör-, Geschmacks-, Geruchs- und Berührungsreize zu entziehen.

Bezogen auf RAF-Mitglieder und andere Terrorverdächtigte gibt es auch noch Steigerungen durch: Fesselung der Hände auf dem Rücken auch während der Bewegungsstunde, Dauerbeleuchtung in der Zelle bei Tag und Nacht, Entzug aller Einrichtungsgegenstände, am Abend auch Entzug der Anstaltskleidung. Kamera-Überwachung: Jede Lebensäußerung wird registriert, Erforschung von Verhalten, Zellenwechsel und Verlegungen, um sich nicht heimisch zu fühlen, Zellendurchsuchungen am frühen Morgen und tagsüber, Erschrecken durch plötzliches Zellen öffnen. Über die Haftbedingungen des RAF-Mitgliedes Roland Augustin wird darüber hinaus berichtet: Seine Zelle wurde zusätzlich mit einer Gummiabdichtung der Tür und mit schalldichten Doppelfenstern ausgestattet. Die Begründung der Gefängnisleitung für diese Maßnahmen lautete:

»Es ist unbedingt zu verhindern, dass der Gefangene Augustin mit anderen Gefangenen körperlichen, akustischen oder sonstigen Kontakt aufnehmen kann.«

Wissenschaftlich abgesicherte Dokumentationen – nicht bloße Behauptungen –, dass es solche Formen der Isolationshaft in Untersuchungshaftanstalten des MfS gegeben habe, liegen nicht vor. Weil es derartiges in Untersuchungshaftanstalten des MfS nämlich nicht gab.

Sofern es nicht der ausdrückliche Wunsch eines Beschuldigten war, was durchaus vorkam, bestand stets die gesetzliche Forderung, die Einzelunterbringung auf ein Minimum zu reduzieren. Laut § 130 (4) der StPO der DDR oblagen dem Staatsanwalt alle Weisungen zum Vollzug der U-Haft. Entsprechend der gemeinsamen Anweisung über die Durchführung der U-Haft vom 22. Mai 1980 des Generalstaatsanwalts der DDR, des Ministers für Staatssicherheit und des Ministers des Innern und Chef der Deutschen Volkspolizei durfte eine Einzelunterbringung nur ausnahmsweise *angeordnet* werden.

Der Staatsanwalt trug die besondere Verantwortung dafür, dass diese Maßnahme hinsichtlich ihrer Notwendigkeit ständig geprüft wurde. Bekräftigt wurde dies durch die Richtlinie 1/85 vom 1. Juni 1985 des Generalstaatsanwalts. Weder das Untersuchungsorgan, noch die für den Haftvollzug zuständige Linie XIV konnten also nach eigenem Ermessen handeln. Auch hier wäre es erforderlich, die Akten der Staatsanwaltschaft für die Nachprüfung vorgebrachter Behauptungen einzubeziehen.

In Einzelhaft befindlichen Beschuldigten wurden die ihnen zustehenden Rechte wie Lese- und Einkaufserlaubnis, Freistunde, Schreiberlaubnis, Besuch von Familienangehörigen, Rechtsanwälten und bei ausländischen Staatsbürgern auch Treffen mit Vertretern ihrer Botschaft sowie medizinische Betreuung weder in Gänze noch einzeln verweigert.

Nach Auskunft der BStU befinden sich in ihren Archiven ca. 15.000 Haft- und Gesundheitsakten von Personen, die in der UHA Berlin-Hohenschönhausen inhaftiert waren. Bei Bereitschaft zu einer sachlichen Aufarbeitung der Haftbedingungen in dieser Anstalt könnte nicht nur zur Einzelhaft ein realistisches Bild erarbeitet werden. Dieses Bild allerdings würde die Konzepte der »Aufarbeiter« nicht nur in Frage stellen. Es würde den Verdacht erhärten, dass ihr Vorgehen nach dem Prinzip funktioniert: »Was ich selber denk und tu, schreib ich auch den andern zu.«

In die gleiche Kategorie sind Behauptungen über einen »Verlust von Zeitgefühl« einzuordnen.

Bei unvoreingenommener Betrachtung der täglich wiederkehrenden Abläufe in einer Untersuchungshaftanstalt sind solche Aussagen in hohem Maße abwegig. Die sind nunmal objektiv monoton.

Vierte These Zahns: »Man verunsichere den Häftling, indem man die Vernehmungen in unregelmäßigen, der Mathematiker würde sagen: in stochastischen Abständen stattfinden lässt. So muss der Häftling jederzeit damit rechnen, schon am nächsten Tag wieder vernommen zu werden, vielleicht aber auch erst in ein paar Wochen. Er hat keinerlei Anhaltspunkte für die Gründe eines kurzen oder eines langen Intervalls. Man halte ihn eben in Ungewissheit und kultiviere in ihm die Sehnsucht, irgendwann wenigstens einmal mit seinem Namen angesprochen zu werden.«

Die Bearbeitungsfristen von Ermittlungsverfahren waren gesetzlich vorgeschrieben. Fristverlängerungen waren bei der Staatsanwaltschaft zu beantragen. Es lag nicht im Ermessen eines Untersuchungsführers, die Dauer des ihm übertragenen Ermittlungsverfahren zu bestimmen. Folglich hatte er auch keine Möglichkeit für eine »stochastische« Vernehmungsplanung.

In der Vernehmung, durch den Staatsanwalt und vor Gericht wurden Untersuchungsgefangene mit vollem Namen und, soweit vorhanden, auch mit ihrem Titel angesprochen. Von einer gezielten Identitätsdemontage zu sprechen ist deshalb unsachlich. Das Nummernsystem in der Haftanstalt hatte sachliche Gründe, auch wenn diese mehr den Interessen des MfS als denen der Inhaftierten entsprachen. Zum einen begründete sich dies aus der Geheimhaltung des Einsatzes von Zelleninformatoren sowie aus Sicherheitsüberlegungen, damit die Namen von Beschuldigten nicht in Kanäle gelangten, zu denen mögliche Auftraggeber Zugang hatten, insbesondere bei geheimdienstlich gesteuerten Straftaten und Menschenhandel.

»Forcierte Ungewissheit über den Aufenthaltsort«, wird in den Medien behauptet. Wie kann eine Ungewissheit forciert werden, drängt sich die Frage auf. Sowohl durch die Prozeduren bei der Einlieferung in die U-Haftanstalt als auch durch nachfolgende Vernehmungen wussten die Beschuldigten, in welcher Stadt sie sich befanden, da in den von ihnen zu unterschreibenden Dokumenten und Protokollen der Ort angegeben war.

Außer Zweifel stand ferner, dass sie sich im Gewahrsam des MfS befanden. Da der Schriftverkehr mit Familienangehörigen und Rechtsanwälten ausschließlich über die Staatsanwaltschaft erfolgte, war eine Postadresse der jeweiligen UHA für die Beschuldigten nicht erforderlich.

Zahns fünfte These: »Nach der Umstellung des Anpassungsniveaus auf die Reizarmut und das soziale Vakuum Zellenumwelt (selbst darauf kann sich ein Mensch umstellen!) schaffe man sensorische und soziale Kontraste. Man sorge etwa einerseits für die Erniedrigung des Häftlings, indem man ihn anweist, mit dem Gesicht zur Wand zu stehen, wenn die Tür aufgeht. Man trete ihm andererseits manchmal gezielt freundlich entgegen. Ich weiß noch, dass ich zu Tränen gerührt war, als mir der Vernehmer seine Hand zum Gruß hinstreckte. Ich erinnere allerdings auch, dass ich sie nicht genommen habe.«

In der medialen Umsetzung finden sich Schlagzeilen wie »Rigide Vorschriften gestatteter und verbotener Körperhaltungen«. Mit dem Gesicht zur Wand stellen, wenn die Tür aufgeht, ist eine im höchsten Maße irreführende Aussage. Keinesfalls war davon der Aufenthalt im Vernehmungszimmer betroffen. Bezogen auf die Haftzelle wäre zu klären, ob Größe und Ausstattung der Zelle die Ausführung einer solchen Anweisung überhaupt zuließen? Die meisten ehemaligen U-Häftlinge werden sich erinnern, dass derartige Weisungen bei Zuführungen zur Vernehmung durch den »Läufer«, dem für die Zuführung verantwortlichen Mitarbeiter der Abteilung XIV, erteilt wurden. Dies geschah, bevor der Läufer die Tür des Vernehmungszimmers öffnete oder unerwartet sich andere Personen auf dem Gang bewegten.

Oftmals zielen solche Schlagzeilen auf Vorschriften über Schlafhaltungen für U-Gefangene. Alle Untersuchungshaftanstalten weltweit sind mit einem generellen Problem konfrontiert: dem Selbstmord in der Zelle. Er darf nicht stattfinden! Wie international üblich, wurden auch in den U-Haftanstalten des MfS deshalb in die Zellentür sogenannte »Spione« eingebaut. Nachts musste zur Kontrolle das Licht eingeschaltet werden. Die Kontrollabstände waren abhängig vom Verhalten eines Beschuldigten, also ob er suizidgefährdet war oder nicht.

In der UHA Hohenschönhausen gab es von 1951 bis 1990 sechs dokumentierte Suizide, in allen U-Haftanstalten des MfS zusammen vierzehn. Laut *Spiegel* 20/2008 wurden in Justizvollzugsanstalten der Bundesrepublik allein zwischen 2000 und 2005 insgesamt 549 Selbsttötungen registriert.

In den U-Haftanstalten des MfS wurde in diesem Kontext von den Inhaftierten verlangt, sich beim Schlafen nicht das Deckbett über den Kopf zu ziehen. Geschah dies, wenn auch unabsichtlich, war das Wachpersonal der Linie XIV verpflichtet, den Häftling aufzufordern, dies zu unterlassen. Dies interpretieren einige heute als »Folter durch Schlafentzug«. Gilbert Furian, »Referent« in Hohenschönhausen, widersprach dem in gewisser Weise: »Viele finden, dass das Licht in den Zellen nachts alle 10 Minuten ein- und ausgemacht wird, was Terror sei. Aber ich hab das nicht so gesehen. Ich hatte mich damit abgefunden. Das wurde dort halt so praktiziert.«[112]

Durch ihre Funktion waren die Untersuchungsführer der Linie IX für die Beschuldigten der wichtigste Ansprechpartner für persönliche Probleme, auch bezüglich des U-Haftvollzug. Die Wenigsten beschwerten sich über die nächtlichen Kontrollen. Vermutlich war dies für die Meisten tatsächlich eine Frage der Gewöhnung, sie empfanden die Kontrollen nicht als Folter durch Schlafentzug.

Was das Verhalten der U-Führer gegenüber Beschuldigten betrifft, würden sachliche Untersuchungen wahrscheinlich differenzierte Ergebnisse liefern. Beste Voraussetzungen böten die seit Anfang der 70er Jahre offiziell aufgezeichneten Vernehmungsgespräche, welche garantiert unverfälscht sind. Bei einer offiziellen Tonaufzeichnung wurde das Tonband zu Beginn durch den Beschuldigten signiert, anfänglich mit einem Faserstift, später mit einem Magnetstift. Jede Unterbrechung der Vernehmung wurde mit Uhrzeit und Grund angesagt. Gleiches galt bei Fortsetzung. Zuzüglich hatte der Beschuldigte Gelegenheit zu erklären, ob während der Zeit der Unterbrechung Gespräche zur Sache geführt worden waren. Gesprächspausen fielen in der Regel in die Mittagszeit. Es besteht also die Möglichkeit, die Gesprächszeit mit der Bandlaufzeit zu vergleichen und das Band auf Schnittstellen zu prüfen. Analysiert werden könnten Inhalt und Verlauf der Vernehmung sowie die Gesprächsatmosphäre.

Sachlich interessierte Historiker sollten zusätzlich zu den bereits gegebenen Hinweisen zu Überprüfungsmöglichkeiten in den Ermittlungsakten die Originalprotokolle (meist handschriftlich) einer Prüfung darauf unterziehen, wie viele vom Beschuldigten signierte Änderungen und Ergänzungen enthalten und wie diese zu erklären sind. Sicher nicht in Richtung vorgefertigter Antworten, und auch nicht als Beweis für Einschränkung der strafprozessualen Rechte. Des weiteren sollten eigenhändige Niederschriften der Beschuldigten und deren Inhalt vor dem Hintergrund betrachtet werden, wie diese mit den Aussagen in den Vernehmungsprotokollen übereinstimmten. Satzbau und Wortwahl ießen darüber hinaus Schlüsse zu, ob Beschuldigte die Texte selbst formuliert hatten.

Nicht zuletzt könnten die existierenden Beweise und der Zeitpunkt sowie die Art ihrer Einbeziehung in die Ermittlungen hier weitere Anhaltspunkte geben. Dies lässt sich sowohl aus den Vernehmungsprotokollen als auch aus anderen schriftlichen Vermerken rekonstruieren. Insbesondere wird sichtbar, ob der Beschuldigte erst nach Vorlage von Beweisen zur Sache ausgesagt hat oder die Beweise ergänzend zu seinen Aussagen in das Ermittlungsverfahren einbezogen wurden.

Auch hieraus sind Ableitungen über das Aussageverhalten und den Umgang mit dem Beschuldigten möglich. Gründliche Analysen würden darüber hinaus offenbaren, dass die Aussagen von Beschuldigten nicht als Krone des Beweises angesehen wurden. Selbstbezichtigungen zu »produzieren« stand deshalb in grundlegendem Widerspruch zu den strafprozessualen Grundsätzen der Beweisführung.

Das wäre, zugegeben, ein riesiger Aufwand, den zu leisten viel Zeit und Geld kostete einzig zu dem Zweck, die beschuldigten Mitarbeiter und involvierten Einrichtungen des MfS von Unterstellungen und Beschuldigungen freizusprechen. Das aber liegt nicht im politischen Interesse. Man könnte, wenn man es denn wollte, nämlich auch preiswerter haben: indem diese Lügen einfach unterblieben.

Zahns sechste These: »Man sorge ferner dafür, dass die spartanische Zelle mit einem möglichst luxuriösen Ambiente des Vernehmerzimmers kontrastiert. In den späteren Jahren der DDR waren die Zellen allerdings nicht mehr so extrem karg wie etwa im Hohenschönhausener ›U-Boot‹, die Vernehmungszimmer aber auch nicht mehr so extrem üppig wie in der Prenzlauer Allee.«

Eine schwache These, als Füllmaterial zu betrachten.

Zahns siebte These: »Hin und wieder erinnere man dann insbesondere den – wie ich – aus dem Westen kommenden Häftling daran, wie human doch die DDR ist. Ob ich denn wirklich geschlagen worden sei, ob ich Hunger leiden müsse, ob man mich in Wasserzellen gequält habe? Wo doch der RIAS solche Hetzmärchen über die Deutsche Demokratische Republik verbreitet. [...] Damit erzielt man taktisch eine partielle Übereinstimmung zwischen Vernehmer und Häftling, die sich nicht selten weiter ausbauen lässt.«

Das spricht eher für als gegen das MfS. Denn die Geschichten im Westberliner RIAS und anderer Medien werden als das charakterisiert, was sie waren: Märchen.

Zahns achte These: »Man verstärke systematisch die emotionale Deprivation: ›Ich geh' jetzt nach Hause zu meiner Familie, Weihnachten feiern. Meine Frau hat Plätzchen gebacken, wir haben auch einen schönen Weihnachtsbaum. Und Sie gehen wieder in Ihre Zelle. Sie wollten es ja nicht anders.‹

Zusätzlich greife man in der Vernehmung zu dem bewährten Mittel, dem Häftling in seiner Hilflosigkeit auch noch seinen letzten emotionalen Halt zu nehmen. ›Mensch, bilden Sie sich doch nicht ein, dass Ihre Freundin nicht fremdgeht. Natürlich geht die fremd, wenn Sie hier so lange sitzen. Das ist doch menschlich. Sie brauchen ja schließlich auch mal 'ne Frau. Wir hätten da natürlich Möglichkeiten, Sie auf andere Weise zu versorgen. Aber das hängt sehr davon ab, wie Sie sich uns gegenüber verhalten. Und jetzt ab in die Zelle!‹«

Das ist, zugegeben einzigartig: Sexuelle Angebote als Äquivalent für Aussagebereitschaft. Dazu fand sich bislang noch keine Story, obwohl sich die auch stricken ließe: Schließlich hatte das MfS auch mit Prostituierten zu tun, die für westliche Geheimdienste tätig waren, um mit Hilfe spezieller Dienstleistungen Informationen etwa über sowjetische Soldaten und die Kasernen, in denen diese stationiert waren, zu sammeln. In der U-Haft jedenfalls wurde die »Qualifikation« dieser Damen definitiv nicht genutzt.

Zahns neunte These: »Man setze Kontraste durch Rollenspiel: Zwei Vernehmer, ein ›väterlicher Freund‹ und ein ›scharfer Hund‹, agieren scheinbar gegeneinander, korrigieren sich gegenseitig: ›Aber, hör mal, Genosse, so brauchst du doch mit dem nicht zu reden, der ist doch ganz vernünftig.‹ Solche Spiele sind vorher genau abgesprochen. Sie bewirken eine partielle Solidarisierung des nach menschlichem Kontakt dürstenden Häftlings mit dem ›netten‹ Vernehmer.«

In der Praxis fehlten für solche Rollenspiele das Personal. Wenn der Vorgesetzte als zweiter Mann an einer Vernehmung teilnahm, dann um den zumeist jüngeren U-Führer zu kontrollieren, d. h. es gehörte zur Ausbildung.

Zahns zehnte These: »Man bringe ihn schließlich vielleicht sogar mit anderen Häftlingen zusammen, mit sogenannten Häftlings-KP, also Kontaktpersonen. In der Fachliteratur nennt man sie auch Kammeragenten.

Das sind in der Regel verurteilte Strafgefangene, die sich bewähren können, indem sie andere Häftlinge in der Zelle aushorchen. Hier sei angemerkt, dass eines der wirksamsten Prinzipien im DDR-Herrschaftssystem wie auch in der Hitler-Diktatur darin bestand, dass man allgemeines Misstrauen säte und damit jeden gegen jeden auszuspielen vermochte. Nur durch diese systematische Zersetzung zwischenmenschlicher Beziehungen konnte sich die ›Partei der Arbeiterklasse‹ so lange als Führungskraft behaupten.«

Es sei hier nur auf unlogische Bezüge verwiesen.

Ergebnisse des Einsatzes von ZI wurden in der Beweisführung nicht berücksichtigt. Zum einen erfüllten sie nicht die gesetzlichen Anforderungen zur Erlangung von strafprozessual verwertbaren Beweisinformationen, zum anderen war zu berücksichtigen, dass dadurch die Konspiration des Informanten gefährdet werden konnte. Nur qualifizierte und bewährte U-Führer erhielten Kenntnis vom Inhalt solcher Informationen.

Eine andere Sachlage war gegeben, wenn Mithäftlinge aus eigenem Antrieb Informationen zu und von Mitinsassen meldeten. Ergebnisse solcher Bekundungen konnten in Ausnahmefällen mit deren Einverständnis als Zeugenbeweise in das Ermittlungsverfahren eingeführt werden.

Auch das war und ist Praxis in der Bundesrepublik.

Zahns elfte These: »Man vergebe im Sinne von Lohn und Strafe gezielt Erleichterungen wie zusätzliche Schlaf-Erlaubnis, aber auch Erschwernisse wie Schlafverbot, oder stelle solche in Aussicht: Hoffnung und Furcht.«

Gewährung oder Entzug von Schlaf durch Untersuchungsführer? Wie sollte das realisiert werden? Die U-Führer hatten keine Weisungsbefugnis gegenüber der Linie XIV. Die Linie XIV ihrerseits hatte keine Kenntnisse über das Aussageverhalten der Beschuldigten. Wie, bitte schön, sollte von dieser Seite entschieden werden? Scheinbar ist hier Hans-Eberhard Zahn die Fantasie durchgegangen.

Zwölfte These: »Man senke die Gewissensschwelle, indem man die Tendenz zur Reduktion kognitiver Dissonanz fördert. ›Also, kommse mal, jetzt habense A gesagt, nun könnense doch auch B sagen. Ist doch besser 'ne arme, aber 'ne gute DDR als 'ne reiche, aber böse BRD.‹

Ich habe stundenlang mit meinem Vernehmer über Marxismus-Leninismus diskutiert, habe dabei auch solche arroganten Sprüche gehört wie: ›Die sozialistische Partei ist der Arzt am Krankenbett der Gesellschaft. Und ein Arzt hat auch das Recht, der Gesellschaft bittere Medizin zu verabreichen.‹ Oder: ›Bei Ihrer Intelligenz müssen Sie doch längst gemerkt haben, dass sich das Rad der Geschichte nicht rückwärts dreht und Sie auf dem falschen Dampfer sitzen. Aber noch ist Zeit für Sie zur Umkehr.‹

›Die Agentenzentralen in Westberlin nutzen Sie doch bloß aus. Sie sitzen hier unten für die – und die lachen sich doch ins Fäustchen, dass es so Blöde gibt wie Sie.‹

Solche Sprüche können bei einem durch monatelange Isolation zermürbten Häftling durchaus auf fruchtbaren Boden fallen, denn sie weisen ihm einen Weg aus seiner Misere.«

Gesäubert von demagogischen Schlagworten und der pseudowissenschaftlichen Verbrämung bleiben von dieser These Argumente übrig, welche der eine oder andere U-Führer gewiss gebraucht haben könnte.

Zahns Publikation setzt darauf, dass die Unterstellung psychischer Folter,wegen der nicht bestreitbaren persönlichen Empfindungen eines Menschen schwerer zu widerlegen ist als etwa Behauptungen über die Anwendung physischer Gewalt. Sie liefert auch die Folie für Geschichten. Deswegen wurde bis 2005 Zahns Arbeit in mehreren Auflagen gedruckt, in Publikationen anderer Protagonisten wird sie zitiert und angegeben.[113]

Für die Begründung angeblicher psychologischer Folter werden Umstände genutzt, welche zwangsläufig überall mit der Untersuchungshaft verknüpft sind (Unterbringung in einem verschlossenen Raum, weitgehende Einschränkung der Bewegungsfreiheit, Ausschluss von bisherigen Gewohnheiten, Abweichen vom üblichen Tagesablauf etc.), die zur Aufrechterhaltung einer notwendigen Ordnung in der Untersuchungshaftanstalt nötig sind (festgelegte Ruhe- und Essenszeiten, Hygienevorschriften, Überwachung der Verwahrräume zur Nachtzeit) oder zeitweilig notwendige Maßnahmen zur Ausschaltung von Verdunklungsgefahr (Verhinderung von Kontakten zu Mitbeschuldigten und dementsprechende zeitliche und räumliche Organisation der Freistunde etc.).

Es ist unbestritten, dass die individuelle Ausgestaltung dieser Umstände Einfluss auf das Aussageverhalten der Untersuchungsgefangenen und ihre Einstellung zu Untersuchungsorgan und Untersuchungsführern hatten und sicher vielfach auch subjektiv von ihnen als positive oder negative Sanktion ihres Verhaltens in der Untersuchung empfunden wurde.

Das wussten auch die Untersuchungsführer und reagierten darauf in der Absicht, positive Ansätze zu fördern und negative Aspekte auszuräumen. Ihnen fehlte dabei jedwede Zielstellung, das mit psychologischer Folter zu realisieren. Die Vernehmungen dienten primär der Aufklärung der strafrechtlichen Verantwortung des Beschuldigten. Zugleich aber hatte dieser die Gelegenheit, beliebige, ihn persönlich betreffende oder interessierende Fragen zu stellen, soweit diese nicht auf die Gewinnung interner Dinge zielten. Für die Untersuchungsführer gab es keine Gründe, solchen Gesprächen auszuweichen. Im Gegenteil, sie trugen nicht selten dazu bei, dass Aussageverhalten positiv zu beeinflussen.

Zu den Gepflogenheiten gehörte auch, dass den Beschuldigten kostenlos Kaffee oder Tee angeboten oder Rauchern Zigaretten gereicht wurden. Möge man solchem Handeln psychologisches Kalkül unterstellen oder nicht, am Ende steht, dass der Betroffenen sich als Mensch behandelt fühlte.

Real betrachtet war alles, was der Untersuchungsführer tat, sagte oder erkennen ließ, für den Vernommenen – sicher in unterschiedlichem Maße – von wesentlicher Bedeutung für sein Verhalten in der Vernehmung und damit für sein Aussageverhalten. Insbesondere zu Beginn des gegen ihn eingeleiteten Ermittlungsverfahrens.

Das hing damit zusammen, dass der Vernommene fortgesetzt zu entscheiden hatte, wie er sich verhalten sollte. Neben Antworten auf die grundlegenden Fragen (über welche Beweise verfügt das MfS zu meiner Person?) hing seine Aussagebereitschaft auch davon ab, wie er die strafrechtlichen Konsequenzen, sprich die Höhe einer zu erwartenden Strafe, seine Motive oder einzelne Handlungen selbst bewertete.

Mangels anderer Quellen versuchten die Beschuldigten ihren diesbezüglichen Informationsbedarf durch Gespräche mit oder durch Verhaltensbeobachtung des Vernehmers zu befriedigen. Daraus resultierte die große Bedeutung, die Inhalt und Form sowie situativen Umständen der Fragestellung in der Vernehmung zukam oder die Wirkung einer bestimmten Mimik oder Gestik des Untersuchungsführers in einem konkreten Zusammenhang.

Solche Faktoren wirkten aber nicht nur in Vernehmungen durch das MfS, sondern sind im täglichen Leben überall, mehr oder weniger, in der Kommunikation zwischen Menschen zu beobachten.

Aus der zentralen Rolle der U-Führer im Ermittlungsverfahren konstruieren die »Aufarbeiter« ein Kommunikationsmonopol und unterstellen perfide Machtdemonstration, um die »Opfer« zu erniedrigen und ihnen bereits feststehende Antworten aufzuzwingen. Zur Ausgestaltung von Folterstorys wird U-Führern vorgeworfen, dass sie »mit kalkulierten Lügen über Illoyalität und Schicksal, bis hin zum behaupteten Tod«, gearbeitet hätten.

Das wäre das Dümmste, was ein Untersuchungsführer hätte machen können. Über kurz oder lang, eher über kurz, wäre er durch von ihm nicht zu steuernde Vorgänge – Post, Verwandtenbesuche, Rechtsanwaltkontakte, Teilnahme eines Vorgesetzten an einer Vernehmung – aufgeflogen.

Damit hätte er die Basis für objektive Ermittlungen auf der Grundlage einer stabilen Aussagebereitschaft ernsthaft gefährdet.

Zudem wäre dies eine klare Rechtsverletzung gewesen, die auch im heutigen Deutschland juristische Relevanz hat.

Ein solcher Schuldvorwurf spielte übrigens in keinem Ermittlungsverfahren der bundesdeutschen Justiz gegen einen Untersuchungsführer des MfS eine Rolle.

Damit wechselt die Blickrichtung und wirft die Frage auf: Basieren solche Diffamierungen auf rechtlich relevanten Falschbehauptung eines »Zeugen« oder nicht weniger relevanten Erfindungen der Meinungsmacher?

Im *Neuen Deutschland* vom 22. April 2008 stellte der Feuilletonredakteur Martin Hatzius fest: »Alle Interviewten behelfen sich mit dem Begriff der ›psychischen Folter‹, um die Torturen, die sie durchstehen mussten, zu umschreiben.«

Für Beschreibungen erlebter Situationen werden gewöhnlich Worte benutzt, die dem Betroffenen persönlich geläufig sind. Wenn aber einheitlich alle »Opfer« gemeinschaftlich einen Begriff benutzen, liegt der Verdacht von Gleichschaltung nahe.

Exakt das zu beschreiben, was erlebt wurde und dazu existierende Haft- und Gesundheitsakten offen zu legen, wäre einer sachlichen Aufarbeitung dienlicher. Es würde auch Mitarbeitern des Untersuchungsorgans Ansätze bieten, eigenes Verhalten selbstkritisch zu bewerten.

Nötig wäre auch, Begriffe aus dem Sprachgebrauch des MfS entsprechend dem damaligen Sinngehalt zu verwenden und nicht nach Beliebigkeit zu interpretieren. Exemplarisch der Umgang mit dem Verb »liquidieren«.

Einen Vorgang zu liquidieren bedeutete nichts anderes, als ihn abzuschließen, also zu Ende zu bringen, etwa durch Anwerbung oder Festnahme. Nach heutiger Lesart heißt es »beseitigen«, jemanden physisch zu erledigen.

Im Zusammenhang mit dem hier behandelten Thema trifft dies auch für den Begriff »operative Psychologie« zu. Es ging dabei um Psychologie im Zusammenhang mit operativen Prozessen in der Tätigkeit operativer Diensteinheiten und nicht um die Tätigkeit des Untersuchungsorgans des MfS. Die Tatsache, dass kein Zusammenhang zur Vernehmungstaktik der U-Führer bestand, lässt sich in den Akten der Juristischen Hochschule des MfS sehr leicht feststellen.

In den »Gedenkstätten« werden Behauptungen verbreitet, mit denen möglichst alle Bereiche der Tätigkeit des Untersuchungsorgans diskriminiert werden sollen. Dazu gehört, als Element vermeintlich psychischer Folter, die angeblich monatelange Verweigerung des Kontakts zu einem Anwalt.

Das Rechtssystem der DDR unterschied sich grundsätzlich von dem in der Bundesrepublik. Daraus folgt aber nicht, das es auch schlecht gewesen sein muss. Selbst Rechtsanwälte aus dem Westen bestätigen, dass es für die Bürger verständlicher und weniger bedrohlich war als das ihre und nunmehr für alle Deutschen geltende.

Es gab eine Fülle von gesetzlichen Bestimmungen zur Durchführung von Ermittlungsverfahren und den Vollzug der U-Haft, die in der Strafprozessordnung ihren Niederschlag fand. Es sei hier nur auf § 13 (Stellung des Staatsanwalts), § 15 (Stellung des Beschuldigten), § 16 (Stellung des Verteidigers), § 61 (Recht auf Verteidigung), § 64 (Rechte des Verteidigers) und § 91 (Beschwerde gegen Maßnahmen des Untersuchungsorgans und des Staatsanwalts) in der Strafprozessordnung der DDR verwiesen.

Aus der Funktion als Leiter des Ermittlungsverfahrens oblagen dem Staatsanwalt auch Entscheidungen, die Kontakt und Umgang Beschuldigter mit ihren Verteidigern betrafen. Nach § 64 (3) konnte der Staatsanwalt dafür Bedingungen festsetzen, damit der Zweck der Untersuchung nicht gefährdet wurde. Daraus folgt, das gegen das Untersuchungsorgan gerichtete Anschuldigungen nur berechtigt wären, wenn eine Prüfung in den Akten der jeweils zuständigen Staatsanwaltschaft dafür die Begründung hergeben würde.

Im Zusammenhang mit der Einleitung eines Ermittlungsverfahrens war der Beschuldigte über sein Recht auf Verteidigung zu belehren. Hatte er keinen Rechtsanwalt, bestand die Pflicht, ihm ein Verzeichnis in der DDR zugelassener Rechtsanwälte zur persönlichen Auswahl vorzulegen, um ihm die Möglichkeit zu geben, den Rechtsanwalt seiner Wahl zu bestimmen und anzuschreiben. Dieses Schreiben ging an den Staatsanwalt und wurde von dort dem angefragten Rechtsanwalt zugestellt.

Schriftliche Antworten des Rechtsanwaltes gingen an die Adresse der zuständigen Staatsanwaltschaft und wurden von dort an das Untersuchungsorgan weitergeleitet.

Anträge auf Besuch seines Klienten stellte der Rechtsanwalt ebenfalls an die Staatsanwaltschaft.

In Abhängigkeit vom Gegenstand der Ermittlungen konnte der Staatsanwalt Bedingungen für die Gespräche festsetzen. Bei Ermittlungsverfahren gegen Personen, die im Auftrage gegnerischer Dienste oder Organisationen tätig geworden waren, wurde in der Regel bestimmt, dass bis zum Abschluss der Ermittlungen, die Gespräche in Gegenwart eines Mitarbeiters des Untersuchungsorgans zu führen waren.

In Diskussionen wird gelegentlich gefragt, was die Quellen für Konzepte zur Kriminalisierung des Untersuchungsorgans wären. So etwas könne man sich doch nicht einfach ausdenken. Ein Blick ins Internet gibt Aufklärung.

Dort findet sich – unter anderem – eine Publikation von Egmont R. Koch zum Thema: »Wie die CIA das Foltern lernte«. Behandelt wird eine Studie der CIA über Foltertechniken aus dem Jahre 1956, der ein Zitat aus dem

Roman »Verdun« von Jules Romains vorangestellt ist: »Wir wissen jetzt, dass der Mensch dazu gebracht werden kann, wirklich alles zu machen [...]. Es ist lediglich eine Frage, den richtigen Ansatz zu finden. Wenn wir genügend Schwierigkeiten in Kauf nehmen und langsam vorgehen, können wir ihn dazu bringen, seine alten Eltern umzubringen und sie als Eintopf zu verspeisen.«

Koch weist nach, dass seit Ende des Zweiten Weltkrieges Folter von den westlichen Geheimdiensten – immer natürlich mit Hinweis auf die kommunistische Gefahr – systematisch erforscht und betrieben wurde. »Sie hatten Techniken, die zum Teil aus dem Mittelalter, zum Teil aus den Arsenalen der Gestapo und der SS stammten, die in den Verliesen der Inquisition ebenso angewandt worden waren wie in den Konzentrationslagern der Nazis, in den 50er Jahren im Kampf gegen den Kommunismus auf ihre grundlegenden psychologischen und medizinischen Prinzipien untersucht, in einem Handbuch zusammengefasst und dann vielfach in der Praxis erprobt.

Zwei Fragen standen dabei im Mittelpunkt: Wie bringt man Menschen gegen ihren erklärten Willen dazu, ihr Wissen wahrheitsgemäß preiszugeben? Wie bringt man Menschen anschließend dazu, vollständig zu vergessen, dass sie ihr Wissen wahrheitsgemäß preisgegeben haben?«

Ein Folterhandbuch der CIA aus dem Jahre 1963 trägt den Titel »Kubark – Nachrichtendienstliche Vernehmungen« und ist ebenfalls im Internet veröffentlicht.

Einige Leseproben gestatten Vergleiche mit den Konzepten von Zahn & Co.: »Je vollständiger der Haftort Sinnesreize ausschließt, desto schneller und stärker fühlt sich der Verdächtige beeinträchtigt. Ergebnisse, die sich erst nach Wochen oder Monaten der Gefangenschaft in einer normalen Zelle erzielen lassen, sind schon nach Stunden oder Tagen erhältlich, die das Subjekt in einer schallisolierten Zelle ohne Licht (oder mit schwachem, stets unverändertem Kunstlicht), in die keine Gerüche oder ähnliches eindringen kann, verbracht hat. Eine Umgebung, die noch besser kontrolliert werden kann, zum Beispiel ein Wassertank oder eine eiserne Lunge, ist noch wirkungsvoller. [...]

Der Entzug von Sinnesreizen führt zu Regression, indem das Subjekt mental vom Kontakt mit der Außenwelt abgeschnitten wird und ganz sich selbst überlassen bleibt.

Gleichzeitig veranlasst ein kalkuliertes Angebot an Sinnesreizen während der Vernehmung das in einem Stadium der Regression befindliche Subjekt meist dazu, den Vernehmer als Vaterfigur wahrzunehmen. Das Ergebnis ist normalerweise eine Stärkung der Tendenz zur Willfährigkeit des Subjekts. [...]

Verdächtige wurden über längere Zeiträume verschiedenen Zwängen und Strapazen, extremer Hitze, extremer Kälte oder Feuchtigkeit ausgesetzt, es wurde ihnen Nahrung oder Schlaf entzogen beziehungsweise drastisch verringert. [...] Wie bereits erwähnt, kann ein bis dato kooperationsunwilliges Subjekt durch die heimliche Verabreichung eines Mittels (Vergabe einer pharmakologisch potenten Substanz ohne das Wissen der Person) möglicherweise in einen Trancezustand versetzt werden. [...]

Die wichtigsten Zwangsmaßnahmen sind Gefangennahme, Inhaftierung, der Entzug von Sinnesreizen, Drohungen und Ängste, Schwächung, Schmerzen, erhöhte Suggestibilität und Drogen.«[114]

Zur gleichen Zeit, zu der die »Aufarbeiter« und Meinungsmacher trotz Aufbietung aller verfügbaren Kräfte keine Beweise für befohlene physische oder psychische Folter durch das Untersuchungsorgan des MfS erbringen können, wird unter Schirmherrschaft der USA Folter jeder Art angewandt. Nicht genug damit, werden in der heutigen BRD ernstzunehmende Diskussionen über die Legalisierung der Folter und die juristische Verwendung der Ergebnisse geführt.[115]

Es gibt bereits einen Begriff, der die demokratisch angedachte Folter salonfähig machen soll: »Rettungsfolter«.

Die mit der Delegitimierung der DDR und der Kriminalisierung des MfS befassten Demagogen verfügen also aus eigener Praxis über realistische Vorlagen. Probleme ergeben sich für sie aus der Tatsache, dass es solche Bedingungen in Untersuchungshaftanstalten des MfS nicht gegeben hat. Gleiches gilt für Vernehmungen durch Untersuchungsführer.

Hans-Eberhard Zahn war in der DDR von 1953 bis 1960 inhaftiert. Danach hat er sein Studium in Westberlin beendet und bis 1993 als Hochschullehrer an der FU Berlin gearbeitet. Erst 1997, 37 Jahre nach seiner Haftentlassun, hat er seine Thesen zur psychologischen Folter durch das Untersuchungsorgan des MfS ausgearbeitet und publiziert. Warum hat er so lange damit gewartet? Ist er möglicherweise erst durch andere aufgefordert worden, als Psychologe einen Beitrag zur Delegitimierung der DDR zu leisten?

Trotz sachlicher Argumente bleiben Fragen unbeantwortet, weil die Meinungsmacher politisch und medial die Deutungshoheit besitzen und die Delegitimierung der DDR für sie eine Existenzfrage ist. Erst wenn die Voraussetzungen für sachliche und systematische Nachprüfungen pauschaler Folterbehauptungen gegeben sind, werden die hier thematisierten Sachverhalte realistische Bilder über die Untersuchungsmethoden des Untersuchungsorgans und den Haftvollzug des MfS liefern. Eine Wende in diese Richtung wird sich – hoffentlich – wohl erst vollziehen, sobald die Archive des MfS einer objektiven und unabhängigen Forschung uneingeschränkt zugänglich sind.

Aktuell bedarf es deshalb anderer Formen und Methoden, kriminelles Handeln der Netzwerke der Meinungsmacher für möglichst viele Bürger sichtbar und verständlich zu machen. Ansatzpunkte dafür bieten Tatsachen, die von den »Aufarbeitern« und Geschichtsrevisionisten in ihren Konzepten bewusst ignoriert, nachweislich manipuliert oder einfach übersehen wurden.

3.2 Aussagekräftige Belege über die Tätigkeit des Untersuchungs-Organs werden ausgeblendet

In den Archiven des MfS liegen Materialien, deren Inhalt ein anderes Bild über die Tätigkeit des MfS und sein Untersuchungsorgan vermitteln, als es durch den Zeitgeist gezeichnet wird. Um die Deutungshoheit über die Geschichte der DDR durchzusetzen, wird ausgeblendet, was der eigenen Argumentation zuwiderläuft und Behauptungen konterkariert oder als Lügen sichtbar macht.

Eine Auswahl verschiedener Themen soll Hinweis auf reale Möglichkeiten einer sachkritischen Aufarbeitung der Tätigkeit des Untersuchungsorgans und damit des MfS insgesamt geben.

a) Aussagemotivation und Aussageverhalten von U-Gefangenen sind nachprüfbar

Frank Joestel, Mitarbeiter der Abteilung Bildung und Forschung der BStU, hat eine Dokumentation unter dem Titel »Strafrechtliche Verfolgung politischer Gegner durch die Staatssicherheit im Jahre 1988« vorgelegt.[116]

Darin wird der Jahresbericht der HA IX aus dem Jahre 1988 publiziert. Selbstredend nicht mit dem Ziel, dem MfS Gerechtigkeit widerfahren zu lassen. Unumgänglich war es jedoch, grundlegende Fakten unverfälscht zu übernehmen. Demnach waren – unwidersprochen von der BStU – 95 Prozent aller 1988 Festgenommenen aussagebereit.

Weiter ist zu entnehmen, dass die Quote freiwilliger Aussagen im Jahre 1987 sogar bei 97 Prozent lag.

Laut Joestel verfügt die BStU rückwirkend bis zum Jahre 1969 über ähnlich strukturierte Jahresberichte der HA IX.

Es wären also Aufklärungen für einen Zeitraum von mindestens 20 Jahren möglich, welche überzeugende Argumente gegen eine »Geständnisproduktion« durch Folter und Erpressung erbringen könnten. Damit gelangen Fragen nach den Gründen des Aussageverhaltens der übergroßen Mehrheit Beschuldigter in den Mittelpunkt.

Eine Analyse der Beweislage zum Zeitpunkt der Festnahme der Betroffenen könnte grundlegende Antworten zu diesem Thema geben.

Aus der Sicht praktischer Erfahrungen bestand ein unmittelbarer Zusammenhang zwischen dem Aussageverhalten der Beschuldigten und der Beweislage im Ermittlungsverfahren. Die weitaus größte Anzahl Beschuldigter betrachtete es als sinnlos, Tatsachen abzustreiten, die durch Beweise belegt waren.

Die nachfolgenden Veranschaulichungen sind weit davon entfernt, Anspruch auf Vollständigkeit erheben zu können, da sachliche Recherchen zu diesem Thema in einzelnen Ermittlungsverfahren nicht möglich waren und nur auf persönliche Erfahrungen zurückgegriffen werden konnte. Unvoreingenommenen Lesern sollten sie jedoch Ansatzpunkte für eigene Überlegungen bieten.

Im Interesse einer objektiven Wahrheitsfindung war das Untersuchungsorgan – nicht nur bei Spionageverfahren – befugt, die Ergebnisse operativer Ermittlungen zu prüfen und bei unzureichender Beweislage die Einleitung eines Ermittlungsverfahrens abzulehnen. Bei Festnahmen auf frischer Tat, denen keine operativen Materialien zugrunde lagen, wurden erfahrene U-Führer eingesetzt, um objektive Grundlagen für qualifizierte Entscheidungen über die Einleitung eines Ermittlungsverfahrens zu erarbeiten.

In der überwiegenden Zahl der Fälle existierten zum Zeitpunkt der Festnahme von Spionen eindeutige Sachbeweise wie Technik zur Aufrechterhaltung der Verbindung mit den Auftraggebern, Geheimschriftmaterialien, Deckadressen, schriftliche Instruktionen und Aufträge oder beweisgültige Dokumentationen über Handlungsabläufe bei der Durchführung konkreter Spionagehandlungen. Oftmals gab es darüber hinaus Mitwisser und/oder Helfer.

Nicht wenige Spione waren bereit, sich überwerben zu lassen, wodurch ihr Aussageverhalten von Anbeginn geprägt war. Andere waren vor die Wahl gestellt, sich durch aktive Mitwirkung bei der Aufklärung ihrer Straftaten Voraussetzungen für gesetzlich vorgesehene Möglichkeiten der Strafmilderung zu erarbeiten – oder diese außer Acht zu lassen.

Durch den Austausch von Spionen zwischen Ost und West kamen für die Betroffenen auch zeitliche Faktoren ins Spiel. Je schneller die Ermittlungen abgeschlossen wurden, um so kürzer die Haft bis zur Abschiebung. Vereinzelt berichteten Spione sogar, von ihren Auftraggebern für den Fall einer Festnahme zu kooperativem Verhalten ermächtigt worden zu sein.

Es bedurfte darum keiner Folter. Im Gegenteil, Kooperation zum gegenseitigen Nutzen war die Basis für Argumentationen der Untersuchungsführer. Bei inhaftierten Ehepartnern gab es Beispiele der gegenseitigen Ermutigung zu umfassenden Aussagen.

Die Beweislage bei Terroristen und Saboteuren war zumeist durch Sachbeweise gesichert. Motive des Bekennertums und des Strebens nach Publizität erleichterten in einigen Fällen die Ermittlungen. Es bedurfte bei ihnen keiner Pression, auch wenn einer der bekanntesten Terroristen, Herbert Kühn, später Gegenteiliges behauptete.

Sowohl die Ermittlungsakten als auch die Auswertung der medialen Dokumentationen zu seinem öffentlichen Prozess vor dem Obersten Gericht der DDR würde die hier getroffene Einschätzung stützen.

In anderen Fällen, insbesondere bei Tätern, die der Brandstiftung in Industrie und Landwirtschaft oder der Vergiftung von Viehbeständen beschuldigt waren, bedurfte es eines erheblichen Aufwandes zur Beweisführung, und mit einem umfassenden Geständnis konnte nicht automatisch gerechnet werden. Besonders erfolgreich war in diesen Fällen die kriminaltechnische Spurensicherung, deren Gutachten qualifizierte Grundlagen für eine sachbezogene Beweisführung lieferten. Ein Schuldeingeständnis der Täter war (und ist) bei einer solchen Beweislage auch in bürgerlichen Demokratien nicht erforderlich. Weshalb also sollte dies in der DDR anders sein?

Soweit es sich tatsächlich um politische Dissidenten handelte, zeigten sich diese im Verlaufe der geführten Ermittlungen häufig daran interessiert, ihre Ansichten darzustellen und die aus ihrer Sicht unzulänglichen oder falschen Aspekte der gesellschaftlichen Entwicklung in der DDR zu erläutern. Sie versuchten den Untersuchungsführer zu agitieren.

Es gab aber auch solche, die zu gegnerischen Einrichtungen Kontakt hielten und dadurch andere Straftatbestände erfüllten. Ihr Aussageverhalten war meist zurückhaltend und berechnend. Nur fallbezogene Aufarbeitungen würden hier ein sachliches Bild vermitteln und Aufschlüsse über das Handeln und Verhalten der U-Führer geben. Der Aufwand dafür dürfte nicht übermäßig sein, da sich die Zahl dieser Täter in äußerst engen Grenzen hielt.

Das Spektrum der Täterpersönlichkeiten bei Schleusern und Menschenhändlern war breit gestreut. Unter ihnen waren Studenten, Arbeitslose, politische Extremisten, Abenteurer, an bloßem Gelderwerb Interessierte bis zu ausgesprochenen – zum Teil drogensüchtigen – Kriminellen. Dementsprechend unterschiedlich waren auch ihre Tatmotive und ihr Aussageverhalten.

Sie wurden meist auf frischer Tat festgenommen, sodass eine gesicherte Beweislage bestand und eine Verurteilung ohne Schuldeingeständnis möglich war. Weshalb also foltern und das Ansehen der DDR beschädigen?

In Einzelfällen war es bei ausgesprochenen Ganoven angebracht, in bestimmten Situationen laut zu werden. Dies war jedoch nicht charakteristisch für das generelle Verhalten der Untersuchungsführer.

Andere Beschuldigte aus dieser Deliktgruppe waren, abhängig von ihrem Intelligenzgrad, rationalen Argumenten zugänglich. Ihr Aussageverhalten wurde positiv beeinflusst, wenn sie ausreichende Gelegenheit hatten zu ihren persönlichen Handlungsmotiven (Freundschaft, Liebe, Hilfsbereitschaft für scheinbar in Not geratene Menschen oder auch politische Überzeugung) auszusagen und ihre Darstellungen auch in den Protokollen wiederfanden. Für die Untersuchungsführer ergaben sich daraus keine Schwierigkeiten, da die Feststellung der persönlichen Motive für die durchzuführenden Ermittlungen gesetzlich vorgeschrieben war. Also auch hier bestand keine Notwendigkeit, ein »unmenschliches Verhalten« an den Tag zu legen.

Etwa 460.000 DDR-Bürger verließen zwischen 1961 und 1989 die DDR.[117] Davon reisten rund 94 Prozent mit Genehmigung durch die zuständigen Behörden der DDR aus. Die anderen wurden mehrheitlich inhaftiert, weil sie versucht hatten, diesen Schritt auf ungesetzlichem Weg zu gehen. Das heißt, sie verstießen gegen geltendes Recht. Ein Teil von ihnen scheute vor den gesellschaftlichen Auseinandersetzungen zurück, die mit einer Antragstellung auf Ausreise verbunden waren. Andere handelten aus kurzfristigen Anlässen und Entschlussfassungen. Nicht wenige jedoch handelten gesetzwidrig im Vertrauen auf einen Freikauf durch die Bundesrepublik. In allen Fällen traten Tatbestand und Motiv klar zu Tage.

Es bedurfte keines großen Ermittlungsaufwandes. Die Ermittlungsverfahren, die durch das Untersuchungsorgan des MfS bearbeitet wurden, waren – sofern nicht andere Tatbestände zusätzlich existierten – in zwei bis drei Monaten erledigt.

Es wäre merkwürdig, sollte es, ausgenommen vielleicht Aussagen über Mittäter, in dieser Kategorie an Aussagebereitschaft gemangelt haben. Selbst wenn, so war der Sachverhalt nach den Gesetzen der DDR eindeutig und es bedurfte keiner Repression.

Seit 1987/88 versuchten ausreisewillige DDR-Bürger, ihre Übersiedlung durch Beeinträchtigung staatlicher oder gesellschaftlicher Tätigkeit (§ 214 StGB der DDR) oder öffentliche Herabwürdigung (§ 220 StGB der DDR) zu erzwingen. Auf eine mögliche Inhaftierung bereiteten sie sich mit Rechtsberatung und Absprachen vor. Sie spekulierten darauf, nach Verbüßung eines geringen Teils der zu erwartenden Freiheitsstrafe aus dem Strafvollzug die Ausreise in die BRD genehmigt zu bekommen. In den Ermittlungsverfahren verhielten sich einige weniger kooperativ. Ihre Anzahl war für eine Gesamtstatistik zum Aussageverhalten nicht erheblich und erst recht kein Grund, »spezielle« Vernehmungsmethoden zu entwickeln.

Angemerkt sei, das im Zeitraum von 1990 bis 1998 – also nach der Liquidierung der DDR – zahlenmäßig beinahe das Vierfache (1,8 Millionen) Ostdeutsche ihre Heimat verlassen haben oder dies wegen der Arbeit mussten.

Peter Pfütze beschreibt in seinem Buch »Besuchszeit«, wie selbst das Wirken der Mitarbeiter der Ständigen Vertretung der BRD in der DDR zur Förderung der Aussagemotivation inhaftierter Bürger der BRD bzw. Westberlins beigetragen hat: »Insbesondere in den 70er Jahren verbanden nicht wenige Häftlinge mit dem Besuch aus der Ständigen Vertretung die Erwartung, dass sich diese Institution für ihre Freilassung einsetzen, wenn nicht gar veranlassen würde. Diese Hoffnungen zerschlugen sich rasch. Denn die Entscheidung über einen Austausch oder Freikauf wurde nicht in der Hannoverschen Straße, sondern in Bonn getroffen. Das sagte man ihnen auch so deutlich. Für nicht wenige Häftlinge wurde dann klar, dass sie sich verspekuliert und auf das falsche Pferd gesetzt hatten. Und nach dem populären Grundsatz ›Hilf dir selbst, dann hilft dir Gott‹ nahmen sie ihr Schicksal in die eigenen Hände. Sie befanden sich im Gewahrsam der DDR. Also musste man sich die DDR nicht zum Feinde, sondern zum Freunde machen, wenn man vorzeitig freigelassen und abgeschoben werden wollte, sagten sie sich. Und kooperierten mit uns. Das reichte von Informationen über ihren Auftraggeber, über Straftaten anderer bis hin zur weiteren Unterstützung unserer Aufklärung nach ihrer Entlassung.«[118]

Zu allen Kategorien geben die Ermittlungsakten umfassenden Aufschluss über das Vorgehen des Untersuchungsorgans des MfS und das Aussageverhalten der betroffenen Personen.

Unter »Ermittlungsakten« sind hier alle Unterlagen zu verstehen, die mit dem jeweiligen Verfahren verbunden sind. Angefangen von operativen Materialien im Vorfeld eines Ermittlungsverfahrens über die vom Untersuchungsorgan gefertigten Hand- und Gerichtsakten, die Akten über den Vollzug der Untersuchungshaft und die medizinische Betreuung der Untersuchungsgefangenen bis hin zu Akten und Materialien der Staatsanwaltschaft, der Gerichte und der tätig gewesenen Rechtsanwälte.

Neben Protokollen, Aktenvermerken und Beweismitteln werden sich auch handschriftliche Aussagen, Erklärungen und Gesuche der jeweils Beschuldigten finden lassen, die ein sachliches und klares Bild über ihr Aussageverhalten und die Umstände, unter denen sich dieses entwickelt hat, zeichnen.

Ergänzend bieten die Bearbeitungszeiten der Ermittlungsverfahren einen sachlichen Hintergrund für Auseinandersetzungen mit Behauptungen psychischer Folter. In ihren Konzepten kommen die Meinungsmacher nicht umhin, lang andauernde Schikanen zu behaupten, um das Ziel »psychische Zermürbung« glaubhaft zu vermitteln. Das

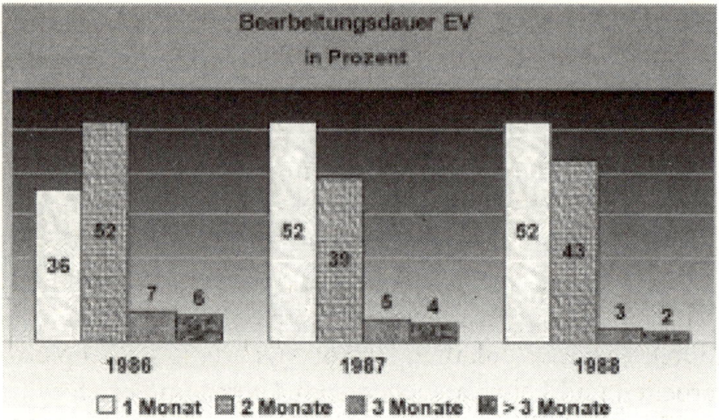

Durchschnittliche Dauer der Ermittlungsverfahren des MfS

obige Diagramm basiert auf Zahlen aus der bereits zitierten Dokumentation von Frank Joestel.

Dargestellt sind die Bearbeitungszeiten aller durch das MfS in den Jahren 1986 bis 1988 im gesamten Gebiet der DDR geführten Ermittlungsverfahren. Danach wurden 90 Prozent aller Ermittlungsverfahren binnen zwei Monaten abgeschlossen; in den Jahren 1987 und 1988 über 50 Prozent innerhalb eines Monats. Diese Fristen dürften für eine psychische Zersetzung eines Menschen wohl kaum ausreichend gewesen sein – sofern man sie beabsichtigt hätte.

Im Jahre 1988 bearbeitete jeder Untersuchungsführer durchschnittlich 11,21 Ermittlungsverfahren. Nicht berücksichtigt sind dabei Einsätze bei Vorkommnisuntersuchungen, Verdachtsprüfungshandlungen und anderweitigen Untersuchungshandlungen.

Gut zu wissen, dass mindestens für den Zeitraum von 20 Jahren Dokumente existieren, aus denen sich weitere Ansätze für objektive Prüfungen zu vorgebrachten Folterbehauptungen ableiten lassen. Nicht zuletzt wären in Verbindung mit der Entwicklung der Bearbeitungszeiten im Verlaufe dieses Zeitraumes auch Schlussfolgerungen über die Qualität der Untersuchungsarbeit in ihrer Gesamtheit möglich. Entsprechende Wertungen und Hinweise finden sich bei Joestel nicht annähernd.

Zur Methodik der Diffamierung des Untersuchungsorgans des MfS gehört es, dass dessen tatsächliche Arbeitsweise inhaltlich nicht aufgearbeitet wird. Das betrifft insbesondere die Vernehmungstätigkeit.

Die Grundsätze und Regeln der Vernehmungstätigkeit wurden ständig analysiert und verbessert. Dies ließe sich durch sachliche Aufarbeitung von Dissertationen, Diplomarbeiten und Lehrmaterialien zum Thema untersuchen.

Es wäre hilfreich, wenn an Stelle einer primitiven Diskreditierung eine Bewertung von Theorie und Praxis des vernehmungstaktischen Vorgehens im Vergleich mit internationalen Gegebenheiten erfolgen würde.

Ferner: Eine sachliche Einbeziehung der Zusammenarbeit des Untersuchungsorgans mit operativen Diensteinheiten in die Aufarbeitung der Tätigkeit des MfS würde Aufschlüsse über die Entwicklung der Beweisführung in Ermittlungsverfahren, zugleich aber auch Belege dafür liefern, dass damit grundlegende Forderungen der Strafprozessordnung (StPO) der DDR zum Schutz von unschuldigen Bürgern erfüllt wurden.

In den frühen 50er Jahren war es üblich, dass operative Diensteinheiten die Ergebnisse ihrer Arbeit dem Untersuchungsorgan erst vorlegten, wenn sie der Meinung waren, dass die Voraussetzungen für eine Liquidierung – sprich juristischer Abschluss – des Vorganges gegeben seien. Nicht wenige solcher Vorgänge wurden vom Untersuchungsorgan wegen unzureichender Beweislage zurückgewiesen. Dies führte nicht selten zu Differenzen zwischen den beteiligten Diensteinheiten. Es dauerte einige Jahre, bis die Führungsebenen beider Seiten begriffen, dass ein frühzeitiges Miteinander zu einer beide Seiten befriedigenden Lösung führen würde.

Schrittweise entwickelten sich Formen des Informationsaustausches, die zu einer Zusammenarbeit führten. Voraussetzungen dafür waren gemeinsame, fallbezogene Konsultationen, in denen unterschiedliche Sichtweisen diskutiert wurden und zur Erweiterung der operativen und juristischen Denkweisen auf beiden Seiten führten.

Ab Mitte der 60er Jahre war es nicht mehr außergewöhnlich und wurde sehr bald zur Regel, dass qualifizierte Mitarbeiter des Untersuchungsorgans beratend in die Bearbeitung operativer Vorgänge einbezogen wurden. Ihre Aufgabe bestand darin, operative Maßnahmen und deren Ergebnisse aus rechtlicher Sicht zu bewerten und Hinweise zu geben, welche Anforderungen an die Erarbeitung objektiver Beweistatsachen zu stellen sind.

Eine nicht unwesentliche Rolle spielten dabei die sogenannten operativen Beweise, welche nicht die strafprozessualen Anforderungen erfüllten, um sie in einer Gerichtsverhandlung verwerten zu können. Dazu zählten Berichte inoffizieller Mitarbeiter oder Audio- und Videoaufzeichnungen, die im Stadium der operativen Bearbeitung, ohne eine richterliche Anordnung, entstanden waren.

Nach den Gesetzen und Richtlinien für die Tätigkeit des MfS war dies nicht illegal. Um einen IM-Bericht offiziell für eine Gerichtsverhandlung verwenden zu können, hätte man den IM als Zeugen vernehmen müssen. Damit aber wäre er enttarnt worden, was nicht in seinem und dem Interesse der zuständigen operativen Diensteinheit lag. Rechtlich zulässig war aber, sich aus dem Inhalt des IM-Berichtes ergebende Hinweise auf strafbares Handeln der Zielperson, durch andere, strafprozessual zulässige Ermittlungen für die Erarbeitung zulässiger Beweise (Zeugenaussagen, Sachverständigengutachten, Beweisgegenstände und Aufzeichnungen) zu nutzen. Enthielt ein IM-Bericht Hinweise auf Personen, welche Wahrnehmungen zum Handeln und Verhalten der Zielperson gemacht hatten, so konnten diese bei Bedarf als Zeugen gehört werden. Gleiches traf auf den Inhalt konspirativer Audio- oder Videoaufnahmen zu.

Nicht selten zeigte sich im Prozess der Zusammenarbeit, dass die konspirativen Ausgangshinweise fragwürdig waren und einer Nachprüfung nicht standhielten, was letztlich zur Einstellung der operativen Bearbeitung führte. In der überwiegenden Zahl bemerkten Betroffene ihre Bearbeitung durch das MfS nicht, weshalb sie auch keine negativen Auswirkungen auf ihre persönliche und berufliche Entwicklung hatte.

Es gibt Fälle, dass ehemalige DDR-Bürger nach Akteneinsicht bei der BStU die damals für strafrechtliche Einschätzungen in ihrer Sache verantwortlichen Mitarbeiter des Untersuchungsorgans kontaktierten und ihnen für ihre objektive und sachliche Einschätzungen dankten. Sie erklärten sich bereit, bei Bedarf als Entlastungszeugen auszusagen. Eine Analyse operativer Materialien, in denen eine Bearbeitung Verdächtigter im Ergebnis dieser Zusammenarbeit eingestellt wurde, würde das Ausmaß der dadurch entlasteten Bürger sichtbar machen und objektives Arbeiten des Untersuchungsorgans belegen. Es entspricht also nicht der Wahrheit, dass Untersuchungsgefangene rechtlos und vermeintlicher Willkür ausgesetzt waren.

Die Existenz strafprozessualer Bestimmungen über die Rechte Beschuldigter im Ermittlungsverfahren und vor Gericht kann nicht bestritten werden, da diese in der Strafprozessordnung der DDR fixiert waren. Ausdrücklich hingewiesen sei in diesem Zusammenhang auf § 15 (Stellung des Beschuldigten und des Angeklagten), § 47 (Vernehmung von Beschuldigten und Angeklagten), § 61 (Recht auf Verteidigung) und § 91 (Beschwerde gegen Maßnahmen des Untersuchungsorgans und des Staatsanwaltes).

Um eine sachliche Aufarbeitung der Tätigkeit des Untersuchungsorgan vor dem Hintergrund dieser Bestimmungen der StPO zu umgehen, wird behauptet, die »Opfer« seien sich ihrer Rechte nicht bewusst gewesen, sie wurden darüber nicht belehrt. Das ist unwahr.

Explizit in §§ 15, 47 und 61 StPO der DDR war eine Belehrungspflicht festgeschrieben. Eine Missachtung dieser Vorschriften galt gemäß § 244 des Strafgesetzbuches als Straftatsbestand, der mit einer Freiheitsstrafe von bis zu fünf Jahren bedroht war. Trotz Ermittlungen der deutsche Justiz fand sich kein Fall für vorsätzliches pflichtwidriges Handeln ehemaliger Untersuchungsführer des MfS.

Es war gesetzlicher Auftrag aller Untersuchungsorgane der DDR und somit auch des MfS, keine Unschuldigen zu verfolgen. Definiert wurde dieser Auftrag im § 1 der Strafprozessordnung:

»(1) Das Strafverfahren dient der gerechten Anwendung des sozialistischen Strafrechts und damit dem Schutz der sozialistischen Staats- und Gesellschaftsordnung und jedes Bürgers. Es sichert, dass jeder Schuldige, aber kein Unschuldiger strafrechtlich zur Verantwortung gezogen wird.«

In nachfolgenden Paragrafen der StPO wurden grundsätzliche Bedingungen für die Tätigkeit der Untersuchungsorgane formuliert, insbesondere die Wahrung verfassungsmäßiger Grundrechte der Bürger (§ 3), das Recht zur Mitwirkung der Bürger an Strafverfahren (§ 4), die Gleichheit der Bürger vor dem Gesetz (§ 5), die Unantastbarkeit der Person (§ 6) und die Pflicht zur unvoreingenommenen Feststellung der Wahrheit durch Gericht, Staatsanwalt und Untersuchungsorgan (§ 8).

Auch die Beweisführung selbst war geregelt (§ 23 StPO):

»(1) Alle zur Feststellung der strafrechtlichen Verantwortlichkeit erforderlichen Tatsachen sind durch die gesetzlich zulässigen Beweismittel in der gesetzlich vorgeschriebenen Form zu beweisen.

(2) Kein Beweismittel hat eine im voraus festgelegte Beweiskraft. Das Geständnis des Beschuldigten oder des Angeklagten befreit das Gericht, den Staatsanwalt und die

Untersuchungsorgane nicht von der Pflicht zur allseitigen und unvoreingenommenen Feststellung der Wahrheit im Strafverfahren.«

Das Geständnis hatte keine im voraus bestimmte Beweiskraft! Wie berechtigt eine solche Rechtsauffassung war, hat sich in der Tätigkeit der Untersuchungsorgane der DDR wiederholt erwiesen. Zeugenaussagen, das ist ein Erfahrungswert, sind nie frei von subjektiven Färbungen. Persönliche Betroffenheit oder auch das gesellschaftliche Umfeld eines Zeugen wirkt sich auf seine Wahrnehmungen und Wertungen und damit verbundene Aussagen aus. Darüber hinaus kann der Beweiswert einer Zeugenaussage von individuellen persönlichen Gegebenheiten abhängig sein, von Erinnerungs-, Seh- oder Hörvermögen, aber auch vom Intellekt und vielfältig anderen Umständen.

Gleiches trifft auf Gutachten und Expertisen zu, wie sich insbesondere bei psychiatrischen Gutachten auch in der BRD zeigt. Aus eigener Praxis ist ein gerichtszulässiges Gutachten des Kriminaltechnischen Instituts des Ministeriums des Innern (MdI) zur Stimmidentifizierung belegt, welches einen Unschuldigen zum Täter terroristischer Anrufe erklärt hatte. Erst eine Überprüfung vor dem Hintergrund aller existierenden Beweistatsachen gab Hinweise zur Aufklärung und der Entlastung des in U-Haft befindlichen Beschuldigten. Wenn also bereits bei Zeugenaussagen und Gutachten eine unvoreingenommene Prüfung erforderlich ist, wie sieht es dann mit dem Wahrheitsgehalt bei einem Geständnis zu einer begangenen Straftat aus, welches entscheidende strafrechtliche Folgen für den Betroffenen hat?

Falsche Selbstbezichtigungen dürften aus Sicht eines Laien wohl nur durch Erpressung oder gar Folter zu erwarten sein. Die Realität war anders. Seit die menschliche DNA Einzug in die Beweisführung hielt, wurden bis zum Jahre 2007 in den USA 201 als Täter Verurteilte rehabilitiert. Der Anteil jener Unschuldigen, die sich durch ein Geständnis selbst belastet hatten, betrug 16 Prozent.[119]

Die Gründe? »Teils waren es geistig Zurückgebliebene (die dazu neigen, Befragern nach dem Mund zu reden), teils Angeklagte, die derart ohne Hoffnung waren, dass sie auf eine mildere Strafe spekulierten.« Diese Aufzählung der möglichen Motive für Selbstbezichtigungen kann aus der Sicht praktischer Erfahrung des Untersuchungsorgans des MfS ergänzt werden: Überlegungen krimineller Täter, sich damit ihre Haftbedingungen zu verbessern, oder das Streben, ihrem strafbaren Handeln einen politischen Anstrich zu geben. Falsche Geständnisse erfolgten auch mit dem Ziel, das Wissen und die Beweislage des Untersuchungsorgans zu testen.

Gefährlich waren falsche Geständnisse für U-Führer, wenn sie Merkmale widerspiegelten, die in anderen Zusammenhängen belegt worden waren oder generell bekannten Methoden entsprachen. Insbesondere traf dies auf die Tätigkeit gegnerischer Geheimdienste zu. Wesentliche Teile des Tatgeschehens vollzogen sich außerhalb des Territoriums der DDR und waren einer Beweissicherung und Überprüfung durch das Untersuchungsorgan in der Regel nicht zugänglich. Zugänglich aber waren Sachbeweise, z. B. Hilfsmittel der Agenten zur Aufrechterhaltung der Verbindung zu ihren ausländischen Auftraggebern wie Geheimschreibmittel, Verschlüsselungsunterlagen, Funkfrequenzen und auf postalischem Wege zum Versand gebrachte Spionageberichte in Geheimschrift sowie Aussagen zur Tatbegehung auf dem Territorium der DDR.

Eine nicht unbedeutende Rolle spielten deshalb nicht nur bei den sogenannten Reisespionen[120] Indizien, die sich aus dem Handeln und Verhalten der verdächtigten Personen ergaben. Als Indizienbeweis konnte eine Feststellung nur gelten, wenn es für das dokumentierte Handeln oder Verhalten keine alternative Erklärung zu einem nachrichtendienstlichen Hintergrund gab. Dazu ein Beispiel: Zu Zeiten der offenen Grenze der DDR zu Westberlin hatte ein englischer Geheimdienst an seine Agenten eine Westberliner Telefonnummer übermittelt, über die sie nach ihrem Eintreffen in Westberlin aus öffentlichen Telefonzellen Kontakt zur Zentrale oder dem Residenten aufnehmen konnten. Auf diesem Wege erhielten sie Instruktionen über Ort und Zeitpunkt eines Zusammentreffens zur Berichterstattung. Die Besonderheit dieses Verbindungskanals bestand darin, dass nach Beendigung des Gespräches die eingeworfenen Geldstücke wieder ausgeworfen wurden. Wurde dies bei der Observation einer verdächtigten Person ein solcher Vorgang beobachtet, so war dies ein Umstand, der den Verdacht einer Spionagetätigkeit erhärtete. Es bestand in einem solchen Fall aber auch die Möglichkeit, dass der Betreffende sich lediglich verwählt hatte. Dann wurde ebenfalls die Münze ausgeworfen. Folglich war diese Feststellung nur ein Indiz, kein Beweis. Erst im Zusammenhang mit anderen Feststellungen und Ermittlungen war es möglich zu klären, ob ein solches Beobachtungsergebnis juristisch von Bedeutung war.

Ein anderes Beispiel: Ein zuverlässiger inoffizieller Mitarbeiter des MfS, der Kontakt zu einem Residenten eines US-Geheimdienstes unterhielt, berichtete wiederholt über Anwerbungen von DDR-Bürgern und nannte Namen von Personen, die auf der »Gehaltsliste« dieses Residenten standen. Aufgabe der Abwehr des MfS war es nun, das Handeln und Verhalten dieser Personen im persönlichen und beruflichen Alltag aufzuklären, um Beweise für eine vermutete Spionagetätigkeit zu erbringen. Intensive und zeitaufwendige Ermittlungen führten zu der Erkenntniss, dass nicht alle tatsächlich Spione waren. Es konnten Beweise dafür erarbeitet werden, dass dieser Resident Gelder für fiktive Spione in seine eigene Tasche steckte. Die Namen seiner angeblichen Agenten hatte er aus der Berichterstattung der tatsächlich für ihn arbeitenden Spione ausgewählt. Dadurch war es ihm auch möglich, den fiktiven Spionen Themen zuzuordnen, über die diese angeblich berichtet hatten.

Solche Ergebnisse waren von besonderem operativen Interesse, wie man sich leicht vorstellen kann.

Arbeit mit Indizien war also immer ein kompliziertes Thema innerhalb der Beweisführung, bei der die umfassende Prüfung aller Details unerlässlich war.

Nicht nur bei Spionagedelikten gab es aus persönlichen Motiven resultierende falsche Geständnisse oder Teilgeständnisse. Das geschah meist dann, wenn die Täter ihr strafbares Handeln und die damit verbundenen gerichtlichen Folgen abzuschwächen versuchten oder bestrebt waren, Mittäter zu decken. Im Regelfall führten Überprüfungen der ausgesagten Details zur Aufklärung der tatsächlichen Geschehnisse.

Eine Darstellung der umfangreichen kriminalistischen und juristischen Grundlagen und Zusammenhänge würde das Thema dieser Publikation sprengen.

Anfang der 70er Jahre erläuterte der Minister für Staatssicherheit – gestützt auf Einschätzungen der Armeeführung – auf Dienstkonferenzen und bei anderen Gelegenheiten eine vom Gegner verfolgte Konzeption des verdeckten Krieges oder verdeckten Kampfes. Seine Mitteilung war verbunden mit der nachdrücklichen Aufforderung zu erhöhter Wachsamkeit. Das implizierte die Erwartung, dass Strategien des verdeckten Krieges, wie sie durch die USA in Korea, Vietnam, Mittelamerika und anderen Ländern[121] realisiert wurden, auch Grundlage für Planungen und Maßnahmen gegen die sozialistischen Länder sein würden. Bei diesen Strategien ging es um Vorbereitung und Durchführung militärischer Operationen auf dem Territorium etwa der DDR unterhalb der Schwelle eines Krieges.

Bekannt waren bis zu jenem Zeitpunkt die sogenannten E-Fallfunker des BND und der US-Geheimdienste. Sie waren mit speziellen Funkgeräten ausgerüstet und sollten – wie man heute sagen würde: als Schläfer – erst in Spannungszeiten aktiv werden, um Informationen für taktische und strategische Entscheidungen zu übermitteln. Bis Mitte der 60er Jahre wurden solche Agenten in der DDR festgenommen. Die Qualifizierung der Funkabwehr des MfS trug wesentlich dazu bei, die Einsatzdauer solcher Spione und damit ihren strategischen Wert zu begrenzen.

Erste operative Erkenntnisse existierten damals auch über militärische Untergrundorganisationen in Mitgliedsländern der NATO. Deren Aufgabe war es, bei Vorrücken von Einheiten des Warschauer Vertrages auf das eigene Territorium, im Rücken des Gegners zu operieren bzw. in Zeiten gesellschaftlicher Spannungen im eigenen Land tätig zu werden. Bekanntgeworden sind Tarnbezeichnungen wie »Stay behind« oder »Gladio«. In Italien sollen Gladio-Gruppen an Mord- und Sprengstoffanschlägen beteiligt gewesen sein. Unliebsame Politiker standen bei allen Untergrundgruppen auf Todeslisten.

In der BRD wurden solche Gruppen vom BND in Bayern und Niedersachsen an der Staatsgrenze zur DDR eingesetzt. Sie bestanden aus geheimdienstlich ausgebildeten Bundesbürgern, die im sogenannten Zonenrandgebiet wohnten und dort ganz normalen zivilen Berufen nachgingen. Bei Manövern und Wehrübungen holten sie ihre Funkgeräte und Waffen aus konspirativen Depots und probten den E-Fall. Die Funkabwehr des MfS registrierte diese Aktivitäten.

US-Geheimdienste ließen durch Spione Ende der 50er Jahre auch auf dem Territorium der DDR Orte aufklären, an denen sogenannte Empfangskomitees das Absetzen von militärischer Ausrüstung oder nachrichtendienstlichem Material erwarten sollten.

Der Geheimdienstexperte Erich Schmidt-Eenboom hat sich in seinem 1993 erschienen Buch »Schnüffler ohne

Nase« ausführlich mit dem Thema »Gladio« oder »Stay Behind« befasst. Nach seinen Recherchen handelte es sich um ein nachrichtendienstliches Verbundsystem von Spezialkräften.

Den Start gab – im Rahmen der westlichen Kriegsplanung – die Weisung NSC-10-2 vom 18. Juni 1948 des US-Sicherheitsrates. In diesem Dokument wurden erstmals die Ziele für verdeckte Operationen und Aktionen im »feindbesetzten Gebiet« formuliert. Trotz national und territorial gebundener Kontingente dominierte die CIA alles. Entsprechende Kontingente entstanden in Frankreich (1948 – sie wurde aber 1958 von der NATO-Struktur abgekoppelt und als »Windrose« getarnt weitergeführt), Belgien (1949 – durch einen Vertrag mit dem britischen Geheimdienst), Italien (1950), Niederlande (1952), Türkei (1953) und Griechenland (1955).

Mit Unterstützung der skandinavischen Partner Dänemark und Norwegen erreichte die CIA in den 50er Jahren, dass sich auch das neutrale Schweden zum Aufbau einer NATO-konformen Organisation bereitfand, welche auch noch 1989 nachweislich aktiv war.

1990 beschäftigte sich eine Schweizer Parlamentskommission mit Beziehungen der Schweizer Organisation zu anderen Untergrundgruppen Mitte der 80er Jahre. Die Spuren gaben Hinweise auf den BND.

Diese Fakten korrespondierten mit den Einschätzungen über die beim Gegner bestehende Konzeption des verdeckten Krieges in den 70er Jahren.

In dieser Situation kam es bei einzelnen untersuchungsführenden Abteilungen im MfS zu Aussagen Beschuldigter über angebliche Ausbildungsmaßnahmen und Operationen gegnerischer Geheimdienste, die sich in das Konzept des verdeckten Krieges einordnen ließen.

Im Mittelpunkt standen Rückkehrer aus der BRD – meist Deserteure der NVA oder der Grenztruppen –, die sich verschiedener Gesetzesverletzungen schuldig gemacht hatten. In der BRD hatten sie ausnahmslos mit westlichen Geheimdiensten Kontakt gehabt und waren von diesen umfassend über ihre Entwicklung in der DDR und zu gesellschaftlichen, wirtschaftlichen und militärischen Tatsachen befragt worden.

Ihre Aussagen gegenüber dem MfS betrafen außerhalb der DDR durchgeführte geheimdienstliche Ausbildungen zu militärischen Rangern, Fallschirmspringern, Kampfschwimmern, Spezialisten für den Umgang mit Kleinraketen und Unterwasserwaffensystemen, Funker, Sprengstoffexperten und Kommandanten von Kleinst-U-Booten. Diese Ausbildung erfolgte nach den Aussagen zur Vorbereitung eines Einsatzes in Verbindung mit ihrer Rückkehr in die DDR.

Generell lagen Erkenntnisse über Ausbildungen von Spezialeinsatzkräften in den Streitkräften der USA und der NATO sowie auch den Armeen des Warschauer Vertrages vor. Es gab darüber vielfältige internationale Literatur.

Die Aussagen einzelner Beschuldigter beinhalteten darüber hinaus Angaben zu Zeitpunkt, Ort, detaillierten Verlauf und weitere Umstände von erfolgten Personen- und Materialschleusungen in das oder aus dem Territorium der DDR sowie Zeitpunkt, Ort, Umfang und Ergebnisse durchgeführter Gewässer- und Geländeerkundungen, die dem Ziel gedient hatten, Möglichkeiten des Einsatzes von Abschusseinrichtungen für Kleinstraketen, Funkimpulsstrahlern als Orientierungshilfe bei der Anlandung von Unterwasserfahrzeugen sowie die Installation von Störstellen in der Umgebung wichtiger Objekte der Partei- und Staatsführung sowie der Landesverteidigung, durch deren Inbetriebnahme der gesamte Funk-, Fernsprech- und Fernschreibverkehr unterbrochen werden kann, zu schaffen.

Zur Kategorisierung dieser vermeintlichen Einsatzrichtung entstand die Bezeichnung »Agenten mit spezieller Auftragsstruktur« (ASA). Die Ermittlungen und Überprüfungen zu den Aussagen waren außerordentlich umfangreich und zeitaufwendig, beanspruchten erhebliche personelle Kapazitäten und führten zu immer neuen Fragen und Zweifeln auch bei beteiligten Mitarbeitern des Untersuchungsorgans.

Trotz der Übereinstimmung mit vorliegenden Erkenntnissen über militärische Spezialausbildungen konnten die Aussagen der Beschuldigten hinsichtlich ihres tatsächlichen Einsatzes letztlich nicht schlüssig bestätigt werden. In vielen Fällen widersprachen die Überprüfungsergebnisse sogar den in den Aussagen enthaltenen Fakten. Trotzdem nahm die Zahl derartiger Ermittlungsverfahren zu, nach Hörensagen auf etwa 12 bis 15. Diese galten als Bestätigung der angenommenen These. Widersprechende operative Erkenntnisse und Einschätzungen sowie eigene Bedenken wurden in Abwägung mit den vorliegenden Aussagen unterbewertet und die Beweisführung auf sich gegenseitig bestätigende Aussagen unterschiedlicher Beschuldigter gestützt.

Nicht zu entkräftende Einschätzungen der Abwehr und der Aufklärung wurden durch Bedenken von Spezialisten für die Untersuchung von Spionagedelikten im Hinblick auf die Persönlichkeit und Aussagemotivation der Beschuldigten ergänzt. Es gab kontroverse Diskussionen zur Sachlage und den aus den Untersuchungsergebnissen abzuleitenden operativen und militärischen Schlussfolgerungen. Hinweise auf Gefälligkeitsaussagen einzelner Beschuldigter kamen auch aus dem Büro von Rechtsanwalt Dr. Wolfgang Vogel. Minister Erich Mielke ordnete deshalb eine interne Untersuchung der Sachlage an. Sie ergab, dass Prinzipien der Untersuchungsarbeit in den betroffenen Ermittlungsverfahren verletzt worden waren.

Diese Ermittlungsverfahren wurden von einer begrenzten Zahl Untersuchungsführern bearbeitet, die mehrheitlich über keine Erfahrung in der Bearbeitung von Spionagedelikten verfügten. Wegen der erzielten Ergebnisse wurden dann allerdings ausschließlich sie zur Bearbeitung entsprechender Ermittlungsverfahren eingesetzt. Sie gingen bei der Bearbeitung der Verfahren davon aus, dass die Einordnung ihrer Untersuchungsergebnisse in die Konzeption des verdeckten Krieges richtig war und führten die Vernehmung mit unzureichender Berücksichtigung davon abweichender Fakten. In den Vernehmungen wurde mit unzulässigen Suggestivfragen und richtungsweisenden Vorhalten zu abweichenden Aussagen gearbeitet. Die Beschuldigten konnten erkennen, welche Antworten von ihnen erwartet werden.

Gestützt auf ihre vermeintliche spezielle Sachkenntnis, der Anwendung der bereits genannten falschen Vernehmungstaktik und Unterlassung kritischer Bewertung von Beschuldigtenaussagen durch die U-Führer ergab sich nahezu selbstverständlich eine Übereinstimmung der Aussagen verschiedener Beschuldigter.

Nicht hinreichend beachtet wurde die Persönlichkeit der Beschuldigten bei der Bewertung ihrer Aussagen, insbesondere Lebenserfahrung, leichte Beeinflussbarkeit, persönliche Vorteilserwägungen und teilweise auch Geltungsbedürfnis. Das betraf ebenso Widersprüche zwischen den Aussagen zu Inhalt und Ziel ihrer geheimdienstlichen Tätigkeit und ihren generellen intellektuellen Fähigkeiten.

Die Objektivität und Kritikfähigkeit der beteiligten Mitarbeiter des Untersuchungsorgans war durch ihre Überzeugung beeinträchtigt, dass die von ihnen erzielten Ergebnisse der Konzeption des verdeckten Krieges entsprachen und sie zu deren Aufklärung und Durchkreuzung einen Beitrag leisteten. Bei einigen Vorgesetzten dürften auch andere Motive eine Rolle gespielt haben, was wegen verwehrtem Zugang zu den Archivmaterialien nicht geklärt werden konnte.

Alle geprüften Geständnisse, die über die Straftatbestände der Fahnenflucht und damit zusammenhängender Handlungen wie des Verrats militärischer, politischer und wirtschaftlicher Tatsachen gegenüber westlichen Geheimdiensten hinausgingen, hatten juristisch keinen Bestand.

Es war ein einmaliges und für die Untersuchungspraxis absolut untypisches Ereignis, vor allem auch im Hinblick darauf, dass Verletzungen der Objektivität in der Beweisführung Grundlagen für die Irreführung der zuständigen Staatsanwälte und Richter geschaffen und das Rechtssystem der DDR schwer beschädigt hätten.

Alle einschlägigen Ermittlungsverfahren wurden auf tatsächlich existierende Straftatbestände überprüft. Verurteilte Straftäter wurden, unter Beachtung ihrer tatsächlichen strafrechtlichen Verantwortung, vorzeitig aus der Strafhaft entlassen

In einer Dienstkonferenz des Ministers für Staatssicherheit wurden diese Fehlentwicklung und ihre Ursachen am 24. Mai 1979 kritisch ausgewertet und, damit verbunden, die Verantwortlichen aus ihren bisherigen Dienststellungen entfernt. Die Ergebnisse dieser Konferenz fanden Eingang in weitere Verbesserungen von Weisungen zur Gewährleistung einer objektiven Untersuchungstätigkeit, insbesondere zur Verantwortung leitender Mitarbeiter des Untersuchungsorgans. Durch die Dokumentenstelle des Büros der Leitung des MfS wurde über den wesentlichen Inhalt und die daraus resultierenden grundsätzlichen Forderungen des Ministers dieser Konferenz eine Broschüre gedruckt und an alle zuständigen Diensteinheiten versandt – ein deutliches Zeichen für die Ernsthaftigkeit der eingeforderten Konsequenzen. Diese Broschüre ist eingebunden in einem blauen Umschlag und sollte im Archiv der BStU auffindbar sein.

Verfügt wurde auch, dass künftig alle Ermittlungsverfahren mit geheimdienstlichem Hintergrund ausschließlich durch die dafür spezialisierte Abteilung 1 der HA IX zu bearbeiten waren.

Die Tatsache, dass diese Sache die Ausnahme von der Regel war und der Prozess der Selbstreinigung aus eigener

Kraft in Gang gesetzt wurde, widerspricht Behauptungen über eine generell willkürliche Strafverfolgung durch das MfS und beweist den hohen Stellenwert, welchen Gesetzlichkeit, Wissenschaftlichkeit, Objektivität und Feststellung ausschließlich der Wahrheit im Ministerium für Staatssicherheit hatte.

3.3 Manipulierte Opferzahlen

Es war zu erwarten, dass die Bundesrepublik Personen, die in ihrem Auftrag gegen die DDR als Spione, Saboteure und Terroristen, politische Diversanten, als Abwerber und Menschenhändler tätig waren und dafür einsaßen, entschädigen und rehabilitieren würde. Sie würde auch auch Personen zu »Opfern« erklären, die keine waren. Das beweist aber nicht, dass der Besiegte Unrecht begangen hat.

Das aber wird suggeriert. Die DDR war das Böse schlechthin, die Zahl ihrer »Opfer« wächst stetig.

Um nicht missverstanden zu werden: Natürlich geschah in der DDR auch Unrecht wie in jedem anderen Staat. Menschen werden zu unrecht beschuldigt, sie werden bestraft, ausgegrenzt, gedemütigt, unterdrückt, bevormundet. Das findet tagtäglich überall auf der Welt statt, es gibt nirgendwo einen idealen Staat. Aber nicht jeder Bürger, der sich ungerecht behandelt fühlt, ist darum auch ein Opfer. Und nicht jeder, der im Gefängnis sitzt und sich für unschuldig hält, ist es auch.

Das gilt auch für DDR-Bürger. Deshalb muss man sich genau anschauen, ob einer so schuldlos ist wie behauptet, oder ob er nicht doch ein Gesetzesübertreter war.

Wie ist eine solche Frage in Bezug auf ein ungesetzliches Verlassen der DDR zu beantworten? Über 90 Prozent der Ausreiser hielten sich an die Gesetze, stellten ihren Antrag und lebten mit den Konsequenzen. Andere wählten einen anderen Weg, den über den Gesetzesbruch und wurden dafür bestraft. Waren sie dadurch Opfer?

Die antikommunistischen Opferverbände und -vereinigungen sprechen von 200.000 bis 300.000 »Opfern«, die allein das MfS auf dem Gewissen habe.

Die BStU veröffentlicht alle zwei Jahre Tätigkeitsberichte, in denen die Zahlen der Anträge auf Einsicht oder Auskunft von Bürgern im Zusammenhang mit Rehabilitierung und Wiedergutmachung ausgewiesen werden. Im 9. Tätigkeitsbericht vom März 2009 wurden zur Rehabilitierung 90.983 und zu Wiedergutmachung 149.062 Anträge ausgewiesen. (Doppelregistrierungen sind durchaus möglich.) Die nachfolgenden Diagramme zeigen die zeitli-

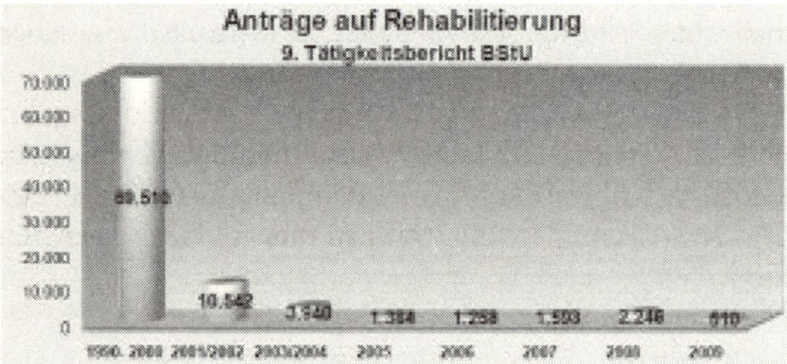

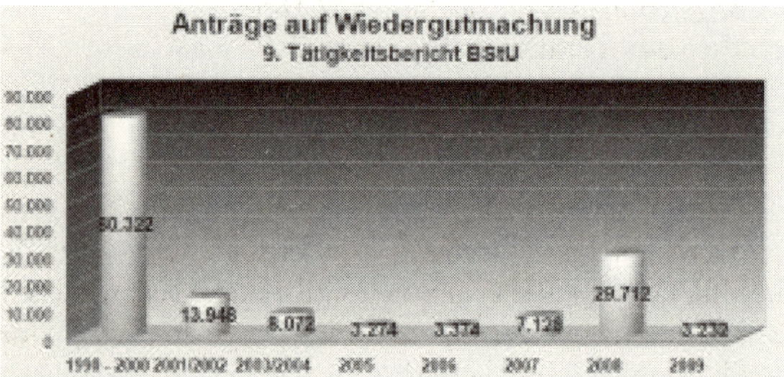

Zahlen aus dem 2009er Tätigkeitsbericht der BStU zur Entwicklung der Anträge seit 1990

che Verteilung. Die Tatsache, dass die Anträge zu Wiedergutmachung wesentlich höher sind als die zur Rehabilitierung weist darauf hin, dass es neben strafrechtlich »Verfolgten« auch noch andere »Anspruchsberechtigte« geben muss.

Als sicher kann zunächst festgestellt werden, dass diese Zahlen die »Opferzahlen« nicht annähernd erreichen. Hinzu kommt, das die BStU lediglich die Zahlen der Anträge ausweist – nicht aber die Zahl der positiv entschiedenen, also die Erfolgsquote. Belegt ist zudem, dass die BStU jeden Antragsteller auffordert, sein Ansinnen in angemessener Zeit erneut vorzutragen, da noch nicht alle Akten aufgearbeitet seien. Die Zahl wiederholt gestellter Anträge allerdings wird in den Tätigkeitsberichten nicht ausgewiesen. Es sind Fälle bekannt, wo eine Person siebenmal einen Antrag gestellt hatte. Er wird also als sieben Antragsteller in die Statistik eingegangen sein.

Bei der Suche nach Informationen über die Erfolgsquote solcher Anträge ergab sich ein Hinweis auf die Drucksache des Bundestages 16/11466 aus dem Jahr 2009, in der Zahlen (Stand vom 31. Juli 2008) zu diesem Thema genannt sind:

Anträge gesamt:	60.198
bewilligt:	39.797
abgelehnt:	2.185
Anträge, die sich erledigten:	8.747
Anträge, die zum Stichtag noch anhängig waren:	9.469

Maximal also 50.000 erfolgreiche Anträge.

Erfolgreich weshalb?

Der Versuch zu verifizieren, welchen Kategorien die bewilligten Anträge zuzuordnen sind, endete bei drei Gesetzen zur Rehabilitierung und Wiedergutmachung von »SED-Unrecht«, die da sind:

- Das Gesetz für strafrechtlich verfolgte (StrRehaG). Rehabilitiert und damit zu Opfern erklärt wurden nach diesem

Gesetz auch Terroristen, Saboteure, Spione, kriminelle Menschenhändler und andere rechtsgültig verurteilte Straftäter, deren Handlungen gegen die DDR gerichtet waren;

- Das Gesetz zur verwaltungsrechtlichen Rehabilitierung (VwRehaG). Anspruch auf Rehabilitierung und Wiedergutmachung haben nach diesem Gesetz von behördlichen Entscheidungen Betroffene – von der Einweisung in ein Kinderheim bis zu territorialen Aufenthaltsverboten;
- Das Gesetz zur beruflichen Rehabilitierung (BerRehaG). Dieses Gesetz gilt praktisch für Jeden, der sich in irgendeiner Weise in der DDR beruflich benachteiligt gefühlt hat, u.a. auch für die Bundeskanzlerin Angela Merkel, die vor Schülern öffentlich erklärt hat, in der DDR beruflich benachteiligt worden zu sein.

Anzumerken ist noch, dass die Gültigkeit dieser Gesetze ausdrücklich auf das »Beitrittsgebiet« begrenzt ist. Keines der Opfer politischer und/oder strafrechtlicher Verfolgung sowie sozialer Ausgrenzung der alten BRD kann seine Forderungen unter Berufung auf diese Gesetze geltend machen.

Bei realistischer Betrachtung ist es schwierig, wenn gar unmöglich, dem MfS die unterschiedlichen »Opferkategorien« zuzuordnen. Ist das vielleicht der Grund, weshalb der Bundestag darauf verzichtet hat aufzusplitten, nach welchem Gesetz wieviel Anträge Erfolg hatten?

Deutlich ist zu erkennen, dass es weder bei der BStU noch beim Bundestag diesbezüglich mit rechten Dingen zugeht. Ein logischer Schluss ist demzufolge, dass die Zahlen der Opfer, für die das MfS tatsächlich verantwortlich ist, trotz fragwürdiger Opferdefinitionen dennoch weit unter den Wünschen der Meinungsmacher liegen.

Gemessen an der durchschnittlichen Einwohnerzahl der DDR bewegen sich die Opferzahlen der Bundesregierung bei etwa 0,3 Prozent. Vermutlich liegen daher die dem MfS zuzuordnenden im Promillebereich. Unter ihnen gab es nicht wenige, die sich weigerten, den Meinungsmachern zu Diensten zu sein und Mitarbeiter MfS oder der Justizorgane der DDR der Folter oder anderer Rechtsverletzungen zu beschuldigen.

Am 7. Juni 1996 erklärte beispielsweise Rudolf Bahro vor dem Berliner Landgericht: »Meine Haft kann ich nicht unter Unrechtsstaat verbuchen.« So erklärt sich auch, warum er den Prozess gegen ehemalige Juristen als Farce, als »Siegerjustiz« empfand. Ohne den Sieg des Kapitalismus »gäbe es diese Veranstaltung nicht«. Den Angeklagten Ex-Mitarbeitern des MfS bescheinigte Bahro, sich korrekt verhalten zu haben. Die Haft habe bei ihm keine psychischen und physischen Folgen hinterlassen.[122]

Jahrelang suchten die Netzwerke der Meinungsmacher intensiv nach Opfern, man schaltete Anzeigen und machte »Beratungsangebote für Opfer«. Trotzdem ließen sich die Zahlen nicht auf das gewünschte Niveau bringen.

Im Vorwort von Zahns Buch »Haftbedingungen und Geständnisproduktion in den U-Haftanstalten des MfS« sind die Gründe dafür genannt: »Zu den typischen Fallgruppen bei der Verweigerung von Rehabilitierungen zählen jene, in denen von der DDR-Justiz Verurteilte einst gegenüber den Vernehmern des MfS bzw. in der Gerichtsverhandlung Geständnisse abgelegt, d. h. sich selbst schwerer Straftaten beschuldigt haben, die auch nach heutigem Rehabilitierungsrecht nicht rehabilitierungsfähig sind. Zu nennen sind etwa der ›ungesetzliche Waffenbesitz‹, Sprengstoffanschläge oder vorsätzliche Tötungsdelikte.

Die Rehabilitierungsgerichte stehen seit 1990/91 in solchen Fällen vor der Entscheidung, ob sie den schriftlichen Urteilstexten der DDR-Justiz mit den entsprechenden Sachverhaltsschilderungen und protokollierten Geständnissen der Verurteilten Glauben schenken sollen, oder den Einlassungen der Antragsteller, die gegenüber dem erkennenden Rehabilitierungsgericht erklären, dass die Tatvorwürfe im Ursprungsurteil ge- oder verfälscht seien. [...] Es ist zwingend für Richter an Rehabilitierungskammern, sich mit deutscher Geschichte zu befassen, wollen sie sachgerechte Entscheidungen fällen – und sei es, indem sie zeitgeschichtliche Gutachter zur Klärung offener Fragen heranziehen.

Sachkundige Kenner der MfS-Akten werden im Regelfall auch in der Lage sein, in MfS-Maßnahmeplänen und Vernehmungsprotokollen Indizien zu finden, die aussagekräftig sein können zur Frage, ob die schließlichen Eingeständnisse, dieses und jenes Verbrechen begangen zu haben, unter massivem Druck von den Vernehmern produziert worden sind, d. h. ob Häftlinge mit physischer und psychischer Gewalt dazu gebracht worden sind, gegen sich selbst Beschuldigungen zu erheben, die dem tatsächlichen Sachverhalt und Ereignissen widersprechen.« Vorwortautor Werkentin also offenbart das Dilemma, nennt den Ansatz zur Korrektur und artikuliert Hoffnung: »Wenn dieser Band dazu beiträgt, in schwierigen Rehabilitierungsverfahren, in denen die Glaubwürdigkeit schriftlicher Unterlagen des MfS und der SED-Justiz abgewogen werden muss gegen die Glaubwürdigkeit von abweichenden Schilderungen der Antragsteller, zu sachgerechten Entscheidungen zu kommen, hätte er seinen Zweck erfüllt.«

Die Konferenz der Landesbeauftragten für die Unterlagen des Staatssicherheitsdienstes der ehemaligen DDR legte 2003 mit einem Expertengutachten zum Thema »Gesundheitliche Folgen politischer Haft in der DDR« nach. Im Vorwort von Jörn Mothes heißt es: »Tausende von Menschen wurden in der Sowjetischen Besatzungszone und in der DDR aus politischen Gründen inhaftiert. Ihren Einsatz für Demokratie, Freiheit und die Menschenrechte bezahlten sie aber nicht nur mit dem Verlust ihrer persönlichen Freiheit. Für viele von ihnen blieben auch nach der Haft bis 1989 Überwachung, Drangsalierung und Ausgrenzung ein Teil des Alltages. Viele ehemalige Häftlinge verließen die Haft schon mit schweren psychischen oder physischen Schäden oder mussten später erkennen, dass ihre lange Krankengeschichte auf ihre Haftzeit zurückzuführen ist. Auch heute noch tragen viele Menschen schwer an den gesundheitlichen Folgen der Haft.

Den Landesbeauftragten für die Stasi-Unterlagen sind diese Umstände seit langem bekannt. [...] Für diejenigen, die den für sie schweren Weg dennoch gehen wollen, sind die Erfolgsaussichten denkbar gering. Nach einer Mitteilung der Bundesregierung aus den Jahr 1999 lag die Anerkennungsquote von gesundheitlichen Haftfolgeschäden bei lediglich fünf Prozent.

Bei einer genaueren Durchsicht der Ablehnungen offenbart sich, dass die zuständigen Versorgungsämter häufig wichtige neuere Erkenntnisse der medizinischen Forschung nicht zur Kenntnis nehmen. So werden beispielsweise Gesundheitsschäden häufig nicht als haftfolgebedingt anerkannt, da die Haft lange Zeit zurückliegt und in der Zwischenzeit keine Krankheitssymptome aufgetreten sind.

Mit dem vorliegenden Gutachten möchten die Landesbeauftragten zum einen die zuständigen Gutachter und Ämter auf neue Forschungsergebnisse hinweisen und für die besondere Lage ehemaliger Häftlinge sensibilisieren. Zum anderen soll es den Betroffenen Mut machen und ihnen eine Argumentationshilfe an die Hand geben [...].

Die Konferenz der Landesbeauftragten hofft darüber hinaus, mit diesem Gutachten auch die politischen Entscheidungsträger anregen zu können, sich über eine Erleichterung der Anerkennung haftbedingter Gesundheitsschäden Gedanken zu machen.

Dies wäre ein kleiner, unseres Erachtens aber immens wichtiger Beitrag zur Verbesserung der Lebenssituation vieler ehemaliger politischer Häftlinge.«

Auf diese Weise wurden Gutachter und Ämter zur Ordnung gerufen und politische Entscheidungsträger aufgefordert, die »Opferproduktion« zu fördern.

Was hat dies alles mit den Aufgaben der BStU zu tun?

Nichts natürlich.

Um erfassen zu können, welchen Intentionen die BStU folgt einiges zum Inhalt der Expertise.

Eingangs werden drei Professoren und ein Dr. phil. als kompetente Autoren namentlich benannt. Bereits deren Einleitung wirft die Frage auf, welche Vorgaben den Experten für ihre gutachterliche Tätigkeit gemacht worden waren. Dort heißt es nämlich, dass »im wesentlichen die US-amerikanische Forschung zu den Folgen der Kriege in Korea und Vietnam die entsprechende Forschungsbemühungen voran« gebracht haben. »Erst 1980 wurde in das US-amerikanische Diagnosenmanual DSM-lll die posttraumatische Belastungsstörung aufgenommen, die hierdurch als klassifizierbare psychische Störung erstmals einen akzeptierten Eingang in die Fachöffentlichkeit fand.«

Die psychologische Befindlichkeit US-amerikanischer Soldaten, die in verbrecherischen Kriegen gegen die Völker Koreas und Vietnams traumatisiert wurden, mit Hafterlebnissen in der DDR auf eine Stufe zu stellen, steht dem »Diktaturenvergleich« in nichts nach und wirft die Frage nach wissenschaftlicher Moral auf.

Näherliegend wären Vergleiche mit den Millionen durch die Liquidierung der DDR sozial entwurzelten und traumatisierten Bürgern, von denen eine beträchtliche Anzahl in den Freitod getrieben wurde. In diesem Falle aber würden sich Fragen nach Ursachen und Verursachern stellen.

Danach erkundigte sich 1991 der ehemalige Chef der Bezirksverwaltung Rostock des MfS, Generalleutnant a. D. Rudolf Mittag, beim Generalstaatsanwalt des Landes Mecklenburg-Vorpommern, Alexander Prechtel. Dieser hatte in der *Ostseezeitung* am 14. Mai 1991 die Tatsachenbehauptung aufgestellt, dass in der Untersuchungsabteilung des MfS in Rostock gefoltert worden sei. Seine schriftliche Stellungnahme zur Zurückweisung der publizierten Behauptungen beendete Rudolf Mittag wie folgt: »Sie hielten es für angebracht, mit einer solch eindeutigen Formulierung an die Öffentlichkeit zu treten. Es müssten also auch für die Veröffentlichung geeignete Tatsachen vorliegen. Bitte prüfen Sie die Möglichkeit, mich darüber zu informieren.«

Als für die Veröffentlichung geeignete Tatsachen hätte ein Gerichtsurteil oder zumindest dessen Aktenzeichen gegolten. Das es so etwas nicht gab, belegt die Antwort des Generalstaatsanwalts.

»Sehr geehrter Herr Mittag!

Ihr Schreiben vom 26. Juni 1991 ist bei mir am 3. Juli 1991 eingegangen. Meine von Ihnen zitierte Äußerung zum Thema Folterungen in der MfS-Untersuchungshaftanstalt in Rostock ist zumindest inhaltlich zutreffend wiedergegeben worden. Diese meine Aussage findet ihre Grundlage nicht in einer, wie Sie schreiben, ›gegen das ehemalige MfS und seine Mitarbeiter gerichteten Kampagne‹, sondern in meiner Kenntnis von verschiedenen Strafanzeigen, die in glaubhafter Form derartige Sachverhalte zur Anzeige gebracht haben.«

Glaubhafte Strafanzeigen? Wie »glaubhaft« eine Strafanzeige aus der persönlichen Sicht des Generalstaatsanwaltes auch sein mag: So lange kein ordentliches Gericht dazu ein Urteil gefällt hat, stellt eine daraus abgeleitete Tatsachenbehauptung eine rechtlich unzulässige Vorverurteilung dar.

Dessen war sich Generalstaatsanwalt Prechtel offenbar auch bewusst. Weshalb sonst hätte er es für nötig erachtet, dem Briefschreiber zu drohen.

»Die Tatsache, dass Sie seinerzeit Leiter der Bezirksverwaltung des MfS in Rostock gewesen sind, war und ist mir bekannt. Die Frage Ihrer strafrechtlichen Verantwortlichkeit für durch Mitarbeiter des MfS begangene Straftaten wird durch die zuständigen Ermittlungsbehörden und gegebenenfalls durch das Gericht zu bewerten sein.«

Vielleicht hatte er aber auch nur die Nerven und damit die juristische Übersicht verloren? War er aktuell selbst dem Vorwurf ausgesetzt, allein durch gute Beziehungen zur Treuhandanstalt eine exklusive Villa in unmittelbarer Strandnähe – Experten schätzten ihren Wert auf bis zu vier Millionen Mark – zum Schnäppchenpreis von 817.000 D-Mark erworben zu haben.

Die Immobilie gehörte vormals zum MfS, was der Sache eine zusätzlich pikante Note gab. Eine Zeitung titelte: »Prechtel: Rote Villa in feinster Lage«. Publik wurde in diesem Zusammenhang auch, dass er den ihm unterstellten Juristen nicht zumuten mochte, in einem anderen ehemaligen »Stasi-Gebäude« in Rostock zu arbeiten.

Auch bei Verzicht auf jede Form von Polemik ergibt sich aus diesem Sachverhalt eine Bestätigung dafür, dass für eine sachliche Aufarbeitung der Geschichte des MfS und seines Untersuchungsorgans in den Konzepten der staatlich organisierten Meinungsmache schon damals kein Raum gab.

Es folgten Jahre politischer Strafverfolgung von etwa 30.000 ehemaligen Mitarbeitern des MfS. Auch Rudolf Mittag befand sich unter den Beschuldigten. Im Zeitraum von 1992 bis 1997 wurde er mit einer Vielzahl von Ermittlungsverfahren überzogen. Von Zeit zu Zeit wurden diese zusammengefasst, so dass am Ende zwei Ermittlungsverfahren existierten. Schuldvorwurf: Amtsmissbrauch, Freiheitsberaubung und ähnliches.

Nicht eines dieser Verfahren reichte jedoch zur Anklageerhebung, geschweige denn zu einer gerichtlichen Verhandlung.

In keinem der erfolglosen Verfahren war von Folter durch Mitarbeiter der General Mittag direkt unterstellten Abteilung IX die Rede.

Bei den Recherchen zu Ergebnissen der Strafverfolgung von Mitarbeitern des MfS wurde nicht ein Fall bekannt, in dem ein Mitarbeiter der Bezirksverwaltung Rostock gerichtlich verurteilt wurde.

Die Behauptungen des Generalstaatsanwaltes Prechtel aus dem Jahre 1991 hatten also keine juristische Basis. Seine nicht widerrufene Folterbehauptung kann also mit Fug und Recht als haltlos und damit böswillig bezeichnet werden.

Welche Ergebnisse brachte die Strafverfolgung in Sachen Folter von Mitarbeitern des Untersuchungsorgans des MfS insgesamt? Weder die Bundesregierung noch die Länder führten darüber Statistik. Der Rechtsanwalt Dr. Friedrich Wolff wandte sich als Mitglied des Kuratoriums der Gesellschaft zum Schutz von Bürgerrecht und Menschenrechte (GBM) 2006 mit einer öffentlichen Petition an den Deutschen Bundestag, am 13. Dezember 2007 erfolgte die Reaktion mit der Drucksache 16/7493.

»Mit der Petition wird der Deutsche Bundestag aufgefordert, eine öffentliche Feststellung über den tatsächlichen Umfang des DDR-Unrechts zu treffen, der nach Auffassung der Petenten gering ist. Es wird eine amtliche Bekanntmachung der Ergebnisse der strafrechtlichen Verfolgung von DDR-Unrecht durch die Justizorgane der Bundesrepublik Deutschland angestrebt, so dass die Wahrheit hinsichtlich des Umfangs und Inhalts des DDR-Unrechts für jedermann ersichtlich festgestellt wird. Insbesondere soll damit aufgezeigt werden, dass die strafrechtliche Aufarbeitung der DDR-Vergangenheit nicht ergeben habe, dass in der ehemaligen DDR gefoltert worden sei«, beginnt die Antwort, womit zunächst Wolffs Anliegen repertiert wurde. »Die öffentliche Petition wurde von 76 Mitzeichnern unterstützt. Zu ihr wurden im Internet 75 gültige Diskussionsbeiträge abgegeben.«

Interessant ist die Aussage des Petitionsausschusses: »Zu der Thematik liegen weitere sachgleiche Petitionen vor, die wegen des Sachzusammenhangs gemeinsam beraten werden. Außerdem wurden an den Petitionsausschuss Unterschriftenlisten mit mehreren Hundert Unterschriften zur Unterstützung der Petition übermittelt.«

Nicht minder interessant die Auskunft, mit wem die Eingaben bearbeitet wurden: »Der Petitionsausschuss hat zu der Petition Stellungnahmen des Bundesministeriums für Justiz und des Beauftragten der Bundesregierung für Kultur und Medien eingeholt.«

Der Beauftragte für Kultur und Medien, der dem Bundeskanzleramt nachgeordnet ist? Was hat der mit dem Thema »Folter« zu tun?

Nun, er steuert und koordiniert bedeutende Knotenpunkte der Netzwerke der »Aufarbeitung«. Vermutlich dürfte er in dieser Sache wesentlich mehr Einfluss auf die Antwort genommen haben als das Bundesministerium für Justiz.

»Der Petitionsausschuss weist zunächst darauf hin, dass eine Rechtsgrundlage und somit eine Rechtspflicht für eine ›amtliche Bekanntmachung‹ der Ergebnisse der strafrechtlichen Aufarbeitung des staatlich begangenen Unrechts in der ehemaligen DDR nicht gegeben ist.

Die Verfolgung von Straftaten obliegt entsprechend der verfassungsrechtlichen Ordnung der Bundesrepublik Deutschland den Ländern, und es liegen keinerlei Berichtspflichten der Länder an die Bundesregierung und umgekehrt vor«, heißt es. Mit Berufung auf die Rechtslage hätte der Bundestag eine Stellungnahme generell ablehnen können oder müssen.

Das wäre eventuell besser gewesen (wenngleich ebenfalls beredt genug), als sich hinter den gängigen Phrasen und Versatzstücken zu verstecken. »Sofern die mit der Petition begehrte Feststellung mit dem Ziel erfolgen soll, nicht bewiesene Behauptungen über Folter, [...], zu entkräften, hält der Ausschuss diese Zielsetzung insbesondere im Hinblick auf die Opfer des DDR-Unrechts, für untragbar.

Es ist eine historische Tatsache, dass in der DDR zumindest in Einzelfällen [...] Gefangene misshandelt worden sind.«

Die Wendung »Es ist eine historische Tatsache« wird seit den frühen 90er Jahren verwandt, und wie damals hätte man das Adjektiv tauschen müssen: es ist eine unbewiesene Tatsache. Denn auch in der Drucksache bleibt man den Beweis schuldig. »Hinsichtlich des mit der Petition in Frage gestellten Einsatzes von Folter in der ehemaligen DDR verweist der Petitionsausschuss zunächst auf die Einschätzung des Historikers und Experten für die Geschichte der Folter, Robert Zagolla, der Folterhandlungen in der ehemaligen DDR bis 1956 anhand der einschlägigen Literatur eindeutig nachgewiesen hat.« Beweise führt man gemeinhin mit Fakten, nicht mit »einschlägiger Literatur«.

»Für die Zeit nach 1956 kann zumindest festgestellt werden, dass die Schwelle zur grausamen, erniedrigenden und unmenschlichen Behandlung nach dem Völkerrecht häufig überschritten worden ist, um die ›Aussagebereitschaft‹ der Untersuchungshäftlinge zu erhöhen.«

Der Verweis aufs Völkerrecht ist ganz großes Geschütz, bei dem jeder Widerspruch verstummen muss.

Halten zu Gnaden: Auf eine Definition von Folter verständigte sich die Weltgemeinschaft erst 1984 in der UN-Antifolterkonvention. Die DDR ratifizierte diese Konvention am 9. September 1987. Die BRD wurde aufgrund der deutschen Einheit zur Ratifizierung gezwungen und tat dies am 1. Oktober 1990.

Artikel 1 dieser Konvention definiert den Begriff der Folter so: »Im Sinne dieses Übereinkommens bezeichnet der Ausdruck ›Folter‹ jede Handlung, durch die einer Person vorsätzlich große körperliche oder seelische Schmerzen oder Leiden zugefügt werden, zum Beispiel um von ihr oder einem Dritten eine Aussage oder ein Geständnis zu erlangen, um sie für eine tatsächlich oder mutmaßlich von ihr oder einem Dritten begangene Tat zu bestrafen, um sie oder einen Dritten einzuschüchtern oder zu nötigen oder aus einem anderen, auf irgendeiner Art von Diskriminierung beruhendem Grunde, wenn diese Schmerzen oder Leiden von einem Angehörigen des öffentlichen Dienstes oder einer anderen in amtlicher Eigenschaft handelnden Person, auf deren Veranlassung oder mit deren ausdrücklichem oder stillschweigendem Einverständnis verursacht werden.

Der Ausdruck umfasst nicht Schmerzen oder Leiden, die sich lediglich aus gesetzlich zulässigen Sanktionen ergeben, dazu gehören oder damit verbunden sind.«

In einem US-Gefängnis in Abu Ghuraib, Irak, entstanden die Vorlagen für diese Folterbilder

Damit sind eindeutige Kriterien benannt. Inwieweit diese rückwirkend als Maßstab für Ermittlungen von Tätern und deren Verurteilung anwendbar sind, soll hier nicht diskutiert werden. Entscheidend ist: Es muss ein Zusammenhang der Handlung mit einem Ziel (Erzwingung eines Geständnisses) gegeben sein.

Ein vorschriftswidriges Verhalten eines Wachpostens, der weder den Namen des Häftlings kennt, noch über dessen Straftat und sein Aussageverhalten unterrichtet ist, erfüllt diese Bedingung folglich nicht. Zudem hatte der Beschuldigte in solchen Fällen das Recht der Beschwerde: beim Leiter der U-Haftanstalt, bei seinem Untersuchungsführer, bei seinem Rechtsanwalt oder direkt beim zuständigen Staatsanwalt. Über diese Rechte wurde er belehrt.

Prozeduren und Abläufe in der U-Haftanstalt, welche gesetzlich geregelt und denen alle Untersuchungsgefangenen unterworfen waren, sind nach Artikel 1 der Konvention ausdrücklich ausgeschlossen. Die Leibesvisitation bei Einlieferung in die U-Haftanstalt oder nächtliche Kontrollen bei Suizidgefahr beispielsweise ist keine Folter.

Sieht der Petitionsausschuss resp. der Bundestag das ebenso? Wohl nicht.

»Bislang stehen Dokumentationen der Folterhandlungen nicht in ausreichendem Maß zur Verfügung. Außerdem wird die an sich schon schwierige Nachverfolgung von psychischen Foltermethoden dadurch erschwert, dass nach den vorliegenden Informationen körperliche und seelische Leiden in einzelne, für sich genommen wenig gravierende Schikanen zerlegt worden sind und erst im Zusammenspiel ihre Wirkung entfalteten, so dass ein Foltervorwurf sich nachträglich nur schwer begründen lässt.« Mit anderen Worten: Die Kriterien der UN-Antifolterkonvention 1984 mögen überall auf der Welt gelten – nur in Deutschland nicht. Da ist alles viel, viel komplizierter.

Und obwohl seit 1992 Milliarden ausgegeben wurden, will man noch immer keine (»in ausreichendem Maße«) Belege für Folterhandlungen gefunden haben.

Entweder sind jene, die mit dieser Suche beauftragt wurden, unfähig und inkompetent (dann sollte man sie feuern) – oder es gibt nicht das, wonach sie suchen. Da sind natürlich selbst die fähigsten Leute überfordert und zum Scheitern verdammt.

Man findet also wenige »Opfer«, noch weniger »Täter« und keine Belege. Mithin: der »Foltervorwurf« lässt sich »nachträglich nur schwer begründen«.

Sollte man darum die Suche nicht abblasen und die Anschuldigungen zurücknehmen? Es besteht doch kein Zweifel mehr, dass physische oder psychische Folter jemals verordneter Bestandteil der Arbeitsmethoden des Untersuchungsorgans des MfS war: Sie war es nicht!

Damit ist nicht gesagt, dass es in Einzelfällen körperliche Übergriffe oder ehrverletzendes Verhalten nicht gegeben haben könnte, und das sollte, wenn es belegt ist, auch juristisch verfolgt werden. Aber ein Generalverdacht gegen alle Mitarbeiter ist nicht gerechtfertigt.

Generalstaatsanwalt Schaefgen zog in der Zeitschrift *Neue Justiz*, Heft 1/2000, Bilanz, 2007 gab es eine von der Stiftung zur Aufarbeitung der SED-Diktatur herausgegebene Publikation (»Die Strafverfolgung von DDR-Unrecht«) der Professoren Klaus Marxen und Gerhard Werle. Zum Thema Folter durch Mitarbeiter des Untersuchungsorgans finden sich in beiden Arbeiten nichts Konkretes. Die Gesellschaft für Rechtliche und Humanitäre Unterstützung (GRH) e.V. veröffentlichte 2007 im Internet eine Bilanz der politischen Strafverfolgung in Deutschland nach 1990. Sie stützte sich »auf Anklagen und Urteile sowie auf weitere verfahrensbezogene Informationen, soweit solche aus zugänglichen offiziellen Veröffentlichungen entnommen werden konnten. Trotz Authentizität und Verlässlichkeit der

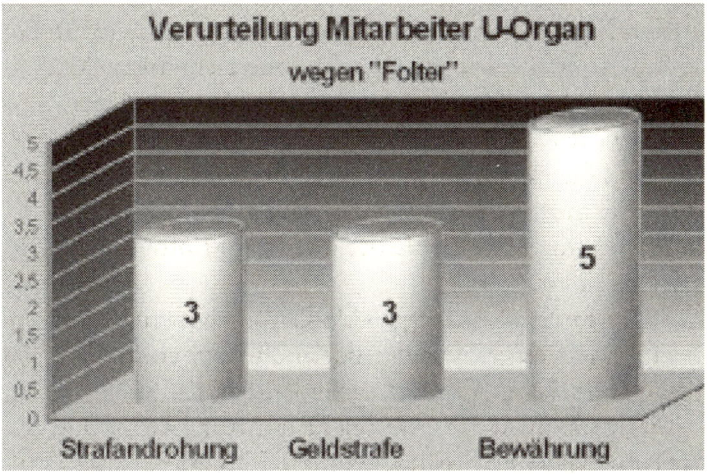

Das ist das Resultat von anderthalb Jahrzehnten juristischer Verfolgung ehemaliger Mitarbeiter des Untersuchungsorgans des MfS. Nicht einer der Beschuldigten musste inhaftiert werden – weil es eben keine Folter gab

Zahlenangaben erhebt diese Bilanz keinen Anspruch auf Vollständigkeit«.

Die Zahlen der GRH stimmten »weitgehend« mit denen der beiden Professoren der Humboldt-Universität zu Berlin Klaus Marxen und Gerhard Werle überein.

Mit aktiver Unterstützung durch ehrenamtliche Mitarbeiter der Geschäftsstelle der GRH wurde in den archivierten Unterlagen mit dem Ziel recherchiert, sachbezogene Informationen zur Strafverfolgung von Mitarbeitern des Untersuchungsorgans des MfS wegen Folter zu ermitteln. Neben dem Begriff Folter – physische oder psychische – wurde auch nach Stichworten wie Aussageerpressung und Nötigung gesucht. Erfasst wurden nur Vorgänge, die mit einer gerichtlichen Entscheidung abgeschlossen wurden, da nur diese für eine Bewertung des Umfanges tatsächlicher Rechtsverletzungen durch Mitarbeiter des Untersuchungsorgans relevant sind. Die Ergebnisse sind oben grafisch dargestellt: Auch wenn kein Anspruch auf Vollständigkeit erhoben werden kann ist sicher, dass es in diesen Verfahren keine zu vollstreckenden Haftstrafen gab! Gegen Mitarbeiter des MfS wurden insgesamt nur zwei zu vollstreckende Haftstrafen ausgesprochen, kein Mitarbeiter des Untersuchungsorgans war davon betroffen.

Strafandrohung, Geldstrafe und Bewährung sind nicht unbedingt Hinweise auf Kapitalverbrechen. Und Major a. D. Dieter Hachenberger aus Dresden wurde gar von einem Richter mit der Begründung verurteilt, er sei Kenner der Arbeitsweise der Staatssicherheit.[123]

Gemessen am Gesamtbestand der Mitarbeiter des Untersuchungsorgans, laut BStU 1.225, liegt der Anteil (prinzipiell fragwürdiger) Verurteilungen weit unter einem Prozent!

Wer und wo also sind die »Täter«, die 250.000 unschuldige Menschen zu Geständnissen gezwungen haben, lautet die Frage?

4. Einsichten und Aussichten

Pauschal wird allen ehemaligen Mitarbeitern des MfS Uneinsichtigkeit vorgeworfen, sie verweigerten Einsicht und Umkehr, weil sie ihre Verbrechen nicht eingestehen würden. »Einsicht« bedeutet in der Alltagssprache, Eigenschaften und Beziehungen hinreichend genau erkannt, geistig erfasst und sachlich richtig begriffen zu haben, heißt es in den einschlägigen Lexika. »Als bewusstes Resultat der Kombination von Wahrnehmungen und Überlegungen ist Einsicht dabei das Ergebnis eines analytisch-synthetischen Erkenntnisprozesses.«

Daraus ergibt sich die Frage: Haben jene, die ehemaligen Mitarbeitern des MfS Uneinsichtigkeit vorwerfen, selbst Einsichten darüber zu erlangen versucht, welche realen Erkenntnisprozesse diese Personen durchmachten und noch immer durchleben?

Als Mitarbeiter des Untersuchungsorgan des MfS hatte ich Jahrzehnte lang unmittelbaren Kontakt zu inhaftierten Spionen westlicher Geheimdienste, ich habe Vernehmungsgespräche geführt und junge Untersuchungsführer ausgebildet. Auch im operativen Vorfeld erfüllte ich Aufgaben in Zusammenarbeit mit der Linie II (Spionageabwehr) und anderen Diensteinheiten des MfS, und zwar in allen Bezirken und vielen Kreisen der DDR. Alle Arten nachrichtendienstlicher Hilfsmittel und andere Beweise sind durch meine Hände gegangen. So war ich tagtäglich mit gezielten Angriffen gegen gesellschaftliche und ökonomische Bereiche sowie die Sicherheit der DDR konfrontiert. Dadurch wurden meine Einsichten hinsichtlich der Notwendigkeit ihrer Verteidigung systematisch vertieft. Gleiche Einsichten hatten die Mitarbeiter der Abwehr und auch der Aufklärung. Sie spürten den Hauptanteil der Spione auf. Diese wurden dann von uns vernommen.

Die Mitarbeiter der für den Schutz der Volkswirtschaft der DDR verantwortlichen Linie XVIII waren nicht nur an der Entdeckung von Spionen beteiligt. Sie bekämpften jene, die die wirtschaftlichen Grundlagen der DDR untergraben wollten. Dazu zählten nicht nur Geheimdienste und staatliche Netzwerke im Westen, sondern auch nationale und multinationale Unternehmen und deren Verbände.

Der wirtschaftliche Sachverstand der MfS-Mitarbeiter ermöglicht ihnen auch Erkenntnisse über Strategien und Methoden des nach der Liquidierung der DDR erfolgten Raubbaues Ost durch die Treuhandanstalt. Ihre Erkenntnisse bestätigten ihre Überzeugungen.

Andere Mitarbeiter des MfS standen an den Fronten der Auseinandersetzung mit kriminellen Menschenhändlern. Obwohl sich diese an den »Brüdern und Schwestern« aus dem Osten bereicherten, wurden sie, soweit sie in der DDR ins Gefängnis kamen, im geeinten Deutschland rehabilitiert und finanziell entschädigt. Menschenhändler, die heute Asylbewerber des kriminellem Gelderwerbs wegen in die Bundesrepublik einschleusen, werden vor Gericht gestellt.

Welche Einsichten sollen ehemalige Mitarbeiter des MfS daraus gewinnen? Doch wohl nur die, dass hier mit ungleichem Maß gemessen wird.

Was in der BRD heute rechtens ist, soll in der DDR Unrecht gewesen sein?

Nicht anders ergeht es den Mitarbeitern des MfS, die gegen die politische »Opposition« eingesetzt waren. Eine sachliche Aufarbeitung ihrer Tätigkeit würde es ihnen ermöglichen, Einsichten darüber zu gewinnen, welche Fehler sie in ihrer Tätigkeit angeblich begingen, und wo die Ursachen dafür zu suchen sind. Es sind die pauschalen und durch Demagogie geprägten Schuldvorwürfe, welche dies verhindern.

Hinter allen Fronten der Auseinandersetzung standen aber auch Genossen, ohne deren Hilfe ein Erfolg nicht möglich gewesen wäre, etwa jene Mitarbeiter, welche Aufgaben der Beobachtung, der Postkontrolle, im Rahmen von Lauschangriffen oder der wissenschaftlichen Kriminalistik erfüllten. Es waren Spezialisten, die heute als unverzichtbar gelten und positive Helden in Fernsehserien verkörpern. Ihre Einsichten widerspiegeln wahrscheinlich die Ergebnisse aus Vergleichen, um wie viel sie besser oder schlechter waren als ihre westlichen Konkurrenten. In Verbindung mit ihrer Tätigkeit können sie objektiv keine Schuldeinsichten gewinnen. Nicht zu vergessen jene ehemaligen Mitarbeiter, welche mit der operativen Tätigkeit des MfS nicht direkt in Zusammenhang zu bringen sind.

Die Gegner der DDR nahmen keine Rücksicht auf reguläre Dienstzeiten des MfS. Überstunden und Einsätze an Sonn- und Feiertagen waren die Regel für alle. Familie und Freizeit stand immer hinten an. Unsere Kinder und Enkel, so motivierten wir uns, würden es eines Tages leichter haben und in einer gerechten Gesellschaft leben. Wir waren überzeugt, dass sich unsere sozialistische Gesellschaft weiter entwickeln würde – in allen Bereichen. Wir standen zum Staat DDR, er war nicht nur unser Arbeitgeber, sondern unsere Heimat, unser Vaterland. Menschen hatten Arbeit und Zukunft. Soziale Unsicherheit und Ängste kannten sie nicht.

Das Lebensgefühl eines DDR-Bürgers kann niemand nachfühlen, der nicht in diesem Land gelebt hat. Im Unterschied zu unseren westdeutschen Landsleuten, die nur dieses kapitalistische System und sonst nichts kennen, haben wir zwei diametral entgegengesetzte Wirtschafts- und Sozialsysteme kennengelernt, aus eigenem Erleben wissen wir um ihre Stärken und Schwächen.

Wir haben damals nicht alles geschluckt, und sind heute noch weitaus weniger dazu bereit. Das nimmt man uns übel, weil man es nicht versteht. Warum glauben die Ostdeutschen nicht, in was für einer Diktatur sie gelitten haben, dass sie in einem Spitzel- und Überwachungsstaat leben mussten, warum nicht?

Weil die Anti-DDR-Propaganda heute mit der Wirklichkeit so wenig zu tun hat wie unsere Propaganda damals mit unserem Leben.

Das bemerken selbst die nachfolgenden Generationen, die kaum oder keine lebendigen Erinnerungen an die DDR haben. Die Herrschenden und ihre Meinungsmacher werden sich noch wundern.

1 Frank Joestel (Hg.): »Strafrechtliche Verfolgung politischer Gegner durch die Staatssicherheit im Jahre 1988«, BStU, Abteilung Bildung und Forschung der BStU, Dokumente, Reihe 1/2003, Berlin
2 vergl. »Verfassung und Strafprozessordnung der DDR« sowie Friedrich Wolff, »Einigkeit und Recht«, Berlin 2005; Erich Buchholz, »Rechtsgewinne?«, Berlin 2010
3 Ingeborg Drewitz (Hrsg.): »Strauß ohne Kreide«, Hamburg 1980, S. 35
4 Stefan Creuzberger: »Kampf für die Einheit. Das gesamtdeutsche Ministerium und die politische Kultur des Kalten Krieges 1949-1969; Düsseldorf 2008
5 Reinhard Grimmer, Werner Irmler, Willi Opitz, Wolfgang Schwanitz (Hrsg): »Die Sicherheit. Zur Abwehrarbeit des MfS, Berlin 2002, S. 59ff.;
6 *www.dreizehnter-august.de/ihh-17/2.htm*
7 Ausarbeitung 155/92; Reg.-Nr. : WF VII _ 51/92;
8 vergl. Peter Michael Diestel in: *junge Welt* vom 28./29. April 2001
9 vergl. *www.wikipedia.org/wiki/Treuhandanstalt*; *http://www.dradio.de*, *http://www.dradio.de/*, *http://www.dradio.de/dlf/sendungen/kommentar/1281120/*, *http://www.uni-protokolle.de/nachrichten/id/43761/*, *http://www.tvddr.de/.../wardieddrbankrottundtotalmarode*-fiktionund-wirkl*ichkeit1989*, *http://www.sueddeutsche.de/.../opel-fiat-und-magna-die-falschen-treuhaender-1. 456384*
10 Horst Schneider: Unter dem Dach der Kirche, Berlin 2010
11 vergl. Flyer: Ein Portrait in Zahlen. Die Bundesstiftung zur Aufarbeitung der SED-Diktatur
12 Otto Kirchheimer, Politische Justiz, Bd. 203, S. 90ff., Hamburg 1993
13 Verlautbarung des Pressesprechers der BStU, in: *Neues Deutschland* vom 9. Januar 1994
14 *Süddeutsche Zeitung* vom 18. Juni 1994
15 Dem Stiftungsrat gehörten an: Staatssekretär Dr. h.c. André Schmitz, Senatskanzlei für kulturelle Angelegenheiten (Vorsitzender), Dr. Ingeborg Berggreen-Merkel, Ministerialdirektorin des Beauftragten der Bundesregierung für Kultur und Medien, Silke Klewin, Leiterin »Gedenkstätte« Bautzen. Ein Beirat berät den Stiftungsrat sowie den Vorstand in allen inhaltlichen und gestalterischen Fragen. 2009 hatte der Beirat folgende Mitglieder: Martin Gutzeit, Berliner Landesbeauftragter für die Stasi-Unterlagen (stellvertretender Vorsitzender), Marianne Birthler, Bundesbeauftragte für die Stasi-Unterlagen, Dr. Gabriele Camphausen, Vorsitzende des Vereins Berliner Mauer-Gedenkstätte und Dokumentationszentrum e. V., Jörg Drieselmann, Forschungs- und Gedenkstätte Normannenstraße, Prof. Dr. Rainer Eckert, Direktor des Zeitgeschichtlichen Forums in Leipzig, Prof. Dr. Klaus-Dietmar Henke, Technische

Universität Dresden, Dr. Anna Kaminsky, Geschäftsführerin der Stiftung zur Aufarbeitung der SED-Diktatur, und Dipl.Psychologe Hans-Eberhard Zahn. Seit 2003 existiert auch ein Förderverein, der seine Aufgabe darin sieht, »die Gedenkstätte Berlin-Hohenschönhausen bei der Auseinandersetzung mit der kommunistischen Diktatur in Ostdeutschland materiell und ideell zu fördern. Mit Unterstützung von Persönlichkeiten des öffentlichen Lebens soll der Verein zusätzliche Kräfte und finanzielle Mittel für die Arbeit der Gedenkstätte mobilisieren. Die Organisationsform als gemeinnütziger Verein soll nicht nur die Spendenbereitschaft von interessierten Unternehmen und Einzelpersonen erhöhen, sondern gewährleistet auch die Unabhängigkeit von staatlichen Einflussnahmen.« Zu den Gründungsmitgliedern zählten gemäß Selbstauskunft »herausragende Personen des öffentlichen Lebens wie Bundeskanzler a. D. Dr. Helmut Kohl und Bundestagsvizepräsident Dr. Hermann Otto Solms«.

16 vergl. Ulrich Guhl: »Fremdbestimmtes und Hausgemachtes«, in *RotFuchs* Nr. 155

17 Bundestags-Drucksache 16/9875

18 Klaus Huhn im Vorwort zu: »Das Gruselkabinett des Dr. Hubertus Knabe(lari)« von Horst Schneider, Berlin 2011; Eckart Spoo: »Was man in Hohenschönhausen lernt«, in: *Ossietzky* 22/2006

19 vergl. »Spion Kempowski?« in: *Neues Deutschland* vom 5. Mai 2009; »Spion Kempowski«, in: *Die Zeit* vom 7. Mai 2009

20 Michael Beleites: »Die Entstehung eines Verdachts«, *http://www.Havemanngesellschaft.de/info10*

21 vergl. Presseinformation der BStU vom 17. März 2000: »Einsatz von Röntgenstrahlen und radioaktiven Stoffen durch das MfS gegen Oppositionelle – Fiktion oder Realität?«

22 *Bild.de/Archiv/Politik/Ex-Häftling führt Angela Merkel durch DDR-Knast Hohenschönhausen: Ich zeigte der Kanzlerin meine Stasi-Hölle*

23 Originalton eines Videos über die Veranstaltung

24 Diese Bezeichnung entstand vermutlich wegen der Gebäudeformation und der Farbe des Mauerwerkes.

25 Werbematerial der Fohn Audio AG, D-72622 Nürtingen, *http://www.fohhn.com*

26 Der Rote Ochse Halle (Saale), Politische Justiz 1933-1945/1945-1989, Katalog zu den Dauerausstellungen, Herausgeber: Joachim Scherrieble, Bearbeitet von Daniel Bohse und Alexander, Berlin 2008

27 Der Rote Ochse Halle (Saale), Politische Justiz, 1945-1989, Kurzführer durch die Dauerausstellung, Redaktion Daniel Bohse, Wiebke Janssen, Halle 2006,

28 Der Rote Ochse Halle (Saale), Politische Justiz, 1933-1945/1945-1989, Faltblatt, Landesverwaltungsamt Sachsen-Anhalt

29 *Mitteldeutsche Zeitung* vom 31. Juli 2007
30 Katalog zur Dauerausstellung, S. 529
31 a. a. O., S. 286
32 MDR »Sachsen-Anhalt heute« vom 26. März 2008
33 Alexander Sperk, Die MfS-Untersuchungshaftanstalt »Roter Ochse Halle/Saale von 1950 bis 1989. Eine Dokumentation. Herausgeber: Ministerium des Innern des Landes Sachsen-Anhalt, 1998, S. 53
34 a. a. O., S. 54
35 a. a. O., S. 60
36 vergl. Alexander Sperk
37 Alexander Sperk, a. a. O., S. 53, Fußnote 188
38 Katalog, a. a. O., S. 420, Interview mit Bernd Eisenfeld
39 Sachbeiträge, Das MfS in der Schuh-Industrie, Herausgeber: Die Landesbeauftragte für die Unterlagen des Staatssicherheitsdienstes der ehemaligen DDR in Sachsen-Anhalt, Oktober 2004, S. 35
40 »Vom Roten Ochsen geprägt. Betroffene erinnern sich«, Herausgeber: Landesbeauftragter für die Unterlagen des Staatssicherheitsdienstes der ehemaligen DDR in Sachsen-Anhalt, 2. Auflage, Magdeburg 1997, S. 32
41 a. a. O, S. 5f.
42 Schreiben vom 17. April 2009, Az 11337-D, Betreff: Stenker ./. Gedenkstätte »Roter Ochse«
43 Katalog a. a. O., S. 495
44 Mitschrift ARD-Tagesthemen vom 22. April 2008
45 Katalog, a. a. O., S. 354f.
46 Katalog, a. a. O., S. 474
47 Schreiben des Leiters der Gedenkstätte »Roter Ochse« vom 25. September 2007
48 Schreiben des Leiters der Gedenkstätte »Roter Ochse« vom 19. Dezember 2007
49 Schreiben des Direktors der Stiftung Gedenkstätten Sachsen-Anhalt vom 17. April 2009
50 Schreiben des Ministeriums des Innern des Landes Sachsen-Anhalt vom 21. August 2009
51 *Mitteldeutsche Zeitung* vom 7. März 2008, S. 3
52 *www.fettgusche.net/frankkarbstein*
53 Die Geschwister Hans und Sophie Scholl wurde am 18. Februar 1943 beim Auslegen von Flugblättern an der Münchner Universität von deren Hausmeister Jakob Schmid überrascht und bei der Gestapo denunziert. Bereits vier Tage später wurden sie vom Volksgerichtshof unter der Leitung von Roland Freisler zum Tod verurteilt und noch am selben Tage im Gefängnis München-Stadelheim mit der Guillotine enthauptet
54 *www.ad-hoc-news.de/drieselmann-koehler.../20711062*
55 vergl. § 2 der Vereinssatzung

56 vergl. *Ostthüringer Zeitung* vom 19. November 2005
57 ebenda
58 ebenda
59 vergl. Flyer: »Stufen zur Freiheit: Das Treppenhaus«, Gera 2009
60 Kierstein/Schramm: »Freischützen des Rechtsstaats«, Berlin 2009, S. 120ff.
61 im Januar 2011 übergebener Katalog zur Ausstellung, S. 22
62 Aktenzeichen 570 Ujs-12133/93
63 *Der Spiegel* 20/1993, S. 122
64 »Ein Tod in der DDR«, *taz* vom 8. April 2006
65 Renate Ellmenreich: »Matthias Domaschk. Die Geschichte eines politischen Verbrechens in der DDR und die Schwierigkeiten, dasselbe aufzuklären«, Erfurt 1996
66 vergl. Freya Klier in: *Gerbergasse 18*, 1/2008, S. 11
67 »Opposition und Widerstand: Geschichte der kirchlichen Jugendarbeit. Offene Arbeit Jena 1970-1989«, vorgelegt von Henning Pietzsch M.A. aus Berlin, Von Fakultät I-Geisteswissenschaften der Technischen Universität Berlin zur Erlangung des akademischen Grades Doktor der Philosophie, genehmigte Dissertation. Berlin 2004
68 u. a. OV »Kanzel«, Reg. Nr. 100/76; nach Angaben von Kai Schlieter in: *taz* vom 8. April 2006
60 Renate Ellmenreich, a. a. O., S. 14
70 a. a. O., S. 15
71 vergl. Kai Schlieter »Ein Tod in der DDR«, *taz* vom 8. April 2006
72 Renate Ellmenreich a. a. O.; vergl. auch: Henning Pietzsch, Dissertation
73 »Der Mann nach Birthler«, in: *SUPERillu* vom 3. Februar 2011
74 vergl. *Ostthüringer Zeitung* vom 22. November 2010
75 Interview Dr. Michael Kleine-Cosack »Mit dem Exorzismus sollte langsam Schluss sein«, in: *junge Welt* vom 2./3. Juni 2012
76 Heruntergeladen am 17. Januar 2011
77 *Dresdner Neue Nachrichten* vom 17. Dezember 2009
78 *Sächsische Zeitung* vom 22. Dezember 2010
79 *mz-web.de* am 16. Dezember 2009
80 *Lausitzer Rundschau* vom 17. Dezember 2009
81 Annette Weinke, Gerald Hacke: »U-Haft am Elbhang. Die Untersuchungshaftanstalt der Bezirksverwaltung des Ministeriums für Staatssicherheit in Dresden 1945 bis 1989/90«, Dresden 2004
82 Annette Weinke, Gerald Hacke, a. a. O., S. 27
83 »OPK Ikarus – mit einem selbstgebauten Flieger in den Westen«, *MDR am* 29. Juli 2009
84 *Der Spiegel* 48/2008, S. 54
85 vergl. Deisenhofer ... *Das Informationsmagazin* vom 15. Dezember 2009; *Der Spiegel* Nr. 48/2008, S. 54; Forum der politisch Verfolgten unter *www.stasiopfer.com*

86 Pressemitteilung des Bundes Deutscher Kriminalisten, Landesverband Thüringen; unter *www.bdk.de /lv/thueringen/archiv-bis-2007*

87 *Frankfuter Allgemeine Zeitung* vom 24. Mai 2007, S. 33

88 Richtlinien für den Einsatz von Geruchsspurenvergleichshunden im strafrechtlichen Ermittlungsverfahren RdErl. d. Innenministeriums vom 23. Juli 1991 – IV D 1/C 3-6402/8535l; geändert durch RdErl. vom 11. Januar 2002 (MBl. NRW. 2002, S. 214)

89 Geruchsspuren als Beweis gegen Graffitisprayer

90 *www.netzeitung.de*: Schäuble verteidigt Erschnüffeln von G8-Gegnern

91 vgl. Rede von Roman Herzog auf dem Bürgerrechtler-Kongress der Konrad-Adenauer-Stiftung am 23. Juni 1998 in Leipzig.

92 vgl. *http://www.stasiopfer.npage.de, http://www.runde-ecke-leipzig.de*

93 ebenda

94 *www.Stasi-Knast_in der Hansestadt Rostock-ostsee.de /Infocenter*

95 Musikgymnasium Käthe Kollwitz Rostock, Projektbericht 89

96 vergl. *www.hrr-strafrecht.de*, Zur Selbstverständlichkeit von Rechtsbrüchen beim Vollzug von Untersuchungshaft; Ines Wallrodt: »Rechtsfreie Räume. Die Haftbedingungen in Deutschland sind menschenunwürdig«, in: *Neues Deutschland* vom 26. September 2008

97 Virginie Wolfram: »Viele hören heute noch das Riegelrasseln«, in: *Ostseezeitung* vom 9. Februar 2009,

98 Virginie Wolfram: »Gefangen im Bunker«, *Rostocker Zeitung* vom 14./15. Februar 2009

99 »Weiterer Zeuge für Stasibunker«, *Ostseezeitung* vom 17. Februar 2009

100 »Immer mehr Bunkertheorien kursieren«, *Ostseezeitung* vom 26. Februar 2009

101 »Was geschah im Rostocker Stasi-Gefängnis?«, *www.welt-online.de*

102 vergl. »Wir wollen raus.Fluchtgeschichten«, Teil 5, auf *www.no-stasi-blogspot.com*

103 *Ostthüringer Zeitung* vom 3., 4., 5 und 15. Januar 2010; *Neues Deutschland* vom 6. Januar 2010; *junge Welt* vom 10. Februar 2010

104 *Ostthüringer Zeitung* vom 15. Juni 2011

105 *Ostthüringer Zeitung* vom 10. August 2011

106 *vergl. www.kultiversum.de/.../Gesellschaftsgeschichte-Geschichte-BRD-DDR- Gesellschaft-Ein-Monument-der-industriellen-Welt.html?, http://www.buchfreund.de/Die-rote-Gestapo-der-Staatssicherheitsdienst-in-der-Sowjetzone-Hrsg-von-d-Kampfgruppe-gegen-Unmenschlic...; hpd.de/node/8430;www.linksfraktionsachsen.de : ... : Presseinformationen*

107 Heiner Sauer/Hans-Otto Plumeyer: »Der Salzgitter Report«, Frankfurt a. M. 1993

108 Martin Hatzius: »Im Namen der guten Sache?«, in: *Neues Deutschland* vom 22. April 2008;

109 *http://www.gipfelsoli.org/Repression/129a/4858.html*

110 Wurden aus den Geruchsverschlüssen der Toilettenbecken das Wasser mit einem Lappen herausgedrückt, bestanden Möglichkeiten der phonetischen Verständigung mit Haftzellen, welche am gleichen Abwasserstrang angeschlossen waren

111 vgl. Ilse Schwipper: »Das Isolationszellensystem als wissenschaftliches Forschungsprojekt«, in: Peter Nowak, Gülten Sesen, Martin Beckmann (Hg.): »Bei lebendigem Leib. Von Stammheim zu den F-Typ-Zellen. Gefängnissystem und Gefangenenwiderstand in der Türkei«. *www.noracism.net*, Die wissenschaftliche Grundlage der Isolationshaft auf *http://www.no-racism.net/*

112 *vepunk.wordpress.com/2010/.../interview-mit-gilbert-furian/*

113 vgl. Karl Wilhelm Fricke: »Geschichtsrevisionismus aus MfS-Perspektive«, in: *DeutschlandArchiv* Forum; Petra Morawe: »Realitätsdiffusion infolge psychischer Folter. Untersuchungshaft durch die Staatssicherheit der DDR«, in: *Zeitschrift für Politische Psychologie*, 6/2000

114 Egmont R. Koch: »Wie die CIA das Foltern lernte«, in: *Blätter für deutsche und internationale Politik*, 3/2008; vgl. auch Kubark: »Nachrichtendienstliche Vernehmungen«, auf *http://www.ulla-jelpke.de/news_detail.php?newsid=636*; Die wissenschaftlichen Grundlagen der Isolationshaft auf *http://www.no-racism.net/*

115 Schäuble will Guantanamo-Quellen anzapfen, *spiegel-online* am 18. Dezember 2000; Jürgen Elsässer: »Verwickelt in Folterpraktiken«, in: *Freitag* vom 19. Mai 2006; Ansätze und Entscheidungsanmerkungen, *HRR-S 2006*, Heft 3, *www.hrr-strafrecht.de*; Gäfgen gegen Deutschland, *HRR-S 2007*, Nr. 566, *www.hrr-strafrecht.de*; Wifried von Bredow, Gefahr des Abgleitens, *FAZ-Net*, 18.06.2008; Folter im Rechtsstaat. Soll das positive Recht die Anwendung von Folter erlauben?, Diplomarbeit von Markus Wicki, Ethikzentrum der Universität Zürich

116 Frank Joestel (Hg.): »Strafrechtliche Verfolgung politischer Gegner durch die Staatssicherheit im Jahre 1988«, BStU, Abteilung Bildung und Forschung, Dokumente, Reihe 1/2003

117 vgl. Erklärung des Willy-Brandt-Kreises zum Umgang mit den Stasi-Akten, Berlin, 17. Februar 2005:Egon Bahr, Peter Ränder, Peter Brandt, Daniela Dahn, Friedrich Dieckmann, Hans Gießmann, Günter Grass, Ingomar Hauchler, Christine Hohmann-Dennhardt, Hans Misselwitz, Irina Mohr, Oskar Negt, Claus Noe, Edelbert Richter, Michael Schaaf, Axel Schmidt-Gödelitz, Friedrich Schorlemmer, Manfred Uschner

118 Peter Pfütze: Besuchszeit, Berlin 2006

119 *Focus* 37/2007

120 Hierbei handelte es sich um Bürger westeuropäischer Staaten, die bei Einreisen in die DDR Informationssammlung oder Aufklärung und Werbung von DDR-Bürgern im Auftrage westlicher Geheimdienste betrieben. Sachbeweise führten sie in den seltensten Fällen bei sich.

121 vgl. Tim Weiner: CIA – Die ganze Geschichte, Frankfurt a. M. 2009
122 *Berliner Zeitung* vom 8. Juni 1996
123 Gerichtsverfahren Dieter Hachenberger Az 820 JS 39093/95;

Anlage A

*Reaktion der BStU auf das Angebot eines ehemaligen Mitarbeiters des MfS, sich der Aufarbeitung der eigenen Tätigkeit zu stellen**

Kurt Zeiseweis, 12439 Berlin-Niederschöneweide

Berlin, 31. Mai 2006

Sehr geehrte Frau Birthler,

ich wende mich mit diesem Schreiben an Sie, um vielleicht ein Versachlichen der anhaltenden Diskussionen um die Tätigkeit der Mitarbeiter des Ministeriums für Staatssicherheit zu erreichen.

Ich war von meinem 19. bis zum 54. Lebensjahr Angehöriger dieser Einrichtung, davon 25 Jahre in der Abteilung XX der Bezirksverwaltung Berlin und nach 1989 bis zum August 1990 im Komitee zur Auflösung des MfS/AfNS tätig.

Ich weiß, wovon ich Kenntnisse habe, und ich habe mich nach 1990 nicht nur einmal über meine vormalige Tätigkeit in der Öffentlichkeit geäußert. Man kann mir kaum unterstellen, mich erst jetzt öffentlich zu artikulieren oder nichts mehr vom vormaligen Tun wissen zu wollen.

Und zu den völlig Uneinsichtigen zähle ich mich auch nicht. Persönliche Gespräche mit zahlreichen ehemals von mir bzw. unter meiner Verantwortung operativ bearbeiteten/kontrollierten Personen belegen sicherlich meinen Willen, diesen speziellen Teil der DDR-Geschichte und meines Mitgestaltens daran öffentlich zu machen.

Ich verweise in diesem Zusammenhang auf einige veröffentlichte Publikationen meinerseits in dem gleichnamigen Gesprächskreis »Zwiegespräch«.

Da nach meiner Auffassung die öffentliche Diskussion sehr einseitig und oftmals verflacht in den ausschließlichen Relationen »Opfer/Täter« geführt wird und dieses Klischee in den Begriff der sogenannten »Öffentlichen Meinung« festgeklopft worden ist, aber andererseits von uns als den vermeintlichen »Tätern« jedes Unrechtsbewusstsein vermisst wird, sollte man – und damit meine ich mich, meinesgleichen und Ihre Behörde – doch mehr für eine sachliche, das heißt an den tatsächlichen Begebenheiten orientierte Auseinandersetzung tun.

Mein persönlicher Vorschlag an Sie beinhaltet deshalb die Bitte, alle von mir bzw. unter meiner Anleitung bearbeiteten Operativ-Vorgänge zur öffentlichen Diskussion gemeinsam mit den damals in diesen Vorgängen erfassten Personen zur Verfügung zu stellen.

Sollte von den damals Betroffenen keine Zustimmung zu einem öffentlichen Engagement gegeben werden, müsste man sich auf das Darstellen der jeweiligen Handlung, der Tat also, ohne Benennen der Person beschränken.

Das Auffinden der von mir zu verantwortenden Vorgangsbearbeitungen ist nach meiner Erinnerung über die Vorgangsbücher der Abteilung XII möglich, in denen mitarbeiterbezogen die vorgangsrelevanten Erfassungen notiert waren, sofern sie nicht mit Opfer-Ansprüchen ohnehin schon bekannt sind. Aus meiner Erinnerung wären das u. a. folgende Operativ-Vorgänge:

1. Brandlegungen im Zwischengeschoss des U-Bahnhofs Berlin-Alexanderplatz und in zwei Wohnhäusern in der Kastanienallee in Berlin-Prenzlauer Berg im ersten Halbjahr 1965. Der am 2. Mai des Jahres festgenommene Täter war ein Herr E. aus der Tasdorfer Straße 44 in Berlin-Lichtenberg. Das Untersuchungsverfahren lief in der Abteilung IX der BVfS Berlin.

2. Operativ-Vorgang »Gift« aus den Jahren 1973 gegen einen Westberliner Bürger namens J., der bei seiner Einreise

am Eröffnungstag der Weltfestspiele im August 1973 festgenommen und später abgeurteilt worden war. J. hatte in einem Brief an das MfS die Freilassung eines inhaftierten Bürgers gefordert und für den Fall des Nichterfüllens seiner Forderungen mit Giftanschlägen gedroht. Zum Bekräftigen des Ernstes seiner Absicht hatte er eine Probe einer hochtoxischen Substanz beigefügt.

3. Operativ-Vorgang »Urania« der Abteilung XIX der BV Berlin aus dem Jahr 1987 oder 1988. Die Begehungsweise des Täters, einem Arbeiter aus dem VEB Baureparaturen Treptow (BRT), ist stark dramatisiert nach 1990 in einem Kinofilm nachgestaltet worden, allerdings als Vorkommnis in der BRD und aufgeklärt durch bundesdeutsche Kriminalisten gemeinsam mit der Telekom. Wenn ich mich recht erinnere, hieß der Film »Mit dem Anruf kam der Tod«.

4. Operativ-Vorgang »Erpresser« gleichfalls aus diesem Zeitraum und von der genannten Abteilung XIX aufgeklärt. Er beinhaltet den Versuch eines Diensthundeführers einer Dienststelle der Transportpolizei Schönefeld zum Erpressen mehrerer hunderttausend Mark/DM durch das Androhen von Anschlägen auf den Betrieb der Deutschen Reichsbahn.

Ich trug ferner Mitverantwortung zu Entscheidungen bezüglich Personen, die durch Diensteinheiten der Bezirksverwaltung für Staatssicherheit Berlin wegen Verdachts der Betätigung im Sinne »Politischer Untergrundtätigkeit« in operativen Vorgängen bearbeitet bzw. kontrolliert worden waren.

Dazu zählten unter anderem Wolf Biermann, Bärbel Bohley, Dr. Martin Böttger, Uwe Dähn, Rainer Eppelmann, Matthias Flügge, Bernd Gehrke, Ralf Hirsch, Carlo Jordan, Freya Klier, Uwe Kolbe, Stephan Krawczyk, Frank Wolf Matthies, Herbert Mißlitz, Reinhard Schult, Bettina Wegner und Vera Lengsfeld.

Wenn ich jemanden ausgelassen habe, so liegt das an der Distanz von mehr als eineinhalb Jahrzehnten und nicht am Unterschätzen des »Widerstandes« von Nicht-Genannten.

Ich bin mir auch bewusst, dass von mir und meines gleichen weitaus mehr erwartet wird als das Rechtfertigen dessen, was wir getan haben.

Das Benennen und das Übernehmen von Verantwortung für unsere Fehlleistungen und für Handlungen, die von Betroffenen als Verbrechen an ihnen empfunden und von uns gleichermaßen bisher entschieden bestritten werden, wird durch uns zu überdenken sein.

Wenn es Ihnen und mir gelingen sollte, im vorgeschlagenen Sinne zu einem Gespräch und zu Ergebnissen zu kommen, könnte es der interessierten Öffentlichkeit leichter fallen zu beurteilen, wer nach damaliger Rechtslage DDR-Recht verletzt hatte und wer die Rechtspflicht hatte, solche Rechtsverletzungen aufzudecken und zu ahnden und in welchen Fällen Entschuldigungserfordernisse durch mich und andere bestehen.

Freundliche Grüße
Kurt Zeiseweis

Die Bundesbeauftragte für die Unterlagen des Staatssicherheitsdienstes der ehemaligen Deutschen Demokratischen Republik reagierte darauf am 27. September 2006

Sehr geehrter Herr Zeiseweis,

Frau Birthler hat mich gebeten, auf Ihre Schreiben zu antworten, mit dem Sie ein »Versachlichen der anhaltenden Diskussionen um die Tätigkeit der Mitarbeiter des Ministeriums für Staatssicherheit« erreichen wollen.

An Ihrer Offenheit, Ihrer Diskussionsbereitschaft und dem Willen »zu überdenken« habe ich keinen Zweifel. Dennoch möchte ich Ihr Angebot, Operativvorgänge zu veröffentlichen, an denen Sie mitgewirkt haben, nicht annehmen.

Der praktische Grund ist der, dass ähnliche Publikationen bereits aus dem Sachgebiet »Historisch-politische Bildung« vorgelegt wurden und für die öffentliche Diskussion zur Verfügung stehen.

Ein zweiter ist prinzipieller Natur: Als Forschungsabteilung sind wir an die wissenschaftlichen Verfahrensweisen gebunden. Dabei bietet sich der Einsatz von Zeitzeugenquellen – so interpretiere ich Ihre Gesprächseinladung – nur zu bestimmten Fragestellungen an. Untersucht werden können mentalitäts- und kulturgeschichtliche Aspekte, während die von Ihnen angeschnittene Frage nach Rechtmäßigkeit bestimmter Handlungen aus dem kodifizierten Recht abgeleitet werden kann, ohne dass es der Hilfe von Zeitzeugen bedarf.

Mit freundlichen Grüßen
Dr. Thomas Großbölting
Leiter der Abteilung Bildung und Forschung

* *Quelle: www.mfs-insider.de*

Anlage B

»Zeitzeugen« mit Gütesiegel – Beim Anschwärzen der DDR gilt auch der Schmutzigste als Saubermann.
*Beitrag von Gotthold Schramm**

Zeitzeugen sind in der historischen Forschung unverzichtbar. Sie widerspiegeln Geschichtsverläufe und Ereignisse in der subjektiven Sicht des Selbsterlebten. Das gilt zunächst einmal für alle Zeitzeugen – unabhängig davon, zu welcher Bewertung sie gelangen.

Aufgabe von Historikern, Pädagogen, Journalisten und anderen auf die gesellschaftliche Entwicklung Einflussnehmenden ist es, sich über solche subjektiven Bewertungen der Objektivität zu nähern.

Die heutigen Meinungsmacher setzen sich indes darüber hinweg. Auf der Grundlage ihrer antikommunistischen und dem Kapitalismus verpflichteten Positionen spiegeln sie vor, den Schlüssel der Erkenntnis gefunden zu haben. Zeitzeugen, die ihnen widersprechen, werden nicht anerkannt und häufig verleumdet. Durch das Opfer/Täter-Bild und die Einordnung von Zeitzeugen in dieses Schema werden Methoden der wissenschaftlichen Forschung ad absurdum geführt. Der Wahrheit nahe zu kommen oder sie gar zu ergründen, ist nichts anderes als der Versuch, möglichst viele Aussagen sachkundiger Zeitzeugen, unabhängig von deren Auslegungen, in die Bewertung einzubeziehen, wobei es keine Tabus geben darf. Glaubhaftigkeit und Solidität der Positionen von Zeitzeugen werden auch vom Erscheinungsbild, dem Verhalten und den Motiven der jeweiligen Akteure bestimmt.

Im Folgenden sollen drei Zeitzeugen den Lesern vorgestellt werden.

Carl-Wolfgang Holzapfel gehörte jahrzehntelang zu den Frontleuten im Kampf gegen das Ministerium für Staatssicherheit. Der Westberliner wurde wegen seines provokatorischen Auftretens gegen die DDR 1965 inhaftiert, nach einem Jahr jedoch »freigekauft«. Danach ist er als »eine Persönlichkeit des öffentlichen Lebens« und »rastloser Ankläger des Unrechts in der DDR« aktiv geworden. Demonstrative Aktionen wie seine Platzierung auf dem Grenzstreifen am Checkpoint Charlie, Hungerstreiks, gespielte und als »Kunst« bezeichnete »Haftantritte« im Gruselkabinett des Herrn Knabe, die er dann nach wenigen Stunden aus »psychischen Gründen« abbrechen musste, aber auch herausfordernde Zwischenrufe, hysterisches Gelächter und heftiges Klatschen zur Unterbrechung von Buchbesprechungen zählen zu den Qualitätsmerkmalen des Herrn Holzapfel. Zu erwähnen wäre auch sein gezieltes »Engagement« für angeblich in der DDR misshandelte Heimkinder.

Holzapfels politische Weste ist bunter als bunt: 1962 Mitglied der CDU; 1978 Übertritt zur FDP; 1989 Anschluss an die rechtsradikalen Republikaner, für die er sich 1990 um ein Mandat im Bayerischen Landtag bewarb; 1990 Beitritt zum Freundeskreis der CSU, Mitglied im faschistoiden Witiko-Bund, langjähriger Vorsitzender der »Vereinigung 17. Juni 1953 e. V.« und seit 2008 stellvertretender Bundesvorsitzender der »Vereinigung der Opfer des Stalinismus« (VOS). Im Juli 2009 trat er von dieser Funktion zurück. Er ist weiterhin Mitglied der Vereinigung der Opfer des Stalinismus.

Holzapfels Biografie weist indes noch eine andere Seite auf: Im Januar 2010 erging das Urteil eines Amtsgerichts in einem Prozess, den er angestrengt hatte, nachdem seine zweite Ehefrau nach der Scheidung nicht bereit war, ihm einen Versorgungsausgleich zu zahlen. Der *Süddeutschen Zeitung* zufolge gelangte »das Gericht zu der Überzeugung, dass der Antragsteller seine Kinder aus erster Ehe […] als Minderjährige in massiver Form und über einen längeren Zeitraum sexuell mißbraucht hat«. Tochter und Sohn beschrieben in eidesstattlichen Erklärungen detailliert die Übergriffe des Vaters, welche die Tochter als Neun- bis Dreizehnjährige ertragen musste.

Carl-Wolfgang Holzapfel, der so den Nimbus der Opferrolle und des Hüters christlicher Werte schmählich verlor, bestritt deren Darstellungen. Er sprach von »Halluzinationen und Suggestionen«, seinen Sohn bezichtigte er der »Drogenpsychose«.

Siegmar Faust war als Mitarbeiter der Gauck-Birthlerbehörde nicht länger tragbar. Wegen seines Einsatzes für die seinerzeitige KZ-Aufseherin Margot Pietzner, die um eine hohe Entschädigung kämpfte, nachdem sie zwischenzeitlich als »Opfer des Stalinismus« anerkannt worden war, trennte man sich von ihm.

Doch schon 1996 gelang ihm ein Comeback als »Landesbeauftragter für die Stasiunterlagen« in Sachsen. Neben den allgemeinen Mängeln in der Amtsführung wurden bei ihm schon bald Verbindungen zu einer Psychosekte, dem »Verein zur Förderung der Psychologischen Menschenkenntnis«, wo er sich als Referent verdingte, festgestellt. Seine Vorliebe für pornografische Dokumentationen im Internet, die er während des Dienstes verfolgte, wurde ihm schließlich zum Verhängnis. 89 von 101 Landtagsabgeordneten entzogen ihm das Vertrauen.

Siegmar Faust wurde nach seiner Inhaftierung in der DDR von der BRD ebenfalls »freigekauft«, trat 1980 in die erwiesenermaßen mit Agenten westlicher Geheimdienste durchsetzte und an Verbrechen gegen die DDR beteiligte Internationale Gesellschaft für Menschenrechte bei, deren Zeitschrift er vier Jahre als Chefredakteur verantwortete. Er ist Vorstandsmitglied der »Union der Opferverbände kommunistischer Gewaltherrschaft«,

Geschäftsführer des »Menschenrechtszentrum Cottbus e. V.« und Referent in Knabes Museum.

Seine Haltung zum faschistischen Naziterror brachte er übrigens in seinem Diskussionsbeitrag bei einer Buchvorstellung in der Ladengalerie der *jungen Welt* Ende 2009 auf den Punkt, indem er erklärte, die Gestapo sei »humaner als das MfS« gewesen.

Gustav Rust – der Dritte in dieser illustren Runde – ist durch sein demonstratives Gehabe in der Mitte Berlins ein sattsam bekannter »Zeitzeuge« ganz besonderer Güte. Mit an der Hand baumelnder Fessel und umgehängten Plakaten über eine neunjährige Haft in der DDR – wofür, lässt er offen – versucht Rust Aufsehen zu erregen. Das ging selbst dem Herrn Bundespräsidenten und den Bezirksbürgermeistern von Berlin-Mitte und Tiergarten, auf deren Territorien dieser Mann vor allem agiert, über die Hutschnur.

Rust warnte ebenso vor der »FDJ-Aktivistin Angela Merkel« wie vor der »PDS- und Stasimörderbande«. Und wie könnte es anders sein: Er klagte auch die »russisch-asiatischen Horden« an, die 1944 in Ostpreußen »die Mädchen« vergewaltigt hätten.

Für sein Machwerk »Ich war auch dabei« fand der Dauerprotestierer zunächst keinen Verleger. Der *Spiegel* stellte hierzu lakonisch fest: »Der Häftling hetzt mit Naziparolen gegen die Rote Gefahr«. Und: »Rust ist ein aggressiver Wirrkopf«.

Franz Schönhuber, Horst Mahler, Rudolf Heß sind Gustav Rusts Lieblings-Ikonen. So verwundert es nicht, dass zu seinen Buchangeboten auch die Geschichte der SS und andere faschistische Literatur gehören.

Die einschlägig bekannte Wochenzeitschrift *Junge Freiheit* bezeichnet diesen Mann als »mutigen Patrioten«, während er sich selbst als Nationalen Sozialisten, aber ohne Gaskammern, sieht.

Gustav Rust wurde seit 2004 wiederholt wegen Körperverletzung verurteilt, so für Faustschläge in das Gesicht eines Andersdenkenden.

Gratulation zu solchen »Zeitzeugen«!

* *Quelle: Rotfuchs, Ausgabe Dezember 2010*

Anlage C

Arzt im Strafvollzug, eine notwendige, nützliche und umstrittene Tätigkeit – damals und heute

Von Generalmajor/Chefinspekteur a. D. Dieter Winderlich, letzter Chef der Deutschen Volkspolizei der DDR

Gefängnisse haben zu verschiedenen Zeiten und in den einzelnen Ländern unterschiedliche Bezeichnungen, z. B. Zuchthaus, Strafvollzugseinrichtung, Justizvollzugsanstalt oder Haftanstalt. Allen einheitlich ist der Grund ihrer Existenz: Vollzug einer Freiheitsstrafe, die von einem Gericht über eine Person ausgesprochen wurde, die bestehende Strafgesetze verletzte. Solche Menschen werden für einen, vom Gericht bestimmten Zeitpunkt, von der Gesellschaft isoliert und weggesperrt. Sie leben fortan gegen ihren Willen in einer ungewohnten Umgebung und einem ständigen Spannungsfeld. Sie unterliegen einem doppelten Stress, einerseits dem Druck der gefängnisinternen Regeln, die das Personal durchzusetzen versucht und andererseits dem Druck der kriminellen Hierarchien der Gefangenen. Unter diesen Bedingungen entwickeln Gefangene, egal ob sie sich »politische« oder einfach Gefangene nennen, knastspezifische Verhaltensweisen und haben andere gesundheitliche Probleme.

»Verglichen mit der allgemeinen Bevölkerung, weisen Gefangene verstärkt und vermehrt Gesundheitsprobleme auf: psychische Krankheiten, Drogenabhängigkeit, Selbstbeschädigungen und schlechter Allgemeinzustand, wodurch sie anfälliger sind für Infektionskrankheiten wie Tuberkulose und Hepatitis. In diesem Zusammenhang dürfen auch die negativen Auswirkungen auf die Gesundheit sowohl durch den Freiheitsentzug, als auch durch das Umfeld im Gefängnis nicht übersehen werden« (*aus dem Leitfaden des österreichischen Bundesministeriums für Justiz für den Gefängnisarzt*).

Die medizinische Versorgung der inhaftierten Personen ist per Strafvollzugsgesetzgebung in allen Ländern eine wesentliche Aufgabe der Vollzugseinrichtungen und wird durch den Medizinischen Dienst des Strafvollzuges wahrgenommen. In den Einrichtungen arbeiten festangestellte Ärzte (BRD: Ärzte des Justizvollzuges; DDR: Ärzte des Strafvollzuges) und auch Honorarärzte aus dem Gesundheitswesen des Territoriums. Die medizinischen Fachkräfte (Krankenpfleger, Krankenschwestern, Röntgenassistenten u. a.) sind angestellte oder verbeamtete Justizvollzugsbedienstete. Jede Einrichtung hat eine Krankenrevier, größere eine Krankenhausabteilung oder ein Haftkrankenhaus, letzteres gibt es oft nur auf Länderebene. Auch inhaftiertes Fachpersonal wird unter Kontrolle mit eingesetzt.

»Gefängnisärzte arbeiten in einem konfliktträchtigen Spannungsfeld. Ihre primäre Aufgabe, die individuelle ärztliche Betreuung der ihnen anvertrauten Menschen in Haft, kollidiert oft mit Vorgaben und Zwängen der Gefängnisadministration, die der Dienstgeber des Gefängnisarztes ist. Prinzipien der Patienten-Arzt-Beziehung wie Vertraulichkeit und Verschwiegenheit geraten in Konflikt mit Prinzipien der Gefängnisverwaltung wie ›Sicherheit an erster Stelle‹. Die duale Rolle des Gefängnisarztes als ärztlicher Betreuer der Gefangenen einerseits und als medizinischer Berater der Gefängnisleitung andererseits birgt ebenfalls Konfliktstoff in sich« (aus dem österreichischen Leitfaden).

Die langjährige Gefängnisärztin der Justizvollzugsanstalt Tegel, Regina Strehl, beschreibt diese Konflikte treffend in dem Buch »Die Welt hinter Gittern. Meine Jahre als Knastärztin« (München 2009). »Die Angehörigen des

Medizinischen Dienstes in Justizvollzugsanstalten haben nicht nur mit der, einer besonderen Gesetzen folgenden Situation am Arbeitsplatz zu tun, die per se schon nicht konfliktfrei sein kann, auch die Öffentlichkeit in Gestalt der Medien mischt sich kräftig ein. Gerade im Zusammenhang mit den Gedanken über Menschen, die dort ihren Dienst tun, ohne besonders vorbereitet zu sein, die noch kein großes berufliches Selbstbewusstsein haben, will ich hier schon einmal darauf hinweisen, dass es neben der internen auch eine externe Front gibt, an der man zu bestehen hat.« (S. 13)

Den Boulevardzeitungen bescheinigt sie, dass diese über Vorgänge schreiben, die in einer Parallelwelt passieren, deren Inneres sie nur höchst oberflächlich kennen: »Wenn sich ihre Berichterstattung zunächst in der Hauptsache auf die Zeugenschaft von Gefangenen stützt, wird die Sensation zu oft allein auf dem Rücken der Angestellten und Beamten einer JVA ausgetragen. Ohne ein gefestigtes Inneres, ohne eine schon anderorts erprobte berufliche Sicherheit sind diejenigen, die einen sehr schweren Dienst außerhalb des normalen gesellschaftlichen, freiheitlichen Regelwerks machen, durch die Befriedigung von Sensationsgier massivem Druck ausgesetzt. Dies hilft weder der Gesellschaft noch den Insassen der Gefängnisse.« (S. 14)

Wie ist es aber erst um die Wahrheit und den Druck auf die Strafvollzugsangehörigen bestellt, wenn die Medien, die Gerichte, die staatlich subventionierte Forschung dem Auftrag der politischen Klasse der Bundesrepublik Deutschland zur Delegitimierung der DDR folgt?

Und wem hilft dies? Es hilft den Neonazis in der Fortsetzung der antibolschewistischen Propaganda ihrer alten Kameraden. Es unterstützt die antikommunistische Hetze, die gegen die »Soffjetzone« begann und gegen die DDR ihre Fortsetzung fand. Und es hilft die Hirne der

Menschen zu vernebeln im Kampf gegen alle, die eine Alternative zum kapitalistischen System suchen. Den ehemaligen Gefangenen, auch den politischen, hilft es wenig. Sie geraten in den Verdacht ihre Geschichten zu Gunsten dieser Delegitimierung verfälscht zu haben.

Während bisher vorwiegend die Haftbedingungen in den Untersuchungshaftanstalten des MfS und in Bautzen II der Politik und den Medien dazu dienten, die Hetzjagd und Ausgrenzung gegen ehemalige haupt- und ehrenamtliche Mitarbeiter des MfS fortzuführen, gerät seit einigen Jahren die Strafvollzugseinrichtung Hoheneck in den Fokus der DDR-Delegitimierer.

Im Mai 2011 unternahm der Bundespräsident Christian Wulff eine Reise ins Erzgebirge, nicht um dort wieder einmal bei einem Unternehmer Urlaub zu machen. Nein, solche geschenkten Luxusaufenthalte kann sich noch kein Unternehmen in Ostdeutschland leisten. Der Bundespräsident wollte die Vereine ehemaliger Hoheneckerinnen, die ihren Sitz in Bayern haben, politisch aufwerten und am Leben erhalten. Er hat dort eine Rede gehalten, die provoziert und unbeweisbare Behauptungen aufstellt. Leider ist so eine Art der Geschichtsfälschung keine Seltenheit.

Schon sein Vorgänger, Bundespräsident Horst Köhler, hatte die Behauptung aufgestellt, dass 1989 die DDR-Führung in Leipzig Panzer bereitgestellt habe. Er musste es zurücknehmen, aber deswegen nicht abdanken. In seiner Rede im Mai behauptet Bundespräsident Wulff: »Wie es war, für Jahre in Hoheneck eingesperrt zu sein. Getrennt vom Ehemann oder Freund, von Kindern und Eltern, in völlig überbelegten Haftzellen, unter erbärmlichen hygienischen Bedingungen, schuften zu müssen bei ungenügender, zum Teil verdorbener Verpflegung, und einer medizinischen Versorgung, die vielfach eher die Bezeichnung »Misshandlung« als »Behandlung« verdiente.“

Das ist sie nun, die Vorgabe der Politik und des Staatsoberhauptes: Ärzte haben im Strafvollzug die Gefangenen nicht behandelt, sondern misshandelt! Wenn dem so sei, müsste das Staatsoberhaupt sofort die Strafverfolgungsbehörden in Bewegung setzen und ihnen die konkreten Fälle, die er zu wissen vorgibt, nennen. Er müsste von Amtswegen handeln.

Pünktlich zum Jahrestag der Öffnung der Grenzen in Berlin durch die DDR-Führung strahlte das Fernsehen den Film »Es ist nicht vorbei« aus und danach eine Dokumentation »Die Frauen von Hoheneck«. Zum fantasievollen Film lohnt sich keine Anmerkung, denn Romane und Filme entsprechen selten der Realität. Die Dokumentation wiederholte die alten Behauptungen der vor Jahren gelaufenen Dokumentation »Eingesperrt, um frei zu sein – das geheime Frauengefängnis der DDR«. Neu ist jedoch, entsprechend der Orientierung des Bundespräsidenten, ein neuer Sack, den man prügelt, aber eigentlich den Träger meint.

Die Angriffe richten sich gegen die medizinische Versorgung in den Vollzugseinrichtungen und das dort tätige medizinische Personal. Sie gipfeln in der Forderung, die man wörtlich in einigen Internetforen der »Hoheneckerinnen« lesen kann: Solche Mediziner dürfen nicht weiter praktizieren! Es beginnt also eine neue Hexenjagd. Zur Jagd auf Angehörige des MfS, auf IM und Staatsnahe mit Ausgrenzung, Berufsverboten und Rentenstrafrecht sollen nun die Ausgrenzung und ein Tätigkeitsverbot für »VP-Ärzte« im Strafvollzug und für Vertragsärzte kommen.

Schauen wir uns an, welche Vorwürfe gegen die medizinische Versorgung von Gefangenen erhoben werden: In der Strafvollzugseinrichtung Hoheneck verbüßten auch Menschen ihre Freiheitsstrafe, die sie wegen Staatsfeindlicher Hetze oder Ungesetzlichem Grenzübertritt (§213), meist im schweren Fall, erhalten hatten. Ein schwerer Fall lag nach § 213 u. a. vor, wenn die Tat Leben und Gesundheit von Menschen gefährdete, oder unter Mitführung von Waffen oder unter Anwendung gefährlicher Mittel und Methoden erfolgte. Solche Gefangene fühlten sich zu Unrecht bestraft und bezeichneten sich selbst als politische Gefangene. Sie lehnten das politische System der DDR ab und betrachteten sich gegenüber den anderen Gefangenen als die »besseren Gefangenen«. Aus dieser Grundhaltung heraus isolierten sie sich von den anderen Gefangenen, was zweifelsohne ihre Lage im Vollzug erschwerte. Selbst politische Gefangene, die offen bekundeten keinen Ausreiseantrag zu stellen und nach Strafverbüßung wieder in ihre alte Umgebung in der DDR zurückkehren zu wollen, wurden gemieden und mit Verachtung bestraft.

Die gemeinsame Unterbringung mit Kriminellen beklagen ehemalige politische Gefangene, meiner Meinung zu Unrecht. Ich kenne keinen Staat, der in seiner Gesetzgebung für politische Gefangene Sonderreglungen beim Verbüßen einer Freiheitsstrafe vorsieht. Auch die wegen Mitgliedschaft in der verbotenen KPD in der BRD Inhaftierten oder solche, die wegen der Organisierung einer Teilnahme an Kinderferienlagern der DDR verurteilt wurden, genossen keine Sonderrechte und saßen gemeinsam mit Kriminellen hinter Gittern.

Die durch die politischen Gefangenen erfolgte falsche grundsätzliche Einschätzung ihrer Situation und Rolle im Vollzug haben die Stresssituation, die sich mit den völlig ungewohnten Lebensbedingungen hinter Gittern ergaben, noch verstärkt. Auch das hat, wie Fachleute bestätigen, zu gesundheitlichen Störungen geführt. Was aber ist die Aufgabe der Ärzte in solch einer Situation?

Hinter Gittern haben weder der Gefangene eine freie Arztwahl, noch kann der Arzt einem unzufriedenen Patienten empfehlen, sich einen anderen Arzt zu suchen. Der

Arzt Dr. Joe Bausch von der Justizvollzugsanstalt Werl drückt dies so aus: »Beschimpft mich jemand übel, kann ich ihn höchstens des Raumes verweisen.«

Umgekehrt können sich auch die Inhaftierten ihren Doktor nicht aussuchen. Das führt zu Spannungen zwischen Arzt und Patient. »Die Situation kann sich bei uns von einer auf die andere Sekunde total ändern«, sagt Bausch. Ein für seinen Jähzorn bekannter Häftling griff einen Krankenpfleger so heftig an, dass dieser sich einen Knochen der Mittelhand brach. 14 Tage Arrestzelle waren die Folge. Sich dort dann nach dem Befinden des Häftlings zu erkundigen, findet selbst Bausch »schwierig«.

Gefängnisärzte sehen sich besonders häufig Patienten gegenüber, die sich von einer bestimmten Diagnose Vorteile versprechen – sei es eine zusätzliche Stunde an der frischen Luft oder die Erlaubnis, eigene statt der Häftlingswäsche zu tragen. Ein Drittel der Häftlinge, so wird vermutet, täuschen Krankheiten vor – oder übertreiben das jeweilige Leiden. »Immerhin sind in Haft viele Menschen mit bestens ausgeprägten betrügerischen Fähigkeiten«, sagt der Gefängnismediziner. Doch auch die müssen gründlich untersucht werden. Sonst »werden sie im Vollzug auf verschiedenen Ebenen dauerhaft Schwierigkeiten machen. Andererseits können die Haftumstände durchaus handfeste Leiden auslösen. Depressionen zum Beispiel, wenn die Welt draußen ungute Botschaften schickt.

»Die Frau trennt sich, die Kinder melden sich trotz wiederholter Briefe nicht mehr, oder man kriegt einen beschissenen Bescheid von der Justizbehörde«, zählt Dr. Joe Bausch mögliche Gründe für den Sturz ins Jammertal auf. Gut, dass im anstaltseigenen Arzneivorrat ausreichend Psychopharmaka lagern. Noch besser, dass für Joe Bausch Körper und Seele keine Gegensätze sind: »Wer sagen würde, das ist nicht mein Bier, der hat als Arzt hier nichts verloren.«

Auf den ersten Blick leiden die Häftlinge an ähnlichen Krankheiten wie die Menschen in Freiheit. Am häufigsten plagen sie Hautleiden, Kopf- und Rückenschmerzen, Magen-Darm-Probleme. Doch die Ursachen der Beschwerden sind meist andere als jenseits der Gefängnismauern. Schmerzen können psychosomatische Folgen des Freiheitsverlustes sein oder des engen Kontakts zu fremden, oft schwierigen und manchmal brutalen Menschen.

Vor allem die Haut als »Spiegel der Seele« erlaubt Bausch einen Blick auf die Psyche der Insassen. Wer die Anlage zu Schuppenflechte in sich trägt, bei dem blüht das Leiden im Knast bevorzugt auf. Auch Neurodermitis und schwere Akne zeigen sich in Werl häufig.

Kopf- und Rückenschmerzen, sagt Bausch, seien im Gefängnis oft eine Folge von verdrängtem »Stress oder Frust«. Schließlich könne ein Gefangener »nicht seine ganze Emotionalität ausleben« – im Gegensatz etwa zu einem Menschen in Freiheit, der Wut und Trauer beim Waldlauf oder Holzhacken abbauen kann.«(aus: *Zeit online*: 25. Oktober 2004, »Visite beim Knastdoktor«)

Diese heutige Einschätzung trifft generell auf jeden Strafvollzug zu, auch auf die Situation in der Strafvollzugseinrichtung Hoheneck vor 1990.

In den ausgestrahlten Dokumentationen und in den Erlebnisberichten der Hoheneckerinnen ignoriert man dies. Alle gesundheitlichen Probleme während der Haft werden »dem Dreck«, »der schlechten Verpflegung«, »der Zwangsarbeit« und den Ärzten angelastet, als gebe es dies nur im DDR-Strafvollzug. Man unterstellt den Ärzten im Auftrage der Stasi gegen den Willen der Gefangenen oder ohne ihr Wissen Psychopharmaka verabreicht zu haben, um ihnen zu schaden. Eine ungeheuerliche Beschuldigung. Angriffe und Verleumdungen der Mediziner im Strafvollzug sind aber nicht ungewöhnlich im Gefangenenmilieu.

Regina Strehl, die Ärztin der JVA Tegel, schreibt dazu: »Natürlich müssen wir als Bedienstete der Justiz unsere Patienten im Gefängnis sachlich und korrekt weiter behandeln, egal wie ausfallend oder persönlich beleidigend sie uns gegenüber aufgetreten sind, weil wir ihre Wünsche nach Beruhigungsmitteln, Zusatzkost oder auch Vergünstigungen nicht erfüllen. Ein Patient meinte einmal wütend, ich sei wie eine Ärztin in Dachau, als ich ihm nicht die von ihm gewünschte, sondern eine andere Tablette angeboten habe.

Auch die berufliche Qualifikation wird bei einem im Strafvollzug tätigen Arzt schnell angezweifelt. Ich erinnere mich an den Auftritt eines Inhaftierten, der in der Sprechstunde immer lauter wurde, weil ich ihm nicht täglich zwei Schlaftabletten verordnen wollte, sondern es bei einer Tablette beließ. Als er zuletzt nur noch schrie, forderte ich ihn auf, das Sprechzimmer zu verlassen. Er sprang auf und brüllte mich wütend an: ›Sie haben als Ärztin doch sowieso keine Ahnung, sonst wären Sie doch nicht hier gelandet! Den Job macht doch kein normaler Arzt!‹ (S. 41)

Verfahrensweisen der medizinischen Vorstellung von Gefangenen beim Arzt, die es auch heute noch gibt, werden so dargestellt, als habe es diese nur im Strafvollzug der DDR gegeben, um politischen Gefangenen zu schaden. So schreibt Norman Rose auf seiner Webseite *www.normanrose.de* : »Als erstes Hindernis für politische Häftlinge erwies sich, dass sie erstmal einen Antrag auf eine ärztliche Untersuchung stellen mussten.«

Ähnliches liest man in Erlebnisberichten der ehemaligen Hoheneckerinnen. So wie Norman Rose es darstellt, stimmt es nicht. Jeder Gefangene, der in eine Vollzugseinrichtung kam, wurde einer Eingangsuntersuchung durch den Med. Dienst unterzogen und einem Arzt vorgestellt. Weitere Arztvorstellungen waren für alle Gefangenen, nicht nur für politische anmeldepflichtig. Dies war und ist schon aus organisatorischer Sicht unumgänglich, weil im Strafvollzug nicht jeder einfach zum Arzt loslaufen kann. Auf Grund der vorliegenden Anträge müssen die Gefangenen zum Arzt »durchgeschlossen« werden.

Das versteht jeder, nur nicht der Hamburger Gymnasiallehrer Norman Rose. Er setzt noch eine Lüge hinzu: »Zu dem war es in der Regel, dass Patienten, vor allem politische Häftlinge, erst nach erheblicher Verspätung von Tagen und Wochen einem Arzt zur Konsultation zugeführt wurden.«

Offensichtlich überträgt Herr Rose die Verhältnisse des heutigen Gesundheitswesens mit Zweiklassenmedizin und langen Wartezeiten aus Mangel an Beweisen einfach auf die damalige Zeit. Es trifft sicherlich in Einzelfällen zu, dass Gefangene, nicht nur politische, auf Konsultationen bei einem Facharzt auf einen Termin warten mussten. Auf eine Vorstellung beim Anstaltsarzt allerdings nicht.

Der politische Gefangene Bernd-Dieter Hüge schrieb zu einer Zeit, da die Stoßrichtungen der DDR-Delegitimierung noch nicht klar waren, seine Erfahrungen als Gefangener in der Strafvollzugseinrichtung Rüdersdorf auf und veröffentlichte »Mein Knastbuch« (Berlin 1991).

Er war in Rüdersdorf im Krankenrevier in einer herausgehobenen Stellung, er war Strafgefangenen-Sanitäter. Nach Behauptungen der DDR-Hasser soll so etwas für politische Gefangene nicht möglich gewesen sein, aber die Wahrheit sieht anders aus.

Die Med. Station in Rüdersdorf wurde von einem Unterleutnant des Strafvollzugs (ausgebildeter Krankenpfleger) geleitet. Alle Ärzte waren Honorarärzte aus dem Territorium. Hüge schreibt zur Möglichkeit ärztlicher Konsultationen: »Die Karteikarten mussten von mir geführt werden, und ich hatte auch den anderen Ärzten zu assistieren. Sogar ein Hals-Nasen-Ohrenarzt kam alle vierzehn Tage ins Revier. Und wenn der Internist kam, begleitete ich ihn zur Visite und schrieb auf, was er verordnete. Ich hatte den drei Ärzten zu assistieren, die wöchentlich ins Revier kamen. Außerdem kam einmal die Woche der Zahnarzt. (S. 77ff.)

Zur Versorgung der Gefangenen mit Medikamenten gibt es viele, oft sich widersprechende »Erlebnisberichte«. Die einen beklagen sich, dass sie zu wenige Tabletten bekommen haben, anderen waren es zu viele, wieder andere haben nicht die gewünschte Medizin bekommen. Das alles ist verständlich, da die subjektive Einschätzung eines Patienten manchmal vom Fachwissen des Arztes abweicht. Und der Arzt muss noch die Besonderheiten des Gefangenenklientels beachten. Regina Strehl schreibt in ihrem Buch dazu: »Medikamente werden bei der Visite nach Verordnung im Allgemeinen sofort durch den Krankenpfleger ausgegeben. Die Ausgabe erfolgt teils in normalen Tablettenpackungen, teils auch nur als Tagesdosis, die dann sofort unter Aufsicht eingenommen werden muss, wenn Missbrauch nicht auszuschließen ist. Bestimmte Medikamente kann man weiterverkaufen und sind deshalb im Knast bares Geld wert. Missbrauch wäre natürlich auch die Einnahme größerer Medikamentenmengen bei beabsichtigendem Suizid.« (S. 29)

»Bei der Verordnung dieser Medikamente muss man sich auch der Tatsache bewusst sein, dass sie gängiges Zahlungsmittel im oft bargeldlosem Schwarzhandel sind. Für gewünschte Tabletten gibt es regelrechte Tarife.« (S .58)

Auch diese Feststellungen treffen auf jeden Strafvollzug zu.

Wie die Ärzte in der Strafvollzugseinrichtung Hoheneck die Gefangenen behandelten, beschreibt die politische Gefangene Gabriele Stötzer in »Die bröckelnde Festung« (München 2002) so: »Übergewichtige Gefangene konnten sich vom Arzt Diätessen verschreiben lassen. Mit einer Diät bekam man zum Mittagessen nichts Gebratenes, aber jeden

Abend Butter zum Brot, die es sonst nur zweimal die Woche gab. Der Arzt konnte stark untergewichtigen Gefangenen auch einen Viertelliter Milch täglich verordnen und in besonders hartnäckigen Fällen von Magersucht sogar eine zusätzliche Puddingration. Für die Übergewichtigen gab es zweimal die Woche einen Reistag.« (S. 75)

»Alle zwei Tage wiederholte sich der Ansturm auf ›Früchtewürfel‹, ›Bromasolax‹, ›Laxigen‹ und Leopillen. Dazu Tabletten nach Rezept gegen die vielen Krankheiten, die sich in Leber, Nieren, Kreuz, Handgelenken, Unterleib und Füßen regten. Die Tabletten wurden alle einzeln und nur für einen bestimmten Tages- bzw. Nachtabschnitt ausgegeben, nie in größeren Mengen.« (S. 69)

Wenn man diese Aussagen zweimal liest, dann wird der Bundespräsident mit seiner Aussage von »ungenügender, zum Teil verdorbener Verpflegung« widerlegt. Es gab in Hoheneck »Gebratenes« und zweimal die Woche »Butter«. Ob der Bundespräsident weiß, dass in einigen Justizvollzugsanstalten der BRD in den Verpflegungsnormen *keine* Butter vorgesehen ist, entzieht sich meiner Kenntnis. Ich frage auch: Erkennt hier jemand die Behauptung von Bundespräsident Wulff, dass die Gefangenen nicht medizinisch »behandelt«, sondern »misshandelt« wurden?

Wenn mit den Behauptungen von medizinischen Misshandlungen die ehemaligen Ärzte des Strafvollzuges der DDR und die dort praktizierenden Vertragsärzte heute nicht gemobbt und ihrer beruflichen Existenz beraubt werden können, haben die DDR-Hasser immer noch die bewährte Stasikeule in der Hand. Jedem Arzt, der mit dem Geheimdienst seines Vaterlandes zusammen gearbeitet hat, wird unterstellt, die ärztliche Schweigepflicht verletzt zu haben.

Die Macher in den Medien, die dies tun, verschweigen, dass es auch heute keine umfassende ärztliche Schweigepflicht gibt.

Auf *www.aerzteblatt.de* von 2005 ist unter »Zertifizierte Medizinische Fortbildung« ein Aufsatz »Die ärztliche Schweigepflicht« zu finden. Dort heißt es u. a.: »Wie schon im Bereich des Sozialrechts erkennbar, kann die ärztliche Schweigepflicht nicht um jeden Preis aufrechterhalten werden. Die Einhaltung der ärztlichen Schweigepflicht stellt zwar den Regelfall und ihre Durchbrechung die Ausnahme dar, dennoch bestehen zahlreiche Ausnahmevorschriften zur ärztlichen Schweigepflicht, die zulässigerweise deren Bruch ermöglichen. Ein rechtswidriger Bruch der ärztlichen Schweigepflicht liegt nur vor, wenn das Geheimnis unbefugt offenbart wird.«

Anmerkung:
Nach Veröffentlichung dieses Beitrages erreichte die Redaktion nachfolgender Bericht einer ehemaligen »Hoheneckerin«. Name und Anschrift sind der Redaktion bekannt.

»Während meiner 18-monatigen Haftzeit in der Strafvollzugseinrichtung Hoheneck bekam ich eine gute bis sehr gute ärztliche Behandlung, die auch die bestmöglichsten Therapien beinhaltete. Beispiel: Aufgrund meines damaligen Untergewichts bei Ankunft auf Hoheneck wurde mir sofort eine tägliche Milchsuppe über mehrere Wochen verordnet, obwohl eine Strafvollzugseinrichtung kein Sanatorium war und Hoheneck gleich gar nicht!

Zum Eigentlichen: Der Leiter/Chefarzt, ein Oberstleutnant MR, war Dr. J. Diesem klugen, umsichtigen, einfühlsamen Arzt habe nicht nur ich, haben auch viele andere politische Häftlinge jener Zeit viel zu verdanken.

Aufgrund eines, durch ungewohnte Akkordarbeit an der Industrienähmaschine erworbenen Schulter-Arm-Syndroms sowie gravierendem Hautausschlag, hervorgerufen durch stark verunreinigte Bekleidung, die wir umnähen mussten, sowie aufgrund meines Erschöpfungszustandes, erhielt ich von Dr. J. folgende Therapie verordnet:

1. Einzel-Einbettung in einer hellen Einmann-Zelle
2. Tägliches medizisches Wannenbad
3. Tägliche Massage gegen Verspannungen
4. Tägliche UV-Bestrahlung und medikamentöse Behandlung der Hautausschläge.
5. Schonkost aufgrund eines hypersekretorischen Reizmagens
6. Entlassung erst dann, wenn ein Körpergewicht von mindestens 50 kg erreicht ist. (Nebenbei: ich bin 175 cm groß).

Diesem StVE-Arzt habe ich aus jener Zeit viel zu verdanken. Er stellte meine Gesundheit für die weitere Haftzeit zufriedenstellend wieder her.

Auch in Bezug auf psychische Probleme (hier die Trennung und Unterbringung meiner beiden Kinder in verschiedenen Heimen) hatte Dr. J. stets ein sachliches Verständnis, was sich als sehr hilfreich erwies.

Dr. J. setzte sich auch erfolgreich dafür ein, dass die mit Fäkalien, Blut und Sperma verunreinigten Bekleidungsstücke, bevor sie in die Hände der Strafgefangenen zur Weiterverarbeitung gelangten, chemisch gereinigt wurden.

Wenn ich heute, viele Jahre später, von den ehemaligen »Hoheneckerinnen« oder anderen Gegenteiliges über die medizinische Behandlung auf Hoheneck lese, entzieht sich das meinem Verständnis sowie meiner eigenen und auch der gemachten Erfahrung anderer Frauen.«

Quelle: www.mfs-insider.de

Dank

geht an viele ehemalige Kampfgefährten, ohne deren Hilfe und Unterstützung dieses Buchprojekt nicht hätte realisiert werden können, insbesondere geht er an Generaloberst a. D. Dr. Wolfgang Schwanitz, Minister für Staatssicherheit/Leiter des Amtes für Nationale Sicherheit der DDR; Generalleutnant a. D. Rudolf Mittag, Leiter der Bezirksverwaltung Rostock; Generalmajor a. D. Dr. Karli Coburger, Leiter der Hauptabteilung VIII, viele Jahre stellvertretender Leiter der Hauptabteilung IX; Generalmajor a. D. Siegfried Hähnel (†), Leiter der Bezirksverwaltung Berlin, zuvor auch Leiter der Abteilung IX Berlin; Oberst a. D. Dr. Reinhard Grimmer, ZAIG; Oberst a. D. Dr. Achim Kopf, 1. Stellvertreter des Leiters der Hauptabteilung IX; Oberst a. D. Henry Otto, Jahrzehnte mit Aufgaben der Spionageabwehr in verantwortlichen Funktionen betraut; Oberst a. D. Gotthold Schramm, Abteilungsleiter der Hauptverwaltung Aufklärung; Oberstleutnant Hans Becker, Referatsleiter für die Untersuchung von Terror- oder Sabotageanschlägen sowie Mord und nicht natürliche Todesfälle; Major a. D. Klaus Kretzschmar, stellvertretender Leiter der Abteilung IX Rostock, Arbeitsgebiet Spezialkommission.
Nicht zuletzt danke ich den Helfern, die nicht Mitarbeiter des MfS waren, und deren Namen aus Gründen des Schutzes ihrer Persönlichkeit hier nicht genannt werden können. Ihre Hilfsbereitschaft und menschliche Solidarität sind nicht vergessen.

Herbert Kierstein